Die blaue Stunde der Informatik

Die blaue Stunde – die Zeit am Morgen zwischen Nacht und Tag, die Zeit am Abend ehe die Nacht anbricht. Wenn alles möglich scheint, die Gedanken schweifen, wenn Zeit für anregende Gespräche ist und Neugier auf Zukünftiges wächst, auf alles, was der nächste Tag bringt.
Genau hier setzt diese Buchreihe rund um Themen der Informatik an: Was war, was ist, was wird sein, was könnte sein?
Von lesenswerten Biographien über historische Betrachtungen bis hin zu aktuellen Themen umfasst diese Buchreihe alle Perspektiven der Informatik – und geht noch darüber hinaus. Mal sachlich, mal nachdenklich und mal mit einem Augenzwinkern lädt die Reihe zum Weiter- und Querdenken ein. Für alle, die die bunte Welt der Technik entdecken möchten.

Weitere Bände in der Reihe http://www.springer.com/series/15985

Ulrike Barthelmeß · Ulrich Furbach

Künstliche Intelligenz aus ungewohnten Perspektiven

Ein Rundgang mit Bergson, Proust und Nabokov

Ulrike Barthelmeß
Koblenz, Deutschland

Ulrich Furbach
Koblenz, Deutschland

Die blaue Stunde der Informatik
ISBN 978-3-658-24569-6   ISBN 978-3-658-24570-2   (eBook)
https://doi.org/10.1007/978-3-658-24570-2

Die Deutsche Nationalbibliothek verzeichnet diese Publikation in der Deutschen Nationalbibliografie; detaillierte bibliografische Daten sind im Internet über http://dnb.d-nb.de abrufbar.

Springer Vieweg
© Springer Fachmedien Wiesbaden GmbH, ein Teil von Springer Nature 2019

Einbandabbildung: designed by eStudio Calamar S.L.

Springer Vieweg ist ein Imprint der eingetragenen Gesellschaft Springer Fachmedien Wiesbaden GmbH und ist ein Teil von Springer Nature
Die Anschrift der Gesellschaft ist: Abraham-Lincoln-Str. 46, 65189 Wiesbaden, Germany

Danksagung

Manche Teile dieses Buches wurden durch Diskussionen in Vorlesungen und Vorträgen zum Thema künstliche Intelligenz motiviert. Der Gedanke, die Behandlung von Erinnerungen in der KI und in der Literatur zu verknüpfen, wurde angeregt durch das Buch von Jonah Lehrer *Prousts Madeleine* [1]. Danken möchten wir Isabelle Barthelmeß, Beate Körner, Claudia Schon und Holger Schultheis für das Lesen und Kommentieren von Teilen des Buches. Besonderer Dank gilt Frau Dr. Sabine Kathke, die als Lektorin äußerst hilfreich und wertvoll für uns war.

Literatur

1. Lehrer J (2010) Prousts Madeleine. Piper, München

Inhaltsverzeichnis

Abbildungsverzeichnis

1

Einleitung

Zusammenfassung Die Bedeutung der Informatik und der künstlichen Intelligenz wird in diesem einleitenden Kapitel erläutert. Es wird dafür plädiert, damit zusammenhängende Themen nicht nur aus der Sicht des Naturwissenschaftlers oder Technikers zu diskutieren, sondern auch Philosophen, Literaten und Künstler zur Sprache kommen zu lassen.

Technische Entwicklungen haben seit jeher unser Leben beeinflusst und verändert. Am deutlichsten wird das wohl am Beispiel der Dampfmaschine und der darauf folgenden industriellen Revolution im Europa des 19. und 20. Jahrhunderts. Die Mechanisierung der industriellen Fertigung hatte nicht nur die Arbeits-, sondern auch die Lebensbedingungen der Menschen verändert. Die gesellschaftlichen Strukturen wandelten sich, es setzte eine Landflucht ein, und die Städte in den Industriegebieten boten, zumindest für die Arbeiterklasse, ungesunde und menschenunwürdige Lebensumstände.

Die Informatik, international zumeist Computer Science genannt, hat in ähnlich drastischer Weise unsere Lebens- und Arbeitswelt geprägt. Als ich Anfang der 1970er-Jahre begann, Informatik zu studieren, musste ich der Frage, was ich studiere, immer auch eine Erklärung hinterherschicken: Informatik, das heißt, Computer und so … Damals wurden Computer höchstens in großen Unternehmen eingesetzt, die sich die immensen Anschaffungs- oder Leasingkosten der sogenannten Mainframe-Computer leisten konnten. Der erste PC kam ja erst in den 1980er-Jahren auf den Markt, und damit wandelte sich auch allmählich das Bild der Informatik in der Gesellschaft. Man konnte plötzlich mithilfe von Computern kommunizieren, die Ticketverkäufe von Fluggesellschaften wurden über Computernetzwerke abgewickelt,

Datenbanksysteme durchzogen die öffentliche Verwaltung, und wir lernten langsam, mit dieser Technik umzugehen. In Betrieben mussten sich Angestellte mit dem „Kollegen Computer" anfreunden, Mikroprozessoren hielten Einzug in unsere Automobile und verbesserten den Komfort. Nicht ganz so von der Öffentlichkeit wahrgenommen, wurden Computer gleichzeitig auch immer wichtiger für die Rüstungsindustrie und damit auch für unsere Sicherheit. Mittlerweile durchdringt die Informatik unsere gesamte Arbeits- und Lebenswelt. Ganz langsam, relativ unspektakulär, aber nicht minder drastisch werden wir in so ziemlich allen Lebenslagen von Computersystemen und Netzen abhängig. Das Internet bildet sozusagen die Lebensadern unserer Gesellschaft. Lernen, Wissenserwerb, Finanzwesen oder Konsum sind ohne das weltweite Internet nicht mehr vorstellbar. Gleichzeitig, und je intensiver wir diese Netze nutzen, sind wir auch transparenter geworden – wir sprechen mittlerweile vom gläsernen Bürger. Die Suchmaschinen-, die sozialen Netzwerk- oder die Versandplattform-Betreiber wissen immer mehr von uns, über unsere Kauf- und Lebensgewohnheiten. Daten von Benutzern sind ein wichtiges Wirtschaftsgut geworden; Unternehmen, die Zugriff auf große Mengen von Benutzerdaten haben, erreichen riesige Marktwerte, ganze Geschäftsmodelle basieren auf diesen Kundendaten. Interessant sind diese Daten, weil sie mit Techniken, die im Bereich der Künstlichen-Intelligenz(KI)-Forschung entwickelt wurden, ausgewertet werden können, sodass vielfältige Rückschlüsse auf Personen, die diese Daten erzeugen, möglich sind. Natürlich können diese Informationen auch dazu dienen, uns das Leben angenehmer zu machen: Mein Online-Versandhändler weiß, welche Produkte ich bevorzuge, und lässt mir entsprechende Sonderangebote zukommen, mein persönlicher Assistent im Smartphone oder in der Lautsprecherbox im Wohnzimmer weiß, welchen Musikgeschmack ich habe, und macht mir entsprechende Vorschläge.

Diese KI-Techniken unterscheiden sich von den Algorithmen, die wir in der Informatik einsetzen. Natürlich handelt es sich hierbei auch um Algorithmen, also Computerprogramme, die von Menschen entwickelt worden sind, allerdings verfügen diese Programme über die Fähigkeit zu lernen. Dies bedeutet, dass sie während ihres Einsatzes sich selbst weiterentwickeln und modifizieren – in welche Richtung dies geht, hängt von den Daten ab, auf die die Verfahren während ihres Einsatzes treffen. Bei diesen sogenannten Machine-Learning(ML)-Verfahren lässt sich nicht von vorne herein im Detail absehen, wie sie sich weiterentwickeln werden. Gerade die ML-Verfahren haben in letzter Zeit der KI-Forschung und -Entwicklung einen immensen Aufschwung beschert: KI-Systeme gewinnen in Quizshows, sie besiegen in höchst komplexen Spielen, wie zum Beispiel Go, Weltklassespieler, sie helfen unsere Fahrzeuge sicherer zu machen, indem sie den Fahrer in vielfältiger Weise unterstützen, und sie beginnen gar Fahrzeuge autonom fahren zu lassen. KI-Systeme werden auch dazu benutzt, militärische Waffensysteme intelligent und womöglich sogar autonom zu machen – die Folgen für den Einsatz und die Auswirkungen auf militärische und politische Entscheidungen werden von vielen KI-Forschern als äußerst kritisch und gefährlich bewertet. Es gibt dazu einen Aufruf, autonome tödliche Waffen weltweit zu ächten, den bereits Tausende von Wissenschaftlern und namhafte Unternehmen unterzeichnet haben.[1]

Wir leben und arbeiten mit Computersystemen, die sich intelligent verhalten oder gar intelligent sind. Diese Systeme können selbstständig Entscheidungen treffen und sich weiterentwickeln. Manche Forscher prognostizieren sogar KI-Systeme, die intelligenter und mächtiger als Menschen werden und womöglich die Menschheit unterdrücken könnten. Dies sind keineswegs nur einige Science-Fiction-Fans, sondern ernsthafte Wissenschaftler und Personen des öffentlichen Lebens. Was immer man darüber denkt und in welche Richtung die Diskussion geht – wir haben den Eindruck, dass so manche Argumente eher emotional als technisch fundiert sind, wenn Fragen wie „Können Maschinen intelligent sein, können sie Emotionen oder Bewusstsein haben, können sie uns Menschen überflügeln?" diskutiert werden.

Sind dies alles Fragen, die nur mithilfe einer fundierten technisch naturwissenschaftlichen Bildung beantwortet werden können? Sollen wir die Diskussion über diese gesellschaftlich relevanten Fragestellungen den Naturwissenschaftlern alleine überlassen?

Wir meinen, dass wir alle uns mit diesen Fragen und mit den Folgeerscheinungen der KI auseinandersetzen sollten. Im Gegensatz zu Schwanitz in [1] möchten wir Bildung nicht nur auf Geisteswissenschaften und Kunst beschränken. Zur Bildung gehört sicherlich auch ein gewisses Verständnis naturwissenschaftlicher Zusammenhänge. Nur dann können wir wirklich verstehen, welche Entwicklungen unsere Gesellschaft betreffen und verändern. Dies ist eigentlich offensichtlich – seit jeher verwenden und diskutieren Geisteswissenschaftler, Philosophen und Literaten, aber auch bildende Künstler neue naturwissenschaftliche Erkenntnisse in ihrer Arbeit und denken sie weiter. Wir werden darauf eingehen, dass Marcel Proust sehr ausführlich über das Gedächtnis und das Erinnern schreibt, Vladimir Nabokov sich mit Erinnern und Zeit beschäftigt und Henri Bergson über das Verhältnis von Körper, Geist und Bewusstsein arbeitet. Und wir verweisen auf den Neurowissenschaftler und Nobelpreisträger Eric Kandel, der auch die Einflüsse der Naturwissenschaften auf die Künstler und Maler im Wien des beginnenden 20. Jahrhunderts beschreibt.

---

[1] https://autonomousweapons.org.

Wir möchten im Folgenden einige dieser Arbeiten aus den Geisteswissenschaften, der Literatur und der Philosophie besprechen und ihre Themen mit Fragestellungen und Methoden aus der KI-Forschung in Zusammenhang bringen. Durch dieses Verketten von natur- und ingenieurwissenschaftlichen Methoden mit Diskussionen aus der Kunst und den Kulturwissenschaften verbinden wir die Hoffnung, ein wenig zum Verständnis der tiefen gesellschaftlichen Veränderung, die mit der Verbreitung von KI-Techniken einhergeht, beizutragen. Vielleicht können dadurch aber auch KI-Treibende sehen, dass die Fragestellungen, die sie untersuchen, auch in völlig anderen Bereichen relevant sind und dort untersucht werden.

Die Auswahl der hier präsentierten KI-Techniken ist dabei keineswegs erschöpfend. Wir haben uns auf Themen aus den eigenen Forschungsbereichen, wie z. B. logisches Schließen, Wissen und Erinnern, konzentriert. Ergänzt wurden Themen, die in letzter Zeit in der KI-Forschung besonders relevant geworden sind, wie z. B. maschinelles Lernen und künstliche neuronale Netze.

Ähnliches gilt für die Themen und Techniken aus der Kunst und Geisteswissenschaft. Wir haben uns mit Autoren und Wissenschaftlern beschäftigt, die den Menschen, seine Körperlichkeit und sein Bewusstsein zum Gegenstand haben. Im Vordergrund stand die Frage, was Gedächtnis und Denken ausmacht, welche Rolle unsere Emotionen spielen, wenn wir uns als Menschen im Leben, in der Welt bewegen, wenn wir als Künstler die Möglichkeiten ausschöpfen, um neue originäre Sichtweisen auf uns und die Welt entwerfen.

Die Versuchung, Science-Fiction-Literatur heranzuziehen, um Parallelen zu wissenschaftlichen Entwicklungen zu diskutieren, ist natürlich sehr groß. Und es wäre sicher spannend, entsprechenden wissenschaftlich-technischen Spekulationen nachzugehen. Wir haben aber darauf verzichtet, da dies den Rahmen unserer Untersuchung sprengen würde, denn es geht uns hier nicht darum, mögliche Folgen möglicher Entwicklungen in einer fernen Zukunft mit ihren sozialen und moralischen Implikationen zu erörtern. Uns interessiert, inwiefern so scheinbar entlegene Bereiche wie KI, Kunst und Philosophie eine Verwandtschaft offenbaren. Vielleicht kann die KI sogar von geisteswissenschaftlichen Erkenntnissen profitieren, ähnlich der modernen Technik, bei der man sich unter der Überschrift Bionik clevere Lösungen aus der Natur abschaut?

Aufbau des Buches Im nächsten Kapitel wird das Forschungsgebiet KI charakterisiert, sodass dann in den darauf folgenden Kapiteln einzelne Techniken oder Methoden der KI erläutert und mit Ansätzen aus Philosophie und Kunst in Zusammenhang gebracht werden können. Darüber hinaus behandeln wir in einzelnen Kapiteln Themen wie Kreativität, freier Wille, Bewusstsein und Sprache. Die Kapitel können, müssen aber nicht in chronologischer

Reihenfolge gelesen werden. Inhaltliche Bezüge werden durch entsprechende Kapitelverweise aufgezeigt. Allerdings wäre die Lektüre des folgenden Kapitels über künstliche Intelligenz für das Verständnis der folgenden Ausführungen hilfreich. Einige der Kapitel beginnen mit frei assoziierten Gedanken, die zur Einstimmung auf das Thema beitragen mögen – sie sind jeweils kursiv gedruckt.

Literatur

1. Schwanitz D (1999) Bildung. Eichborn Verlag, Frankfurt a. M

2

Künstliche Intelligenz

Zusammenfassung Eine allgemeingültige Definition von künstlicher Intelligenz existiert leider nicht. Wir benutzen einen Aufsatz des Computerpioniers Alan Turing, um den Begriff zu durchleuchten, und wir beschreiben verschiedene Tests, um künstliche Intelligenz zu bewerten. Schließlich wird auch der Stand der Kunst des Forschungsgebietes skizziert.

In diesem Abschnitt wollen wir das Forschungsgebiet der künstlichen Intelligenz (KI) charakterisieren. In verschiedenen Lehrbüchern findet man über das Thema unterschiedliche Beschreibungen bzw. eigentlich Umschreibungen des Gebietes. Das Problem ist ganz einfach, dass es eigenartig erscheint, künstliche Intelligenz zu definieren, wenn schon der Begriff Intelligenz nicht klar definiert ist. Nun ist eine solche Situation aber gar nicht so ungewöhnlich – wir operieren häufig mit Begriffen, für die wir keine klare und eindeutige Definition haben. Nehmen wir Begriffe wie Glück oder Bewusstsein, zu denen zahllose Untersuchungen und Diskussionen existieren; selbst ein Begriff wie Pornografie ist nicht klar definierbar, obwohl er sogar in der Gesetzgebung und Rechtsprechung eine Rolle spielt. Ähnlich ist es mit der Intelligenz – wir verwenden den Begriff, wir haben sogar verschiedenste Tests, die irgendetwas wie Intelligenz messen, aber eine trennscharfe Definition gelingt uns nicht.

2.1 Was ist künstliche Intelligenz?

Anstatt jetzt eine Übersicht über die vielfältigen Definitionsversuche der Begriffe Intelligenz und KI zu geben, greifen wir zurück auf einen Aufsatz

© Springer Fachmedien Wiesbaden GmbH, ein Teil von Springer Nature 2019
U. Barthelmeß und U. Furbach, *Künstliche Intelligenz aus ungewohnten Perspektiven,*
Die blaue Stunde der Informatik, https://doi.org/10.1007/978-3-658-24570-2_2

aus dem Jahr 1950, als die Computerentwicklung noch in den Kinderschuhen steckte. Dies mag seltsam erscheinen, wenn man bedenkt, was die Informatik und die KI-Forschung seitdem an immensen Fortschritten vorzuweisen hat.

Der Aufsatz, den wir hier diskutieren wollen, hat den Titel „Computing machinery and intelligence" und ist von Alan Turing [1]. Mit bemerkenswertem Weitblick konnte dieser Pionier schon damals die Entwicklung der KI und ihre Auswirkungen voraussehen und diskutieren. Ich stolperte über diesen Titel aus dem Jahre 1950, als ich gerade auf der Suche nach einem Dissertationsthema war. Das war 1977 – ich hatte mich in theoretische Informatik für meine Dissertation eingearbeitet. Turing ist bei Informatikern weltweit aufgrund seiner herausragenden Beiträge zu theoretischen Grundlagen der Informatik und auch der Mathematik bekannt. Für die breite Öffentlichkeit, und besonders für die britische, steht er für die Decodierung der Chiffriermaschine Enigma, die von der Deutschen Wehrmacht im Zweiten Weltkrieg eingesetzt wurde. Mehr zur Person findet sich in folgender Box.[1]

Alan Turing, 1912 in London geboren und 1954 in Wilmslow, Cheshire, gestorben. Turing studiert Mathematik in einer Zeit, als die Grundlagen verschiedener neuartiger Disziplinen in den Naturwissenschaften gelegt werden. Einstein veröffentlicht seine Arbeiten zur Relativitätstheorie, der Logiker Kurt Gödel hat gerade seine richtungsweisende Arbeit herausgebracht, welche David Hilberts Traum der vollständigen Formulierbarkeit der Mathematik zunichtemacht, und verschiedene Mathematiker beginnen über den Begriff der Berechenbarkeit nachzudenken. Turing legt mit seiner einfachen und doch mächtigen (Gedanken-)Maschine, die später nach ihm Turing-Maschine benannt wird, ein bis heute gebräuchliches Instrument für die Analyse von Algorithmen und Computerprogrammen vor (siehe Kap. 3).

Während des Zweiten Weltkriegs arbeitet Turing an der Entschlüsselung deutscher Funksprüche mit. In Bletchley Park ist er Mitglied einer militärischen Dienststelle, welche sich das Ziel gesetzt hat, die deutsche ENIGMA-Verschlüsselungsmaschine zu knacken. In der Tat trägt Turing maßgeblich zum Erfolg dieses Unternehmens bei.

Ab 1948 wendet sich Turing in verstärktem Maße der Entwicklung von programmierbaren digitalen Computern zu. Der Aufsatz über künstliche Intelligenz [1] entsteht während seiner Zeit an der University of Manchester, wo Turing an der Entwicklung der Manchester Mark I beteiligt ist. Turing verfasst auch das Programmierhandbuch für diese Maschine, das zahlreiche Programme enthält, zumeist arithmetische Funktionen, die in einer einfachen Programmiersprache geschrieben sind.

Vor seiner Arbeit an der Dechiffrierung der Enigma hat Turing einige Jahre in Princeton verbracht, wo er bei Alonzo Church studierte und auch 1938 promovierte. Aus dieser Zeit finden sich Hinweise, dass Turing sich im Zusammenhang

---

[1]Die Darstellung in diesem Abschnitt ist in großen Teilen einem Aufsatz entnommen, den einer der Autoren in einer Informatikfachzeitschrift anlässlich des Turing-Jahres veröffentlicht hat [2].

mit Gödels Unvollständigkeitsresultat mit Begriffen wie Kreativität und Intuition beschäftigt hat. Beispielsweise hat er bereits in seiner Dissertation [3] Logiken vorgestellt, welche Raum für die mathematische Intuition lassen; er diskutiert dort in einem gesonderten Abschnitt die Rolle der Intuition und der Erfindungsgabe (ingenuity) beim Suchen formaler Beweise. Wir werden diese Problematik ausführlich im Kap. 7 diskutieren; mittlerweile weiß man nämlich, dass auch Emotionen eine maßgebliche Rolle bei intelligentem Schließen spielen.

Die Arbeiten jener Zeit können als direkte Fortsetzung der Ideen der großen Philosophen der Aufklärung verstanden werden. In Kap. 3 gehen wir bei der Behandlung der Körper-Geist-Problematik auf die Sichtweise von Descartes ein. Im Zusammenhang mit dem Begriff der KI ist auch die Arbeit von Gottfried Wilhelm Leibniz aus dem 18. Jahrhundert von Bedeutung. Leibniz hatte unter anderem auch mechanische Rechenmaschinen entworfen und die Vorstellung entwickelt, zukünftige Maschinen bauen zu können, die Probleme der Mathematik und Philosophie selbstständig lösen könnten. In Zukunft würden Philosophen sich nicht mehr mit Argumentationen „aufhalten", sie würden einfach sagen „calculemus" – „lasset uns rechnen". Eine ausführliche Diskussion der Straße, die von Leibniz über Frege, Cantor, Hilbert und Gödel bis hin zu Turing führt, ist in [4] zu finden. Vor diesem Hintergrund ist es gar nicht so erstaunlich, dass sich Turing bereits damals schon mit der Frage, ob Maschinen denken können, auseinandergesetzt hat.

Turing wird 1952 wegen Homosexualität zu einer Gefängnisstrafe verurteilt. Vor die Wahl gestellt, entscheidet er sich für die medizinische Behandlung mit Hormonen. Wahrscheinlich in Folge dieser Therapie erkrankt er an Depressionen und verstirbt 1954 durch Suizid.

Alan Turing gilt heute als ein herausragender Informatikpionier, dessen Arbeiten noch immer allgegenwärtig in der modernen Informatik sind. 2013 wird er offiziell von der britischen Regierung rehabilitiert.

Can machines think? – Diese Frage stellt Alan Turing im ersten Satz seines Artikels [1]. Für die meisten Informatiker in den 1970ern waren denkende Maschinen noch kein Thema – erstaunlich, dass jemand sich schon Jahre vor der berühmten Darthmouth-Konferenz (1956), die als „Wiege der künstlichen Intelligenz" gilt, mit intelligenten Maschinen beschäftigt hatte. Wenn man sich den Stand der Kunst im Bereich der digitalen Computer aus dieser Zeit ansieht, ist der Aufsatz von Alan Turing unglaublich visionär.

Turing argumentiert in diesem Artikel für die Fähigkeit von Maschinen, intelligent zu sein, und, viel wichtiger, er schlägt darin eine Art Test vor, mit dessen Hilfe man überprüfen kann, ob sich eine Maschine intelligent verhält. Anhand dieses Aufsatzes soll im folgenden Abschnitt erläutert werden, was wir uns unter dem Forschungsgebiet künstliche Intelligenz vorstellen können. Wir lehnen uns eng an Turings Aufsatz an, indem wir uns weitgehend an seine Struktur halten, seine Argumente wiedergeben und diese mit modernen KI-Entwicklungen in Beziehung setzen.

2.2   Das Imitationsspiel

Turing schlägt ein Imitationsspiel vor, welches zeigen soll, ob ein Computer intelligent ist. Mittlerweile wird dieses Spiel als Turing-Test bezeichnet:

> Stellen wir uns einen Raum mit zwei Personen vor, A ist männlich, und B ist weiblich. Ein Fragesteller beliebigen Geschlechts befindet sich in einem anderen Raum, von dem aus er schriftlich mit A und B kommunizieren kann, ohne sie zu sehen.
>
> Das Ziel des Spieles für den Fragesteller ist es nun zu ermitteln, welche der beiden Personen der Mann und welche die Frau ist. Die Rolle der Person B, also der Frau, ist es, dem Fragesteller zu helfen; Turing schlägt vor, dass dies am besten möglich sei, wenn sie die Wahrheit sagt. Person A dagegen muss mit seinen Antworten versuchen, den Fragesteller zu täuschen. Turing ersetzt nun die Person A in diesem Spiel durch eine Maschine und stellt die Frage, ob in dieser Konfiguration des Spieles der Fragesteller genauso oft getäuscht wird wie in der Version ohne Maschine. Diese Frage versteht er als verfeinerte Version der ursprünglichen Frage „Können Maschinen denken?"

In der ersten Version des Imitationsspieles, in der noch alle Parts von Menschen übernommen werden, spielt das Geschlecht der beteiligten Personen eine maßgebliche Rolle. In der weiteren Diskussion kommt Turing schließlich zu einer Version des Imitationsspieles, in der Part A durch den Computer übernommen wird und Part B durch einen Mann und beide sich für eine Frau ausgeben müssen (Abb. 2.1, links). Mittlerweile wird in der Literatur die

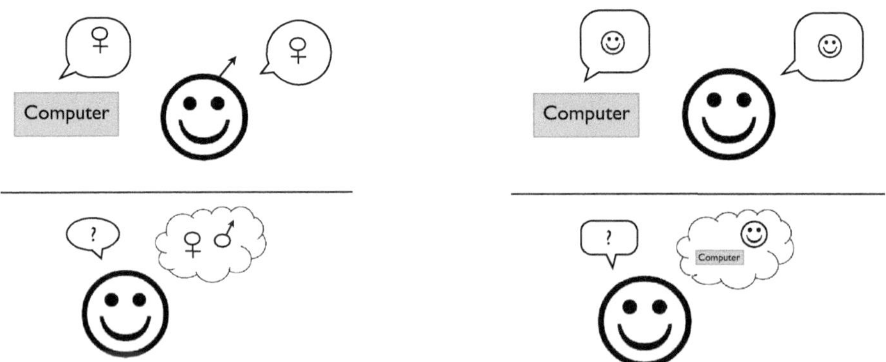

Abb. 2.1   Imitationsspiel. Links: Computer und Mann, beide über der Linie, geben sich als Frau aus. Der Fragesteller unter der Linie soll herausfinden, welcher von beiden ein Mann bzw. eine Frau ist. Rechts: Computer und Mensch geben sich als Mensch aus, der Fragesteller unter der Linie soll herausfinden, welcher von beiden ein Mensch ist

folgende Variante als „Turing-Test" bezeichnet (Abb. 2.1, rechts). Das Spiel wird zwischen einer Maschine A, einem Menschen B und einem Fragesteller C gespielt. C soll herausfinden, welcher der beiden Konversationspartner A oder B ein Mensch ist.

Dieser Turing-Test geht also von der Hypothese aus, dass der Computer den Fragesteller so täuschen soll, dass dieser ihn fälschlicherweise für einen Menschen hält. Natürlich ist dies eine Sichtweise auf Intelligenz, die sehr stark an verbalem Verhalten orientiert ist. Dadurch bieten sich sofort einige Kritikpunkte an, auf die Turing auch unmittelbar eingeht – wir werden dies weiter unten aufgreifen.

2.3   Der Computer

In einem ausführlichen Abschnitt erklärt Turing, was er unter einem digitalen Computer, und insbesondere einem, der die Rolle der Maschine in dem Imitationsspiel übernehmen soll, versteht. Wenn man bedenkt, dass der übliche Sprachgebrauch zu dieser Zeit derart war, dass man beim Begriff Computer an einen Menschen dachte, der Berechnungen durchführt, ist es nicht verwunderlich, dass Turing gründlich erläutert, an welche Art von Computer er hier denkt. Er beschreibt die Architektur eines digitalen Computers, der aus Speicher, Rechenwerk und einer Kontrolleinheit besteht. Ausführlich geht er auf die Programmsteuerung eines solchen Computers ein und kommentiert dabei auch, dass die Kontrolle von Maschinen auch ein Zufallselement enthalten könnte, wodurch man solchen Maschinen sogar eine Art freien Willen zusprechen könnte (siehe Kap. 8).

In einem gesonderten Abschnitt erläutert Turing, dass der digitale Computer, wie er ihn beschrieben hat, eine „discrete state machine" darstellt, die aber gleichzeitig universellen Charakter hat. Jede andere neue Maschine, die man sich ausdenkt, um bestimmte Berechnungen durchzuführen, ist (prinzipiell) unnötig; die gleiche Berechnung kann von einem geeignet programmierten digitalen Computer ausgeführt werden.

Damit formuliert Turing das Imitationsspiel genauer, indem er fragt: „Gibt es einen digitalen Computer, der im Imitationsspiel die Rolle der Maschine in befriedigender Weise übernehmen kann?" Er beantwortet die Frage auch sofort positiv. Nach seiner Meinung wird es in 50 Jahren möglich sein, Computer so zu programmieren, dass sie das Spiel so beherrschen, dass ein durchschnittlicher Befrager mit nicht mehr als 70 % Wahrscheinlichkeit die Maschine nach fünf Minuten Fragezeit erkennen kann. Nun ist diese Vorhersage nicht eingetroffen – aber so ist das recht oft mit Prophezeiungen. Wichtiger erscheint

Turings Aussage, dass sich bis dahin die allgemeine Meinung so geändert haben wird, dass man dann keinen Widerspruch erwarten wird, wenn man von denkenden Maschinen spricht.

Nachdem Turing seine Meinung kurz und knapp formuliert hat, geht er ausführlich auf verschiedene Gegenargumente zu seiner These ein. Einige davon wollen wir im Folgenden diskutieren; vorher jedoch werfen wir noch einen Blick auf einen Wettbewerb, der sich eng an den Turing-Test anlehnt.

Im Jahre 1991 schrieb Hugh Gene Loebner ein Preisgeld von \$100.000 aus für das Programm, welches als erstes den Turing-Test besteht. Seitdem gibt es den jährlichen Loebner-Wettbewerb, bei dem Programme versuchen, genau wie von Turing gefordert, einen menschlichen Befrager zu täuschen. Mit \$2000 wird jedes Jahr das Programm prämiert, welches es schafft, die meisten Juroren zu täuschen. Hier wird allerdings zugelassen, dass das Thema der Unterhaltung stark beschränkt wird. Zweifelhaft ist, ob dieser Wettbewerb das Gebiet der KI voranbringt; sicher ist lediglich, dass sich Chatbot-Entwickler[2] immer neue Techniken einfallen lassen, um die Befrager des Wettbewerbs zu täuschen. Marvin Minsky, einer der Doyens der KI, sah im Loebner-Preis eine „abscheuliche und unproduktive jährliche Publicity-Kampagne" und bot ein Preisgeld von \$100 für denjenigen, der Loebner davon abbringt, diesen Wettbewerb zu veranstalten. Loebner hat darauf reagiert, indem er argumentiert, dass der erste Gewinner des Wettbewerbs, also der \$100.000-Gewinner, den Wettbewerb beendet und damit die \$100 von Minsky zusätzlich erhalten muss. Folglich sei Minsky jetzt Co-Sponsor des Loebner-Preises.

2.4 Turings Einwände

Theologie und Kopf in den Sand   Turing diskutiert und widerlegt in seinem Aufsatz nun einige der möglichen Einwände. Kurz geht er auf einen möglichen theologischen Einwand ein, wenn nämlich argumentiert wird, dass Gott dem Menschen eine unsterbliche Seele gegeben hat, aber nicht Tieren und Maschinen. Turing widerlegt das Argument, indem er schließt, dass Gott auch Elefanten eine Seele geben könnte, da er ja allmächtig sei; genauso gut könne er aber auch zulassen, dass Maschinen eine Seele haben. Und überhaupt, wenn man an Galileo denke, könne man den Verdacht bekommen, dass in der Vergangenheit diese Art Argumente zweifelhaft gewesen seien.

Ebenfalls kurz geht Turing auf das Kopf-in-den-Sand-Argument ein: Die Konsequenzen denkender Maschinen seien furchtbar. Deshalb müsse man hoffen und glauben, dass Maschinen nicht denken können. Obwohl Turing

---

[2]Chatbot: eine Kombination aus „to chat" und „Roboter".

dieses Argument nicht weiter für diskussionswürdig hielt, lohnt es sich, darauf einzugehen. Überträgt man es nämlich auf Roboter, insbesondere Androide, so kann man sehr oft Einwände dieser Art gegen die Entwicklung und den Einsatz menschenähnlicher Roboter hören. Insbesondere in der Science-Fiction-Literatur werden Roboter oft als bedrohlich dargestellt; sie bedrohen einzelne Menschen (wie etwa in „Terminator") oder sind gar für die gesamte Menschheit eine Gefahr (zum Beispiel in „Matrix"). Bekannt sind natürlich auch die Asimov'schen Gesetze, die Roboter befolgen müssten, um Menschen keinen Schaden zuzufügen.

Asimov fand nach eigenem Bekunden das „Frankensteinmuster", dem damals die Robotergeschichten in der Regel folgten, langweilig; er postulierte erstmals in seiner Erzählung „Runaround" [5] die drei Gesetze der Robotik:

1. Ein Roboter darf keinen Menschen verletzen oder durch Untätigkeit zu Schaden kommen lassen.
2. Ein Roboter muss den Befehlen eines Menschen gehorchen, es sei denn, solche Befehle stehen im Widerspruch zum ersten Gesetz.
3. Ein Roboter muss seine eigene Existenz schützen, solange dieser Schutz nicht dem ersten oder zweiten Gesetz widerspricht.

Er forderte, dass Roboter so konstruiert werden müssen, dass sie die Gesetze befolgen müssen, dass sie gar nicht anders können. Seine Forderung lässt sich natürlich auch so übersetzen, dass Roboter einfach kein eigenes Bewusstsein entwickeln dürfen. Diese Robotergesetze sind Gegenstand in zahlreichen Science-Fiction-Erzählungen und -Filmen, sehr oft werden dabei die Paradoxien thematisiert, die bei der Anwendung der Gesetze auftreten können. In [6] haben wir ausführlich die Gründe für diese Sichtweise diskutiert. Es können dabei religiöse, durch unsere europäische christliche Tradition geprägte Aspekte eine Rolle spielen; aber auch grundsätzliche psychologische Gründe können für das Kopf-in-den-Sand-Argument angeführt werden.

Interessanterweise sind im Umgang mit Robotern durchaus kulturelle Unterschiede festzustellen. So kann man in weiten Teilen Asiens einen viel ungezwungeneren Umgang mit Robotern beobachten, als dies in unserer christlich geprägten Kultur der Fall ist. Der Grund dafür könnte vielleicht doch in der Seele liegen – so vertreten asiatische Religionen zumeist ein animistisches Weltbild, nach dem neben Menschen auch alle anderen Dinge in der Natur beseelt sind. Dabei ist es dann kein weiter Schritt, auch Roboter als beseelt und damit als gleichberechtigt anzusehen (Ausführlicheres dazu ist in [6] und [7] zu finden).

Mathematik Turing führt an, dass Mathematiker argumentieren könnten, dass ja seit Gödel klar ist, dass die Mächtigkeit von Maschinen, also digitalen Computern (sogar mit unendlichem Speicher), beschränkt ist.

Es gibt Fragen, die nicht richtig mit Ja oder Nein beantwortet werden können. Daraus könnte man ableiten, dass diese Unfähigkeit die Maschine dem menschlichen Intellekt unterlegen sein lässt. Turing argumentiert nun, dass zum einen gar nicht klar ist, dass Fehlerfreiheit eine Notwendigkeit für Intelligenz ist und dass ja auch Menschen durchaus Fehler machen und falsche Antworten geben und trotzdem mitunter als intelligent eingestuft werden.

Bewusstsein Schon vor der Veröffentlichung des Turing'schen Aufsatzes gab es zahlreiche Diskussionen über denkende Maschinen; so war 1950 bereits Wieners Buch über Kybernetik erschienen, und auch die Arbeiten von McCulloch und anderen über Lernen in neuronalen Netzen waren bekannt. Turing geht in diesem Abschnitt über Bewusstsein von einem Aufsatz von Geoffrey Jefferson aus dem Jahr 1949 aus, in dem postuliert wird, dass Maschinen nur denken können, wenn sie Bewusstsein haben. Turing entgegnet, dass die einzige Methode, wirklich zu wissen, ob eine Maschine denkt, darin bestünde, selbst diese Maschine zu sein. In der Philosophie würde ein solcher Ansatz als Solipsismus bezeichnet werden: Man kann sich nur über das eigene Bewusstsein sicher sein – es existiert kein Bewusstsein außerhalb des eigenen. Das gleiche Argument träfe allerdings auch bei der Frage nach dem Bewusstsein von anderen Menschen zu, wobei aber ein solcher solipsistischer Ansatz bei Menschen üblicherweise nicht angewendet wird. – Warum also dann bei Maschinen?

Sicherlich sind die Begriffe Intelligenz und Bewusstsein zusammenhängend; wir werden uns in Kap. 11 damit ausführlicher auseinandersetzen.

Lernen Das Stichwort Lernen spielt in Verbindung mit Intelligenz eine wichtige Rolle. In einem Abschnitt geht Turing auf ein Argument ein, welches man recht oft – auch heute noch – hört, wenn man versucht, einem Laien zu erklären, was die Ziele der KI-Forschung sind: „Ein Computer kann doch nur ausführen, was man ihm vorher einprogrammiert hat". Lady Lovelace war sicherlich eine der Ersten, die dies formuliert hatte. Sie ist unter Informatikern dafür bekannt, dass sie vermutlich das erste Computerprogramm für die „Analytical Engine" von Charles Babbage geschrieben hat. 1843 übersetzte sie eine Beschreibung der Analytical Engine aus dem Französischen und fügte dieser Übersetzung zahlreiche Anmerkungen hinzu, welche auch mehrere Passagen enthalten, in denen sie betont, dass die Maschine nicht denken kann. Explizit formuliert sie, dass die Maschine nur das ausführen kann, von dem wir wissen, wie wir es beschreiben können. Turing geht ausführlich auf Ada Lovelace ein und führt dabei auch das Argument an, dass Maschinen lernen können. Turing beschreibt, wie man Lernverfahren, die sich an der Entwicklung und am Lernprozess eines Kindes orientieren, entwerfen könnte. Er beschreibt Vorgehensweisen, die wir in der KI als „Reinforcement Learning" bezeichnen und die mittlerweile sehr erfolgreich in komplexen intelligenten Systemen eingesetzt werden (siehe auch Abschn. 5.5). Turing stellt hier auch Vergleiche mit evolutionären Verfahren an – er spricht sogar davon, wie sinnvoll und wichtig die Einführung von Zufallselementen in die Entwicklung und in das Lernen ist. Wir wissen heute, dass dies notwendig für die Konvergenz von maschinellem Lernen ist, wenn genetische Verfahren verwendet werden.

2.5   Turing und Nouvelle AI

Turing erwähnt auch, dass lernende Maschinen bezüglich ihrer Aktuatoren und Sensoren eingeschränkt sind und dass deshalb die Anweisungen an die Maschine eher intellektueller Art sein müssten. Zum Schluss seines Artikels formuliert Turing die Hoffnung, dass Maschinen sich in allen rein intellektuellen Gebieten mit Menschen messen werden. Die Schwierigkeit dabei sei, welche Aufgaben man dazu auswählen solle; solle man sich auf abstrakte Aktivitäten wie z. B. Schachspielen beschränken oder Maschinen mit möglichst guten Sensoren ausrüsten und ihnen Sprache beibringen?

In der Tat war dies auch viele Jahre eine wichtige Strategie für die Entwicklung intelligenter Systeme: Man nehme eine ausgeklügelte und effiziente Maschinerie, versehe sie allenfalls mit ein paar Sensoren und lasse sie versuchen eine „intellektuelle Aufgabe" zu lösen. Beispiele sind Schachspielen, Verstehen von natürlichsprachlichen Texten, Bildanalyse oder Theorembeweisen. Wir haben in vielen dieser Gebiete spektakuläre Erfolge gesehen, und natürlich gibt es in diesen Teilgebieten der KI weitere interessante und herausfordernde Aufgaben. Trotzdem hat sich seit den späten 1980er-Jahren eine Sichtweise etabliert, die damals mit „Nouvelle AI" bezeichnet wurde.

Anstatt sich zur Entwicklung intelligenter Systeme ausschließlich auf die Denkmaschine zu verlassen, nimmt man sich nun die biologische Evolution als Beispiel. Man versucht künstlichen Systemen zunächst Bewegung, Reagieren und all das für das Überleben Notwendige beizubringen. Erst dann werden Schließen, Problemlösen, Sprache und Expertenwissen in Angriff genommen. Wir greifen diese Sichtweise wieder im Kap. 3 über Körper und Geist auf.

2.6   Das chinesische Zimmer

Aus philosophischer Sicht bleibt jedoch die Frage nach der Qualia, den subjektiven und bewussten internen mentalen Zuständen eines Systems. Kann eine Maschine über solche bewusste Zustände verfügen? Ein viel zitiertes Gegenargument ist „Searles Chinesisches Zimmer" [8]: Ein Englisch sprechender Mensch befindet sich in einem abgeschlossenen Raum, der voller Schachteln mit chinesischen Schriftzeichen ist. Der Mensch versteht kein Chinesisch, verfügt aber über ein umfangreiches Regelwerk, mit dem chinesische Schriftzeichenfolgen in andere chinesische Schriftzeichenfolgen überführt werden können. Die Person bekommt nun eine Sequenz von Zeichen übermittelt, ohne zu wissen, dass es sich um eine Frage in chinesischer Sprache handelt. Sie manipuliert die Sequenz mithilfe des Regelwerkes und übermittelt das Resultat nach außen, wo es als Antwort auf die Frage verstanden wird. Die Person allerdings hat weder die chinesisch gestellte Frage noch die generierte Antwort verstanden. Nach Searl ist es demnach unmöglich, ein verstehendes, denkendes System mittels symbolmanipulierenden Regeln zu konstruieren.

In einer rein funktionalistischen Sichtweise dagegen würde man dem gesamten System, also der Einheit, bestehend aus Zimmer, Menschen und Regelwerk, die Fähigkeit, Chinesisch zu verstehen, zusprechen.

Man kann aber nach Block [9] das Gedankenexperiment auch wie folgt erweitern: Er verpflichtet alle Einwohner Chinas und nimmt an, dass jeder über ein Telefon und eine Liste von Nummern verfügt, die er anklingeln muss, nachdem sein Telefon geläutet hat. Dabei wird keine Botschaft übermittelt, lediglich angerufen – die Analogie zu einem neuronalen Netz mit vorgegebener Verbindungsstruktur ist offensichtlich. Deklariert man nun bestimmte Chinesen als „Inputs" und andere als „Outputs", kann man codierte Fragen eingeben und schließlich nach einer Verbreitung aller Klingelsignale eine codierte Antwort an den Outputs ablesen. Auch hier kann keine einzelne der Personen verstanden haben, um was es geht.

Greift man die Analogie des neuronalen Netzwerks nochmals auf, würde der Person ein einzelnes Neuron im Netzwerk des Gehirns entsprechen. Damit stellt sich die Frage, ob ich von irgendeinem der einzelnen Neuronen meines Gehirns erwarte, dass es die Zeilen, die ich gerade schreibe, versteht … Fragen um Qualia und Bewusstsein diskutieren wir in Kap. 11.

In diesem Zusammenhang sollte auch das European Flagship Project HBP – The Human Brain Project – erwähnt werden[3]. Hier ist es das Ziel eines großen europäischen interdisziplinären Konsortiums, eine Simulation des gesamten menschlichen Gehirns anzufertigen. Man hätte damit ein Modell zur

---

[3] http://www.humanbrainproject.eu, abgerufen im Oktober 2018.

Verfügung, das es uns erlauben würde, unzählige Fragestellungen aus den Neurowissenschaften, der Kognitionsforschung oder eben aus der Philosophie zu untersuchen.

2.7   Alternative Turing-Tests

Turings Imitationsspiel zur Beantwortung der Frage, ob Maschinen denken können, hat nun seit über 60 Jahren zu fruchtbaren und spannenden Diskussionen geführt. Natürlich bleibt es da nicht aus, dass auch zahlreiche Erweiterungen und Modifikationen des Tests vorgeschlagen wurden. Im Übersichtsartikel [10] sind einige davon erläutert. Eine Erweiterung, die der Diskussion um die Nouvelle AI Rechnung trägt, ist der totale Turing-Test (TTT). Hier wird gefordert, dass die Maschine nicht nur auf verbale Eingaben reagiert, sondern auch über sensomotorische Fähigkeiten verfügt, also ein Roboter ist. Verschärft werden kann dieser Test noch zum totalen totalen Turing-Test (TTTT), wenn man fordert, dass das künstliche Gehirn nicht nur funktional vom menschlichen ununterscheidbar ist, sondern diesem auch auf neuromolekularer Ebene gleicht. Wer diese Forderung als zu chauvinistisch ablehnt, kann auch die Variante TTT* wählen, wo statt neuromolekularer Ähnlichkeit die Ununterscheidbarkeit bezüglich der Wirkungsweise (flowchart match) gefordert wird.

Andere Varianten des Turing-Tests versuchen durch ihr Design auszuschließen, dass Architekturen mittels endlicher Automaten bestehen können. So wird z. B. im „Kugel Test" gefordert, dass die Maschine unendlich viele Runden des Tests gewinnt, was natürlich nicht mit einem endlichen Automaten erreicht werden kann.

Den Bezug zur Evolution stellt der TRTTT (truly total Turing test) her: Bevor Roboter an einem Test wie dem Turing-Test teilnehmen dürfen, müssen sie sich als „Rasse" weiterentwickelt haben. Sie müssen eine eigene Sprache oder Spiele wie Schach erfunden haben. Erst wenn dieses Entwicklungsstadium eingetreten ist, dürfen einzelne Exemplare am Test teilnehmen. Natürlich könnte man sich auch vorstellen, dass diese Roboter wiederum künstliche Systeme bauen, die sich selbst wieder entwickeln würden, um den TRTTT zu bestehen, wodurch diese wiederum . . .

Schließlich sei noch eine Variante des Turing-Tests erwähnt, der Sie sich sicherlich schon unterzogen haben. Um Computerprogramme von Menschen zu unterscheiden, wird nämlich auf vielen Webseiten die CAPTCHA-Technik benutzt. In der visuellen Variante wird der Betrachter aufgefordert, ein Bild zu interpretieren und das Ergebnis textuell in eine Eingabemaske einzutragen. CAPTCHA ist das Akronym für „Completely Automated Public Turing Test to Tell Computers and Humans Apart".

2.8 Stand der KI

Nachdem wir nun ausführlich über Wesen, Sinn und Unsinn von künstlicher Intelligenz gesprochen haben, soll in diesem Abschnitt der Stand des Gebietes, wie es sich heute darstellt, skizziert werden.[4] An Beispielen wollen wir zeigen, dass KI bereits tief in Bereiche unseres täglichen Lebens vorgedrungen ist. Waren die Erfolge aus den 1980er-Jahren sehr oft in künstlichen und unrealistischen Umgebungen, finden wir KI-Techniken heute in Lösungen für äußerst komplexe Probleme. Wir werden im Folgenden „Deep Question Answering", autonome Fahrzeuge, Mathematik und das chinesische Brettspiel Go besprechen.

Deep Question Answering Beim Deep Question Answering (DQA) ist es die Aufgabe, eine in natürlicher Sprache formulierte Frage zu verstehen und zu beantworten. Hierbei sollen nicht, wie beim Vorgehen von Suchmaschinen, vorgegebene Textstücke auf das Vorkommen von Schlüsselwörtern aus der Frage untersucht werden; vielmehr soll eine möglichst richtige und kompetente Antwort generiert werden. Als ein Beispiel sei eine Frage aus der Quizshow Jeopardy genannt: „Welches sind die drei Wurfobjekte beim olympischen Zehnkampf?" Die richtige Antwort ist: Diskus, Kugel und Speer. Gibt man jedoch diese Frage als Suche in eine herkömmliche Suchmaschine ein, bekommt man natürlich sofort einen Treffer aufgrund des Schlüsselwortes Zehnkampf, nämlich den zugehörigen Wikipedia-Artikel. Dieser Artikel enthält nun jedoch kein einziges Vorkommen des Wortes Wurfobjekt, sodass es hier nicht direkt möglich ist, auf die drei Objekte zu schließen. Ein menschlicher Benutzer würde den Artikel lesen und die Objekte, die dort genannt sind, als Wurfobjekte identifizieren und dann eine Antwort generieren. Beim DQA geht es genau darum, diese Aufgabe automatisch durchzuführen. Die erwähnte Quizshow Jeopardy ist dazu ein guter Test. Das IBM-System Watson hat 2013 bei dieser Show gegen zwei menschliche Teilnehmer überzeugend gewonnen. Nun waren dies nicht zufällig ausgewählte Teilnehmer, vielmehr handelte es sich dabei um zwei Champions, die bereits sehr viel Geld in diesen Shows gewonnen hatten. Das Bemerkenswerte dabei ist, dass das Quiz ein äußerst breites Spektrum von Wissensgebieten voraussetzt und dass

---

[4]Teile dieses Abschnittes sind auch in [11] zu finden.

es darauf ankommt, die Fragen möglichst schnell zu beantworten. Das System muss also Zugriff auf sehr große Mengen von Wissen haben und diese auch schnell verarbeiten. Formalisierte Wissensbasen – zumeist in verschiedenen Varianten von Logiken – sind mittlerweile für die verschiedensten Fachgebiete sowie für Allgemeinwissen verfügbar; für ein leistungsfähiges System wie Watson müssen jedoch auch natürlichsprachliche Texte, wie z. B. Fachbücher, herangezogen werden. Dazu sollte das System die Grafiken und Bilder verstehen können.

Wie schwer es ist, Fragen zu beantworten, die Alltagswissen betreffen, zeigt das folgende Beispiel, das aus der Problemsammlung COPA (Choice of Plausible Answers, [12]) stammt. Diese Beispiele benötigen vielseitiges Wissen, welches wir Menschen völlig unbewusst einsetzen, KI-Systeme jedoch gezielt suchen und einsetzen müssen. Daher eignen sich diese Sammlungen hervorragend zum Testen und Evaluieren von KI-Systemen. Die Aufgabe ist dabei ein Sachverhalt, z. B. „My body casts a shadow over the grass.", der zusammen mit einer Frage und zwei alternativen Antworten einem System vorgelegt wird. In unserem Beispiel ist die Frage „What was the CAUSE of this?" und die Alternativen sind „The sun was rising." und „The grass was cut." Das System muss nun die plausiblere der beiden Antworten auswählen. Man macht sich leicht klar, welches Wissen notwendig ist, um solche für den Menschen triviale Fragen zu beantworten. Man muss wissen, dass Schatten durch Beleuchtung zustande kommen und die aufgehende Sonne eine Lichtquelle darstellt. Andererseits hat die Beschaffenheit des Grases wenig mit dem Schattenwurf zu tun. Das Problem für ein künstliches System ist dabei, diese relevanten Teile des Wissens zu finden und dann auch zu verarbeiten. Das oben erwähnte IBM-System Watson für DQA wird nun nicht nur in Quizshows eingesetzt, vielmehr vermarktet IBM diese Technik als neues Paradigma zur Software-Entwicklung. Unter der Bezeichnung Cognitive Computing werden Softwareprodukte bezeichnet, die mit menschlichen Benutzern kooperieren können, um so Probleme zu lösen, die weder Mensch noch Maschine alleine bewältigen könnten. In vielen verschiedenen Lebensbereichen kann so die Verarbeitung von riesigen Wissens- und Informationsmengen in Echtzeit zur Unterstützung von menschlichen Nutzern genutzt werden. Ein prominentes Beispiel ist hierzu die Unterstützung von Ärzten und Wissenschaftlern bei der Krebsforschung; hier kann die immense Flut von neuen Erkenntnissen und Veröffentlichungen mithilfe von DQA-Techniken verarbeitet und dann zielgerichtet Ärzten zur Verfügung gestellt werden.

Autonome Fahrzeuge Autonome Fahrzeuge werden seit den 1970ern erforscht. Einer der Pioniere ist Ernst Dickmanns, der schon in den 1980ern einen Kleintransporter, mit Computern und Sensoren ausgerüstet, auf

Autobahnen fahren ließ. Zu dieser Zeit war die Rechenpower der Computer beschränkt und die verwendete Kameratechnik ungenügend, trotzdem konnte Dickmanns mit seinen Forschungsfahrzeugen viele tausend Kilometer auf europäischen Straßen zurücklegen. Ein Durchbruch gelang dem damaligen Stanford-Professor Sebastian Thrun, als er mit einem Volkswagen Tuareg die DARPA Grand Challenge 2005 gewann. Die Aufgabe war dabei, einen Rundkurs in der Mojave Wüste über 132 Meilen innerhalb von zehn Stunden zu absolvieren. Im Jahr davor wurde der Wettbewerb ebenfalls ausgetragen, wobei von mehr als 100 Teilnehmern kein einziger die Aufgabe erfüllen konnte – das erfolgreichste Fahrzeug schaffte nur 7,4 Meilen. Nur ein Jahr später, 2005, waren es vier Fahrzeuge, die innerhalb des Zeitlimits die Strecke bewältigten. Ähnlich rasant ging die Entwicklung weiter, mittlerweile fahren autonome Fahrzeuge auf öffentlichen Straßen und beeinflussen die Automobilindustrie in starkem Ausmaß. Techniken, die selbstständiges Fahren ermöglichen, sind vielfältig und müssen, wie schon oben angesprochen, miteinander verzahnt werden. Eingesetzt werden Kameras oder Laserentfernungsmesser zur Erzeugung von 3D-Modellen der Fahrzeugumgebung, Lernverfahren zur Interpretation der Bilder und Umgebungsmodelle und zum Erfassen und Bewerten von Situationen, aber auch höchst präzise Karten, in denen nach Möglichkeit z. B. auch Ampeln und sogar die Höhe, in der sie angebracht sind, verzeichnet werden. In der Automobilindustrie ist dabei ein Trend zu beobachten, der auf eine schrittweise Vergrößerung der Autonomie durch Assistenzsysteme zielt. Man versucht, den menschlichen Fahrer immer mehr zu entlasten: Das Fahrzeug parkt automatisch ein, es hält die Fahrspur und den Abstand, es fährt bei niedriger Geschwindigkeit im Stau autonom, und es bremst bei plötzlich auftretenden Hindernissen. Der Fahrer bleibt im Zentrum, das Fahrzeug ist (noch) kein Roboter; so scheint die Akzeptanz der KI-Technik größer. Daher ist es nicht verwunderlich, dass im Bereich selbstfahrende Kraftfahrzeuge neben den klassischen und etablierten Autobauern auch Unternehmen wie Tesla oder gar Softwareriesen wie Google oder sein chinesisches Gegenstück Baidu die Entwicklung mitgestalten und radikalere Wege gehen.

An dieser Stelle wird die gesellschaftliche Bedeutung der Robotik oder allgemein der KI-Techniken deutlich: Wer haftet bei Unfällen, die von autonomen Fahrzeugen verursacht werden könnten? Wie soll sich der Automat in Situationen verhalten, die ethisches oder moralisches Abwägen notwendig machen (bei menschlichen Fahrzeugführern stellt man diese Frage übrigens selten)? Wie verhalten wir uns im Zusammenhang mit der Entwicklung autonomer militärischer Waffensysteme? Diese Fragen werden wir im Kap. 8 über den freien Willen ausführlicher diskutieren.

Mathematik Automatisches Schlussfolgern und automatisches Beweisen von mathematischen Theoremen war schon zu Leibniz' Zeiten ein Traum des aufgeklärten Mathematikers. Die KI-Forschung hat sich auch von Anfang an mit der Automatisierung der Logik beschäftigt, und in der Tat sind auch einige nichttriviale Beweise durch Computer gefunden worden; z. B. wurde das Robins-Algebra-Problem, welches viele Jahrzehnte ungelöst war, völlig automatisch bewiesen. Daneben haben sich zahlreiche weitere Anwendungsgebiete für automatische Beweissysteme ergeben. So werden solche Systeme für die Verifikation von Soft- und Hardware eingesetzt; man testet die Systeme nicht nur, man beweist, dass sie bestimmte Eigenschaften haben. Bei sicherheitskritischen Systemen wie z. B. Zugleitsystemen beweist man, dass bestimmte (gefährliche) Zustände nicht auftreten können, das System sich also unter allen Umständen korrekt verhält. Bei der Entwicklung von Mikroprozessoren hat sich spätestens seit dem berühmt gewordenen FDIV-Fehler im Intel Pentium-Prozessor [13] die Verifikation der Hardware durchgesetzt. Zwar ist die Verifikation von Hard- oder Software ein aufwendiger und damit kostenintensiver Prozess, aber verglichen mit dem Imageschaden und den Kosten, die, wie im Fall von Intel, durch umfangreiche Rückrufaktionen anfallen, ist er den Aufwand wert.

Auch in einer Disziplin wie der Mathematik, in der neue Ergebnisse nur durch äußerst begabte, kreative und bestens ausgebildete Wissenschaftler zu erzielen sind, etablieren sich langsam automatische Beweissysteme als wichtiges Hilfsmittel. Ein Beispiel hierfür ist der Beweis der Keplerschen Vermutung, an der sich Mathematiker versuchten, seit Kepler sie 1611 aufstellte. Das Problem ist, wie man Kugeln im dreidimensionalen Raum möglichst dicht packt – wenn Ihnen jetzt ein Obsthändler, der Orangen stapelt, in den Sinn kommt, liegen Sie ziemlich nah an der Lösung. Das Problem ist oder besser war der formale mathematische Beweis. Der US-amerikanische Mathematiker Thomas Hales legte 1998 einen Beweis vor, der etwa 250 Seiten Manuskript und mehrere Gigabyte an Programmcode – ein Teil des Beweises beruht auf Computerberechnungen – umfasste. Eine der renommiertesten Zeitschriften, die Annals of Mathematics, legte den Beweis einem Gremium von zwölf Gutachtern vor. Nach vier Jahren Arbeit kamen die Gutachter zu dem Ergebnis, dass sie sich zu „99 Prozent sicher" seien, dass der Beweis korrekt sei. Hales selbst arbeitet seit 2003 mit mehreren Kollegen an der formalen Überprüfung seines Beweises; im sogenannten Flyspeck-Projekt wurden interaktive automatische Beweissysteme benutzt, um den gesamten Beweis der Kepler'schen Vermutung zu formalisieren und damit als korrekt zu verifizieren. Hales hat 2017 zusammen mit 21 Co-Autoren einen Bericht darüber als Abschluss des Flyspeck veröffentlicht [14].

Go Das chinesische Brettspiel Go galt lange Zeit als große Herausforderung für Computerprogramme. Go ist ein Brettspiel, bei dem der Zufall keine Rolle spielt. Eigentlich sind solche Spiele gut für Computerprogramme geeignet, da in jeder Spielsituation die Menge aller möglichen nächsten Züge feststeht, sodass das Programm „nur" alle Spielsituationen durchrechnen, also quasi ausprobieren muss. Dies ist jedoch graue Theorie, wenn man bedenkt, dass die Menge der möglichen Züge und Brettstellungen sehr viel größer als beim Schach ist – weit genug vorauszuschauen, um einen gewinnbringenden Zug zu berechnen, ist daher keine Option. Nun ist es 2015 einem Team des Unternehmens Google DeepMind erstmals gelungen, einen menschlichen Weltklassespieler mithilfe des Programmes AlphaGo zu besiegen – ein wahrhafter Durchbruch für künstliche Intelligenz im Bereich der Spiele. Nun ist es keineswegs so, dass hier eine gänzlich neue Methode erfunden wurde; vielmehr benutzt AlphaGo wie viele andere Programme vorher eine übliche Suchmethode, nämlich „Monte Carlo Suche". Das Besondere ist jedoch, dass vor der Anwendung von Monte-Carlo-Suche ein zweifacher Lernvorgang stattfand. In einem ersten Lernabschnitt wurde ein künstliches neuronales Netz so trainiert, dass es gelernt hatte, Expertenzüge auszuführen. In einem zweiten Schritt spielte AlphaGo dann mit diesem erlernten Wissen gegen sich selbst und lernte dabei, welche der Spielzüge gewinnbringend sind. Dieses erlernte Wissen konnte dann schließlich von Monte-Carlo-Suche benutzt werden. Für die Lernphase wurde eine spezielle Form der neuronalen Netze benutzt, sogenannte Deep Neural Networks. Im Kap. 5 und 7 werden wir ausführlich darauf eingehen. In einer weiteren Entwicklung konnte mit dem System AlphaZero 2017 gezeigt werden, dass das Lernen von Expertenwissen überhaupt nicht notwendig ist. AlphaZero bekommt als einziges Wissen die Regeln des Spieles als Eingabe und spielt dann gegen sich selbst. Dabei lernt es so gut zu spielen, dass es gegen AlphaGo gewinnen konnte. Ebenso konnte AlphaZero, nachdem es als Eingabe die Schachregeln bekommen und dann durch Spielen gegen sich selbst Schach spielen gelernt hatte, eines der weltbesten Schachprogramme besiegen.

2.9   Warum erst jetzt?

Nachdem KI-Techniken in vielerlei Anwendungen eingesetzt und in weiten Teilen der Gesellschaft als wirtschaftliche und gesellschaftspolitische Faktoren erkannt werden, muss man sich wohl fragen, warum dies erst jetzt und dann noch dazu in solch rasantem Tempo geschieht. In den meisten der erfolgreichen Anwendungen wird maschinelles Lernen, mittlerweile auch als Deep Learning bezeichnet, eingesetzt. Nun ist dies aber keineswegs eine neue Technik. Wir werden in den entsprechenden Kapiteln sehen, dass lernende neuronale Netze bereits seit vielen Jahrzehnten existieren und natürlich auch eingesetzt wurden. Der momentane Erfolg kann daher nicht am Einsatz der Techniken liegen, vielmehr sind die Rahmenbedingungen entscheidend: Zum erfolgreichen Trainieren eines neuronalen Netzes sind sehr große Datenmengen notwendig. Im Fall der Objektklassifikation mithilfe der Bilddatenbank Image Net sind dies derzeit 14 Mio. klassifizierte Bilder, ähnlich ist die Situation bei Texten für das Lernen von Übersetzern für natürliche Sprachen. Diese Situation ist relativ neu, sie ist in den letzten Jahren durch das Bereitstellen von immer größeren Datenmengen unter dem Schlagwort Big Data für neuronale Netze ideal geworden. Darüber hinaus haben sich auch enge, aber trotzdem wichtige Anwendungsfelder für lernende Systeme herauskristallisiert, und schließlich ist auch darauf hinzuweisen, dass speziell für künstliche neuronale Netze besondere, in hohem Maße parallel arbeitende Hardware entwickelt wurde.

2.10 Starke und schwache KI

Wir haben mit verschiedenen Beispielen hoffentlich einen Eindruck vom Stand der Entwicklung von KI-Systemen vermitteln können. Wie die verwendeten Techniken im Einzelnen aussehen, werden wir im Laufe dieses Buches näher erläutern. Eine gängige Klassifizierung von KI-Techniken sei schon hier erwähnt, nämlich die Unterscheidung von starker und schwacher KI: Mit starker KI bezeichnet man Methoden, die das Ziel haben, möglichst gut zu modellieren, wie Menschen vorgehen. Ein KI-System, das Sprache versteht, würde demnach auch den Anspruch haben, möglichst nahe am menschlichen Vorbild zu sein; oder umgekehrt, es könnte helfen, ein Modell für das Sprachverstehen beim Menschen zu entwickeln. Unter einer schwachen KI-Methode versteht man ein eher ingenieurmäßiges Vorgehen, intelligentes Verhalten zu erzeugen. Als Beispiel wird hierzu oft das Fliegen herangezogen; Flugzeuge fliegen sehr gut, ohne dabei den Vogelflug nachzuahmen. Hier zählt nicht die Methode, sondern lediglich das Ergebnis. In den folgenden Kapiteln wird von Fall zu Fall deutlich, ob es sich um einen starken oder um einen schwachen KI-Ansatz handelt. Im Nachwort am Ende werden wir diesen Punkt nochmals aufgreifen.

Zu Beginn dieses Kapitels hatten wir den ersten Satz aus Turings Aufsatz aus dem Jahr 1950 zitiert: „Can machines think?" Wir möchten ihn auch mit dem letzten Satz aus jenem Aufsatz beenden:

„We can only see a short distance ahead, but we can see plenty there that needs to be done."

Literatur

1. Turing AM (1950) Computing machinery and intelligence. MIND: A Q Rev Pyschol Philos, 59(236):433–460
2. Furbach U (2012) Turing und Künstliche Intelligenz. Informatik Spektrum 35(4):280–286
3. Turing AM (1938) Systems of logic based on ordinals. PhD thesis, Princeton University
4. Davis M (2000) The universal computer: the road from Leibniz to Turing. Norton, New York
5. Asimov I (1942) Runaround. Street & Smith, New York
6. Barthelmeß U, Furbach U (2014) Do we need Asimov's Laws? In: Liebert W-A, Neuhaus S, Paulus D, Schaffers U (Hrsg) Künstliche Menschen: Transgressionen zwischen Körper, Kultur und Technik, Bd abs/1405.0961. Königshausen & Neumann, Würzburg
7. Barthelmeß U, Furbach U (2011) IRobot- uMan. Künstliche Intelligenz und Kultur: Eine jahrtausendealte Beziehungskiste. Springer, Berlin
8. Searle JR (1980) Minds, brains, and programs. Behav Brain Sci 3:417–424
9. Block N (1978) Troubles with functionalism. Minn Stud Philos Sci 9:261–325
10. Saygin AP, Cicekli I, Akman V (2000) Turing test: 50 years later. Mind Mach 10(4):463–518
11. Furbach U (2016) Schmuddelkind ade. Das Fachgebiet ‚Künstliche Intelligenz'. Forsch Lehre 16(11):474–477
12. Maslan N, Roemmele M, Gordon AS (2015) One hundred challenge problems for logical formalizations of commonsense psychology. In Twelfth International Symposium on Logical Formalizations of Commonsense Reasoning, Stanford, CA
13. Wikipedia (2018) Pentium-FDIV-Bug – Wikipedia, Die freie Enzyklopädie. Stand 4. November 2018
14. Hales T, Adams M, Bauer G, Dang TD, Harrison J, Hoang LT, Kaliszyk C, Magron V, Mclaughlin S, Nguyen TT, et al (2017) A formal proof of the Kepler conjecture, Bd 5. Cambridge University Press, Cambridge

3

Körper und Geist

*Der Geist rüttle den Körper aus seiner Erdenschwere auf und belebe ihn, und der Körper
gebe der Schwerelosigkeit des Geistes festen Halt.*
(Montaigne, Essais, 1580–1588)

Zusammenfassung Das Verhältnis von Körper und Geist in KI und in wissenschaftlichen und philosophischen Untersuchungen wird diskutiert. Meist bestimmen historische Gegebenheiten und die dadurch bedingten Lebensumstände die Einstellung der Menschen zu diesem Verhältnis. Wir streifen die Entwicklung der Ideen des Barock, der Aufklärung, der Klassik, der Romantik, des Realismus und letztlich der Lebensphilosophen des 20. Jahrhunderts. Der Wandlung der jeweiligen Ideologien lassen sich korrespondierende Entwicklungen in der KI zuordnen.

In der KI spielt das Verhältnis von Maschine und analytischer Leistung bzw. des digitalen Computers (Speicher, Rechenwerk und Kontrolleinheit) und Programmsteuerung eine wichtige Rolle. Das Ziel, die Maschinen zu autonomem Denken zu bringen, ist daher gekoppelt an die Frage, wie das Denken beim Menschen funktioniert. Wir gehen deshalb der Frage nach, wie es um das Verhältnis von Körper und Geist beim Menschen aussieht.

In der Schule, insbesondere beim Sportunterricht, bekommt man immer wieder den Spruch „mens sana in corpora sano" (ein gesunder Geist in einem gesunden Körper) zu hören. Eine sehr einfache Formel, die sogar dazu beitrug und noch immer beiträgt, ein bestimmtes weltanschauliches Prinzip

© Springer Fachmedien Wiesbaden GmbH, ein Teil von Springer Nature 2019
U. Barthelmeß und U. Furbach, *Künstliche Intelligenz aus ungewohnten Perspektiven,*
Die blaue Stunde der Informatik, https://doi.org/10.1007/978-3-658-24570-2_3

hochzuhalten, das mehr oder weniger besagt, für einen gesunden Geist bedarf es eines gesunden Körpers. Die simple Zuordnung von Geist und Körper beruht aber auf einer fatalen Fehlinterpretation oder besser gesagt auf einer falschen, weil verkürzten Zitierweise. Der römische Satiriker Juvenal (60–127 nach Christus) verspottete die Römer, die alberne Bitten an die Götter richteten, sich zum Beispiel wünschten, reich, mächtig, schön und erfolgreich zu sein. Er meinte, die Götter wüssten schon, was für die Menschen gut sei. Wer dennoch um etwas bitten möchte, der sollte sich geistige und körperliche Gesundheit wünschen: „Orandum est, ut sit mens sana in corpore sano." [1]. Die Botschaft ist klar: Ein gesunder Körper hat nicht zwangsläufig einen gesunden Geist. Dies könne oder solle man sich jedoch wünschen. Juvenal erteilt hier auch einen Seitenhieb auf die Sportgrößen seiner Zeit, denen oft fehlende geistige Fähigkeiten nachgesagt wurden. Wir wollen nicht ausschließen, dass ein gesunder Körper einen gesunden Geist beherbergen kann, verwahren uns jedoch gegen die einseitige implikatorische Verknüpfung.

Der Antagonismus von Körper und Geist begegnet uns nicht nur in dieser Redensart. Wann immer wir uns mit dem Thema Geist, Verstand oder Gedächtnis beschäftigen, gesellt sich in irgendeiner Form sein Gegenstück, der Körper, wie ein Trabant dazu. So wundert es nicht, dass ein ausgeglichenes gesundes Verhältnis von Körper und Geist in der Medizin grundsätzlich angestrebt wird. Die Gesundheit ist eine wichtige Voraussetzung zum Überleben in der Natur. Der Mensch ist ein natürliches Wesen, das in und mithilfe der Natur überleben und sich fortpflanzen will. Daher tut er gut daran, Körper und Geist gesund zu halten. Man fand heraus, und das wird wohl nicht sonderlich überraschen, dass Waldspaziergänge Körper und Geist wohltun.[1] Durch wissenschaftliche Studien konnte nachgewiesen werden, dass Waldluft extrem wenig Staubteilchen enthält (etwa ein bis zehn Prozent der Konzentration in Städten), sich Sauerstoff, ätherische Duftstoffe und Ruhe positiv auf die körperliche und geistige Gesundheit auswirken. Bei Waldspaziergängern sei der Blutdruck signifikant gesunken, die Lungenkapazität habe zugenommen und die Elastizität der Arterien habe sich verbessert. Es scheint gerade Waldluft zu sein, die dem Herz-Kreislauf-System besonders guttut. Wissenschaftler der Nippon Medical School in Tokio stellten fest, dass das Gehen im Wald offenbar Krebs-Killerzellen aktiviert, und dieser Effekt noch mindestens sieben Tage nach den Spaziergängen anhält. Es wird sogar spekuliert, dass Spaziergänger im Wald von Phytonzyden profitieren; das sind Substanzen, die Pflanzen bilden, um sich vor Krankheitserregern zu schützen. Auch die Wirkung auf Geist und Seele bei Gesunden wie Kranken wurde erforscht, und dem Wald wurde

---

[1]http://www.spiegel.de/gesundheit/psychologie/waldspaziergaenge-warum-sie-fuer-koerper-und-geist-gesund-sind-a-952492.html, abgerufen am 27. August 2016.

attestiert, dass er den Kopf frei macht, Stimmung und Selbstwertgefühl hebt und Stress abbaut.

3.1 Körper und Geist im Laufe der Zeit

Natürlich war und ist das Verhältnis von Körper und Geist oder auch Körper und Seele seit jeher Gegenstand der Philosophie und Theologie. Es unterlag im Laufe der Geschichte starken Schwankungen. Dies ist auf den jeweiligen Zeitgeist zurückzuführen, dessen Welt- und Menschenbild sich an den jeweiligen Lebensbedingungen orientiert.

Die Einstellung zum Körperlichen ist im Barock eher ambivalent. In dieser Zeit standen die Menschen unter enormem Druck: Der 30-jährige Krieg, die damit einhergehenden Katastrophen wie Pest, Armut, Hunger, Flucht fokussierten alle Gedanken und Gefühle auf die Allgegenwart des Todes. Das Lebensmotto heißt „memento mori" (bedenke, dass du sterblich bist). Darauf gibt es zwei gegensätzliche Reaktionen: eine extreme Zuwendung zum Körperlichen oder eine extreme Abwendung vom Körperlichen. Einerseits stürzt man sich auf die Freuden des Diesseits, des Lebens, um unter dem Motto des „carpe diem" das Hier und Jetzt zu nutzen. Die sinnlichen Freuden des Barock und die Verspieltheit des Rokoko verdanken sich diesem Appell. Andererseits verzagt man angesichts der Todesdrohung und resigniert vor der „Vanitas" (lat. leerer Schein, Nichtigkeit, Eitelkeit): Wenn alles der Zeit weichen muss, soll man das Diesseits als nichtig erachten und seine Hoffnungen auf das Jenseits richten. Das Körperliche erfährt in dieser Lebenshaltung eine starke Abwertung. Da alles Kreatürliche auf dessen möglichen Verfall verweist, wird – in den besseren Kreisen – verdrängt, was daran erinnert. Man denke an die Garten- und Parkanlagen von Le Nôtre, die die Naturhaftigkeit, das wilde Wachstum der Pflanzen durch geometrische Anordnungen und entsprechende Zuschnitte der Gebüsche und Hecken bezwingen wollen. Die Mode soll von den wahren natürlichen Dimensionen des Körpers und somit seiner Sterblichkeit ablenken. Der Schein kaschiert das Sein, da Letzteres dem Schicksal unterworfen ist.

Nach dem 30-jährigen Krieg sorgt die Aufklärung (der Begriff verdankt sich der Meteorologie) für mehr Klarheit. Sie räumt auf mit Aberglauben und dumpfer Ergebenheit des Menschen in das Schicksal. Im Englischen wird das Zeitalter der Aufklärung als Age of Enlightment (Zeitalter der Erleuchtung) und im Französischen als Siècle des lumières (Jahrhundert der Lichter) bezeichnet. Diese Begriffe verdeutlichen, dass es sich um eine Geistesströmung handelt, die die Menschen sozusagen aus der Dunkelheit jahrhundertelanger Unwissenheit in das Licht der Wahrheit führen wollte. Sie will Licht ins

Dunkel des Lebens bringen. Sie stellt den Menschen ins Zentrum des Interesses und gibt ihm Selbstbewusstsein. Der Geist – als hervorragendes Merkmal des Menschen – wird vom Körper isoliert. René Descartes, Philosoph, Mathematiker und Naturwissenschaftler im 17. Jahrhundert, soll hier als Begründer des sogenannten ontologischen Dualismus erwähnt werden. Von ihm stammt der Ausspruch „cogito ergo sum " – ich denke, also bin ich. Er geht davon aus, dass es zwei verschiedene Substanzen gibt: die Materie und den Geist; alles was ist, zerfällt in die beiden Substanzen. Er zeichnet ein Bild des Menschen, welcher Reize durch die Sinnesorgane (materielle Substanz) aufnimmt und an das Gehirn weiterleitet, wo sie dann auf den immateriellen Geist einwirken. Kants Appell „sapere aude" (wage es zu wissen) richtet sich an die Denkfähigkeit und die Willenskraft des Menschen, der aus freien Stücken Gebrauch von seinem Verstand machen soll, was ihn vom Tier unterscheidet, das der Körperlichkeit unterworfen ist. Allerdings ruft die von der Aufklärung angestachelte Kritikfreudigkeit auch Philosophen auf den Plan, die der bis dahin wenig beachteten Frage nachgehen, was am Menschen denn Natur sei. Damit meinte man die „tierische Natur" des Menschen, also das, was der Mensch mit dem Tier gemein hat, Fortpflanzungstrieb, Selbsterhaltungstrieb usw.

De Sade zum Beispiel meint, der Mensch sei von Natur aus schlecht, das heißt animalisch-triebhaft, und leuchtet die finstersten Winkel des Herzens und die verdrängten Triebe in seinen Schriften anschaulich – und genüsslich – aus. Er glaubt, dass die Natur des Menschen ihn dazu treibe, mit Lust Böses zu tun. Die beiden erotischen Abenteuerromane „La Nouvelle Justine" und „Juliette" huldigen dem Instinktmenschen, der den Gesetzen der blind zerstörerischen Natur folgt und sich mit Genuss ohne Reue dem Laster hingibt. Die unmoralische Juliette wird reich und glücklich, die moralische Jungfrau Justine wird vom Blitz erschlagen – auch der Himmel schlägt sich auf die Seite des Lasters! Die Romane sind eine Antwort auf den tugendsamen Naturmenschen Rousseau.

Rousseau geht davon aus, dass der Mensch von Natur aus gut wäre, wenn die Zivilisation ihn nicht zu dem machte, was er ist. In seinem Hauptwerk „Émile oder über die Erziehung" beschreibt er die Erziehung eines Jungen, der von gesellschaftlichen Einflüssen weitgehend ferngehalten wird, in der freien Natur seine eigene Natur entfaltet und sich zu einem reifen Menschen entwickelt, der sich in der Gesellschaft bewegen kann.

Die Idee des Naturmenschen, der dem Kulturmenschen als etwas Höheres gegenüber steht, wird von den Dichtern des „Sturm und Drang" aufgegriffen. Die Natur wird zum Inbegriff des Ursprünglichen, Elementaren, Göttlichen und ist nicht mehr das vernünftig Geordnete wie in der Aufklärung. Als wahrer Mensch wurde der „Kraftkerl", der Selbsthelfer, angesehen: z. B. Goethes Götz von Berlichingen oder Schillers Karl Moor – „O pfui über dieses schlappe Kastratenjahrhundert!" [2], bei dem Denken und Handeln eine Einheit bilden, der Herr über seine geistigen, seelischen und körperlichen Kräfte ist, der sich selbst treu bleibt und sich nicht scheut, gegen eine ganze Welt anzutreten – selbst um den Preis des Untergangs.

Dieser Radikalität weicht das moderate Konzept der Klassik, das eine Harmonie zwischen Körper, Geist und Gefühl anstrebt. Bereits in seiner dritten Dissertation der medizinischen Fakultät über den „Zusammenhang der tierischen Natur des Menschen mit seiner geistigen" erläutert Schiller, dass ein Mensch, der seelisch leidet, körperlich krank werden, und wer körperlich krank ist, durch positive seelische Erlebnisse genesen kann. Die körperliche Verfassung beeinflusst die seelische und vice versa. Er folgert: „... der Mensch ist nicht Seele und Körper, der Mensch ist die innigste Vermischung dieser beiden Substanzen" [3].

Das dialektische Zusammenspiel von Geist und Körper hat Schiller auch buchstäblich am eigenen Leib erfahren und in seinem Werk zum Ausdruck gebracht. Der von vielen Krankheiten geplagte Schiller (Malaria, Lungenentzündungen, deren Symptome durch Fehlbehandlungen sich nur verschlechtert hatten) kämpfte sein kurzes Leben lang – er wurde nur 46 Jahre alt – gegen den Verfall seines Körpers mithilfe seiner geistigen Kraft durch diszipliniertes schöpferisches Arbeiten. Der Arzt, der ihn nach seinem Tode obduziert hat, schrieb in seinen Befund: „Bey diesen Umständen muss man sich wundern, wie der arme Mann so lange hat leben können." [4]. Auch dem staatlichen Körper, den politischen Umständen, unter denen Schiller hat leben müssen, der Einengung seiner persönlichen Entfaltung durch den Despoten Karl Eugen von Württemberg (Drill in der Karlsschule, totale Überwachung, Bespitzelung usw.) setzte Schiller seine mit Hingabe verfochtene Utopie eines freien Nationalstaates entgegen. Die Unerträglichkeit der körperlichen wie politischen Gegebenheiten sucht er mit dem Ideal einer freiheitlichen Einstellung und Regierungsform zu überwinden. Er lässt den Marquis Posa aus „Don Carlos" sagen: „Sire, geben Sie Gedankenfreiheit!" Die Welt des Geistes gibt ihm Spielraum für die Schöpfung einer besseren, idealen Welt. Im Wallenstein heißt es: „Es ist der Geist, der sich den Körper baut." [4]. Der Begriff Spielraum verweist auf die Methode, derer sich Schiller und auch sein Geistesverwandter Goethe bedienen, um ihre Ziele zu erreichen. Die Spielwiese ist die Ästhetik, die künstlerische Fiktion, die es dem Menschen ermöglicht, sich außerhalb seines ihn entfremdenden Alltags, frei von existenziellen Zwängen als ganzheitliches ideales Wesen zu erfahren.

Der Hintergrund dieser Strategie ist politischer Natur. Die Weimarer Klassiker fürchteten, die Auswüchse der französischen Revolution könnten auf

Deutschland übergreifen. Die massenhaften Hinrichtungen, denen das schaulustige Volk beiwohnte, dienten dazu, deren Rachegelüste zu stillen. Die Revolution, die Gerechtigkeit schaffen sollte, pervertierte zu willkürlichen Gewaltakten, die das Machtbedürfnis Einzelner befriedigte. Unsicherheit, Angst und Grauen – la terreur – nahmen überhand. Die von der Vernunft ausgelöste Bewegung wurde durch triebgesteuerte Impulse unterwandert und zersetzt: „Die Revolution frisst ihre eigenen Kinder!" Daher wollten die Klassiker die Menschen zu humanen Wesen erziehen, die sowohl von ihren körperlichen als auch geistigen Kräften auf angemessene Weise Gebrauch machen, und nicht pöbelhaften Trieben anheimfallen. Die richtige Dosis Vernunft und Gefühl soll sie daran hindern, ihren Trieben zu gehorchen, und sie dazu bewegen, besonnen zu handeln. Auf diesen Aspekt werden wir später bei der Untersuchung des „freien Willens" (siehe Kap. 8) noch genauer eingehen.

Das klassische Prinzip der Ausgewogenheit von Gefühl und Vernunft empfinden die Romantiker als einengendes Korsett. Die Romantik versteht sich als Gegenentwurf zur „reinen Vernunft" der Aufklärung, dem Ideal der Klassik und dem aufkommenden Industriezeitalter. Sie setzt auf die Welt der Gefühle, Stimmungen und Empfindungen, das Ursprüngliche, Wunderbare und Mystische. Die in ihren Augen beseelte Natur in ihrer Ursprünglichkeit und Unendlichkeit ist Sinnbild für Empfindungen der Menschen. Sie sieht im klassischen Konzept eine Verkürzung der menschlichen Anlagen, ja geradezu eine Kastration der menschlichen Potenziale. Wo bleibt Raum für Fantastisches, Geheimnisvolles, Unerklärliches? Warum sollen Bereiche des Lebens ausgeschlossen werden, die einen bewegen, die man aber nicht erklären kann? Daher postulieren die Romantiker das Primat des Unermesslichen, Ungreifbaren, Fantastischen, Unbewussten, Rätselhaften, Irrationalen. Sie wollen vor allem eines, weg von den in ihren Augen spießigen Philistern, die sich in der behaglichen Bürgerlichkeit ihrer oberflächlichen Welt einrichten. Ihre Flucht vor Realität ist auch auf die desolate politische Lage zurückzuführen. Die mit dem Wiener Kongress eingeleitete Restauration hat die Hoffnung auf die Bildung eines deutschen Nationalstaates mit liberaler Verfassung zerschlagen. Die fortschreitende Industrialisierung hat die Menschen immer mehr auf ihren wirtschaftlichen Nutzen degradiert. Die von der Klassik angestrebte Selbstverwirklichung des Individuums in der Gesellschaft hat sich – in den Augen der Romantiker – als Illusion erwiesen. So bleibt nur die Flucht nach innen und die Sehnsucht nach einer Traumwelt. Das Durchschnittliche, Endliche, Gewöhnliche – die Realität – bekommt durch das Heilmittel der Romantisierung einen höheren, geheimnisvollen Sinn und den Schein der Unendlichkeit. Auf Kosten der Realität, der materiell und körperlich erfahrbaren Welt, haben die flüchtige und schwer fassbare Seele und der fantasierende, spielerische Geist Hochkonjunktur.

Der romantische Zauber musste aber mit der Zeit dem Druck der politischen Realität und der Frustration der unterdrückten Bürger weichen: Die Fürsten hatten ihre Völker in den Krieg gegen Napoleon gelockt mit dem Versprechen, eine Verfassung zu schaffen, die bürgerliche Freiheiten und eine Beteiligung der Bürger an der Regierung garantierte. Stattdessen wurden vorrevolutionäre Verhältnisse wiederhergestellt, restaurative Maßnahmen durchgepeitscht. Immer deutlicher wird den Menschen, wie abhängig sie von den Lebensumständen sind. Ihr Dasein wird von der Realität ihrer Umgebung, ihrer biologischen und soziologischen Prämissen bestimmt. Charakter und Schicksal der Menschen sind durch die historische Zeit, in der sie leben, das psychische Erbgut sowie das Milieu determiniert (vgl. Karl Marx, Auguste Comte, Hippolyte Taine und Charles Darwin). So vollzieht sich eine Kehrtwendung zur Romantik. Der Positivismus der Realisten stellt das Materielle, das empirisch Messbare und von Vernunft und Logik Bestimmte, in den Vordergrund. Die unterschiedlich ausgerichteten realistischen Strömungen (mehr oder weniger politisch, mehr oder weniger literarisch, mehr oder weniger naturwissenschaftlich) führen zu entsprechend verschieden starken und zum Teil radikalen Ausprägungen des Materialismus. Der Aspekt des Körperlichen hat hier die Oberhand.

Die einseitige Reduzierung des Menschen auf naturwissenschaftlich Erfassbares und die darauf beruhende Determinierung erhält durch die Lebensphilosophen, die in Frankreich von Henri Bergson und in Deutschland von Wilhelm Dilthey entwickelt wurde, eine Gegenbewegung. Der Mensch soll in seiner Ganzheit gesehen werden, die konkrete Erfahrung des Menschen, die sowohl von gesellschaftlich und historischen Bedingungen, von Vernunft als auch von Intuition, Instinkt, Trieben und Willen geprägt ist, steht im Zentrum ihrer Denkweise. Der Philosoph und Phänomenologe Merleau-Ponty stellt dem Entweder-oder von Körper und Geist einen dritten Weg zur Seite, indem er versucht durch seine Leibphänomenologie die cartesische Substanzteilung in Körper und Geist (res extensa und res cogitans) vollends zu überwinden (Kap. 11).

Wir wollen hier ein- und festhalten, dass beide Faktoren, Körper und Geist, in einem Spannungsverhältnis stehen, im Lauf der Geschichte einen unterschiedlichen Stellenwert einnehmen und durch die Natur, das Moment des Natürlichen bzw. Kreatürlichen, miteinander verklammert sind.

3.2 KI – Intelligenz ohne Körper?

Zurück zu Descartes: Er versteht den Menschen als eine Art mechanischen Automaten, der darüber hinaus über eine davon getrennte – und vom Körper unabhängige (d. h. autonome) – Seele verfügt. Eine ähnliche Sichtweise könnte man den frühen Anfängern in der KI-Forschung unterstellen. Der Körper als solcher spielt nur eine untergeordnete Rolle: cogito ergo sum.

Man nehme demnach eine ausgeklügelte und effiziente Maschinerie als Gehirn, versehe sie mit ein paar Sensoren und versuche eine „intellektuelle Aufgabe" zu lösen. Beispiele sind Schachspielen, Verstehen von natürlichsprachlichen Texten, Bildanalyse oder das Lösen von mathematischen Aufgaben. So waren auch erste Roboter nach diesem Prinzip konstruiert – ein Computer auf Rädern, der allenfalls über einige Sensoren verfügte. Eines der ersten mobilen Systeme wurde am KI-Labor in Stanford entwickelt und gilt heute als das System, mit dessen Hilfe die ersten Grundlagen für moderne autonome Robotersysteme geschaffen wurden. Das System hieß Shakey – es war ein mannshohes Gebilde mit Elektronik auf Rädern, das über ein Kabel mit dem eigentlichen Computer im Nebenraum verbunden war. Shakeys Elektronik bestand aus Sensoren und Aktuatoren, der eigentliche Rechner war zu dieser Zeit noch zu groß, als dass er sich an Bord befinden konnte. Der Name rührte von der Besonderheit, dass der Roboter zwischen einzelnen Aktionen, die er ausführte, lange Pausen (in denen der Computer arbeitete) machen musste, was zu einer zittrigen Bewegung des Roboters führte. Nochmals, das Prinzip hinter dieser Form der Robotikforschung war, einen leistungsfähigen Computer zu programmieren, sodass der mobile Computer in der Lage war, selbstständig Aufgaben zu lösen. Dies waren zumeist simple Planungsaufgaben in einer vereinfachten Welt, die aus Blöcken verschiedener Formen und Farben bestand. Der Roboter sollte dann einen bestimmten Block finden und in einer vorgegebenen Weise bewegen. Ein großer Erfolg dieser frühen Robotikforschung war die Entwicklung und der Einsatz von speziellen Programmiersprachen, mit denen solche Aufgaben gelöst werden konnten.

Die Leistungsfähigkeit des Roboters war also im Wesentlichen durch die Leistungsfähigkeit des Computers, des Gehirns, bestimmt – cogito ergo sum.

In der gesamten KI-Forschung hat sich der Descartes'sche Dualismus in Form der sogenannten Symbol-Verarbeitungs-Hypothese niedergeschlagen. Diese besagt, dass jede Form intelligenten Verhaltens oder Handelns durch ein symbolverarbeitendes System zu erzielen ist.

Diese Hypothese wird von vielen KI-Forschern als Arbeitsgrundlage angenommen. Es ist damit gemeint, dass die Vorgehensweise von derzeitig verfügbaren Computern geeignet ist, intelligente oder kognitive Systeme zu programmieren. Die Wurzeln dieser Auffassung reichen zum einen, wie oben diskutiert, bis in die Aufklärung zurück, zum anderen berühren sie aber auch das gesamte Fundament der theoretischen Informatik. In den 1920er-Jahren hatten sich bereits Philosophen und Mathematiker die Frage gestellt, was es heißt, dass etwas berechenbar sei. Lange bevor also Computer in der heutigen Form verfügbar waren, wurde diskutiert, ob es Funktionen (im mathematischen Sinn) gibt, die man nicht berechnen kann. Unabhängig voneinander wurden verschiedene gedachte Maschinen entwickelt, die den Begriff „berechenbar" definieren sollten.

Gebräuchlich ist das abstrakte Modell einer Maschine von Alan Turing, die nach ihm benannte Turing-Maschine. Sie besitzt ein Band, auf das Zeichen geschrieben und wieder gelöscht werden können. Das Band hat unbeschränkte Länge und kann als idealer, beliebig verfügbarer Speicher aufgefasst werden. Über dem Band befindet sich ein Schreib-/Lesekopf, der das Zeichen auf dem Feld unter sich lesen und auch ein neues Zeichen auf das Band drucken kann. Ferner kann dieser Kopf das Band nach links oder nach rechts um jeweils ein Feld bewegen. Dies ist schon die gesamte (gedachte) Hardware der Turing-Maschine. Sie verfügt darüber hinaus auch über Software, ein Programm, das die Aktionen des Schreib-/Lesekopfes steuert. Es besteht aus einer Folge von Anweisungen, wie zum Beispiel „wenn das Zeichen 1 gelesen wird, ersetze es durch ein Leerzeichen und bewege den Kopf ein Feld nach rechts". Nun schreibt man ein gegebenes Problem auf das Band, z. B. 111 + 11111, also „addiere 3 und 5" und startet das Programm mit den Anweisungen an den Schreib-/Lesekopf. Wenn die Maschine schließlich anhält und auf dem Band die Zeichenfolge 11111111 steht, sagt man, die Maschine hat dies als Ergebnis der Eingabe berechnet. So einfach dieses Maschinenmodell auch scheint, ist es so leistungsfähig, dass mit ihm die Wirkungsweise heute üblicher Computer beschrieben werden kann. Auch alle anderen alternativen Maschinenmodelle, die bislang entwickelt wurden, lassen sich auf die Turing-Maschine zurückführen. Man hat also Grund zu der Annahme, dass diese Art der Symbolverarbeitung mächtig genug ist, auch kognitive und intelligente Aufgaben zu lösen. Turing selbst hat schon in den 1950ern die Frage, ob Maschinen denken können, gestellt [5]. Wir werden dies noch ausführlicher in Kap. 11 über Bewusstsein diskutieren.

In vielen Gebieten der KI-Forschung haben sich mit diesem Abstützen auf die Symbol-Verarbeitungs-Hypothese spektakuläre Erfolge eingestellt, und natürlich gibt es in diesen Teilgebieten der KI weitere interessante und herausfordernde Aufgaben. Trotzdem hat sich seit den späten 1980er-Jahren eine Sichtweise etabliert, die damals mit „Nouvelle AI" bezeichnet wurde. Rodney Brooks war einer der Wegbereiter dieser neuen Art der KI, die er sehr eingängig in seinem Aufsatz „Elephants don't play Chess" [6] beschreibt.

Anstatt sich zur Entwicklung intelligenter Systeme ausschließlich auf die Symbol-Verarbeitungs-Hypothese zu stützen, schlägt er vor, Systeme in der physikalischen Welt mittels Sensoren und Aktuatoren zu verankern. Nur so sei es möglich, Intelligenz zu erzeugen. Als Beispiel führt Brooks die Evolution an – er plädiert, künstlichen Systemen zunächst Bewegung, Reagieren und all das für das Überleben Notwendige beizubringen. Erst dann könne Schließen, Problemlösen, Sprache und Expertenwissen in Angriff genommen werden. In gewisser Weise heißt das, der Körperlichkeit in der Entwicklung von intelligenten Systemen größeren Raum zu geben. Brooks entwickelt käferartige Roboter, die über einen sehr simplen Computerkern verfügen, und er zeigt, dass diese Roboter damit lernen können, ihre Beine zu koordinieren und sich damit fortzubewegen. Brooks begründet damit eine Forschungsrichtung in der KI und Robotik, die Körper und Geist als eine Einheit betrachtet, in der kein Teil isoliert voneinander entwickelt werden kann.

All dies ist eigentlich gar nicht verwunderlich, wenn man die vielen Ergebnisse aus der Psychologie und den Neurowissenschaften zur Körper-Geist Problematik berücksichtigt. Zwei Phänomene seien hier genannt: zum einen der Effekt des Phantomschmerzes. Menschen, denen ein Körperteil amputiert wurde, können oft deutlich Schmerzen in dem nicht mehr vorhanden Teil empfinden. Das Gehirn gaukelt vermutlich durch eine Form des Erinnerns die schmerzende Gliedmaße vor. Zum anderen gibt es ein Experiment, welches erstmals in [7] beschrieben wurde, das jeder leicht selbst ausführen kann: Man setze sich an einen Tisch, lege beide Hände auf die Tischplatte, wobei eine Hand, nehmen wir an die linke, durch einen Karton oder Ähnliches so verdeckt ist, dass man selbst sie nicht sehen kann. Anstelle der verdeckten linken Hand legt man einen Gummihandschuh auf die Platte, sodass er neben der rechten Hand an einer Stelle platziert ist, wo normalerweise die linke liegen könnte. Ein Helfer streichelt nun die verdeckte linke Hand und die Gummihand, und zwar völlig synchron. Nach einiger Zeit „fühlt" sich die Gummihand wie ein Teil des eigenen Körpers an. Das Gehirn hat sozusagen den Körper erweitert. Zu diesem Experiment existieren verschiedene Varianten, in denen man sogar auf den Trick des Verdeckens einer Hand verzichten und die Versuchsperson sogar die dritte künstliche Hand als eigene empfinden kann.

Der Zusammenhang zwischen Körper und Geist ist auch in der jahrtausendealten Tradition verschiedenster Yoga-Schulen und -Richtungen ein zentrales Thema. Schon in den zugrunde liegenden Schriften des Yoga, dem Yogasutra des Philosophen Patañjali (vermutlich gelebt zwischen dem 2. und 3. Jahrhundert n. Chr.), wird auf alle möglichen Aspekte der Körperlichkeit, des Geistes und des Bewusstseins eingegangen. So stellt Patañjali den Weg des Yoga als achtgliederigen Baukasten dar, in dem die Beherrschung des Körpers durch Übungen (Asanas), die Kontrolle der Atmung (Pranayama), die Beherrschung der Sinne und der Konzentration eine wichtige Rolle spielen. Erst dann kann Meditation und ein besonderer Bewusstseinszustand, der Samadhi genannt wird, erreicht werden. Eine ausführliche Behandlung der Entwicklung des

Yoga ist in [8] zu finden, wo auch sehr gut nachzuvollziehen ist, dass zu der Verbreitung des modernen Yoga im Westen seit dem 19. Jahrhundert die Betonung des Körpers und nicht nur die philosophische Tradition eine wichtige Rolle gespielt hat.

3.3 KI und Transhumanismus

Wir sind es längst gewohnt, unsere geistigen Fähigkeiten zu unterstützen. Ob Abakus zur Verbesserung unserer Rechenleistung oder Wikipedia als allgegenwärtige Wissensquelle, Menschen sind es gewohnt, neue Technologien als Verstärkung oder Erweiterung einzusetzen. Natürlich gilt das auch für den Körper: Der Jahresbericht 2016 der Deutschen Gesellschaft für Orthopädie und Orthopädische Chirurgie verzeichnet 137.000 Implantationen von künstlichen Hüftgelenken. Genauso üblich geworden sind Implantationen von Herzschrittmachern und Kunstherzen. Dies sind nur einige Beispiele; im Bereich der Prothesenentwicklung und insbesondere bei der Ansteuerung von Prothesen gibt es Entwicklungen, die tatsächlich ein Zusammenspiel von künstlichem Körper(-teil) und Geist darstellen. Bei myoelektrischen Armprothesen werden durch Muskelkontraktionen Nervensignale erzeugt, die dann von der Prothese als Steuersignal verwendet werden. Aber auch direkte Ansteuerung durch Gehirnaktivität ist möglich, hier werden Aktivierungen von Gehirnstrukturen direkt zur Steuerung der Prothese genutzt.

Wir können also guten Gewissens sagen, dass Erweiterungen, Ergänzungen oder Erneuerungen von Menschen durch technische Systeme durchaus Realität sind. In der Science-Fiction-Literatur werden Menschen als Cyborgs beschrieben, deren Körper durch künstliche Bauteile ergänzt wurden. Unsere Beispiele zeigen, dass dies schon längst Alltag geworden ist. Nun kann man diese Entwicklung weiter abschätzen, und dabei kann natürlich auch die rasante Weiterentwicklung in Bereichen der künstlichen Intelligenz berücksichtigt werden.

Geht man von der bisherigen Entwicklung der Technologie aus, indem man das sogenannte Moor'sche Gesetz als Berechnungsbasis heranzieht, kann man das Nahen einer Singularität prognostizieren. Das Moor'sche Gesetz beruht auf einer Vorhersage von Gordon Moore aus dem Jahr 1965, wo er feststellt, dass die Anzahl der Transistoren, die in einem integrierten Schaltkreis untergebracht werden können, sich jedes Jahr verdoppelt. Dieses exponentielle Wachstum in der Computertechnologie hat sich über die letzten Jahrzehnte bewahrheitet, sodass es nicht unrealistisch erscheint, dieses Wachstum auch für die Zukunft anzunehmen. Die Singularität bezeichnet einen Wendepunkt, an dem das Zusammenspiel von Menschen und künstlicher Intelligenz so fortgeschritten ist, dass sich eine Superintelligenz heranbildet, die sich selbst weiterentwickelt und von uns Menschen nicht mehr kontrolliert werden kann. Ein prominenter Vertreter dieser These ist Ray Kurzweil. In seinem Bestseller [9] analysiert der renommierte Informatiker, Erfinder und Unternehmer Kurzweil die Entwicklung der KI-Forschung und er prognostiziert, dass es bis zum Jahr 2029 möglich sein wird, das gesamte menschliche Gehirn in einem digitalen Computer zu emulieren. Solche Systeme könnten sodann analysiert und so weiterentwickelt werden, dass sie sich bis zum Jahr 2045 radikal selbst modifiziert und weiterentwickelt haben, sodass die Singularität stattfinden kann. Diese Superintelligenz kann sich dann von unserem Planeten ausgehend verbreiten, bis sie das gesamte Universum einnimmt. Das klingt nach moderner Science-Fiction, hat aber durchaus Wurzeln in der Philosophie und sogar in der Theologie. Gerade der Aspekt, dass die Menschheit mit dem Universum eins wird, erinnert in verblüffender Weise an die Lehren von Pierre Teilhard de Chardin. Dieser Jesuit, Theologe und Naturwissenschaftler hatte schon am Anfang des 20. Jahrhunderts über die Weiterentwicklung des Menschen geschrieben. Seine Schriften wurden vom Vatikan abgelehnt, und erst nach seinem Tod im Jahre 1955 wurden sie veröffentlicht und erfuhren starke Beachtung. In seinem zentralen Buch „Der Mensch im Kosmos" [10] beschreibt de Chardin, dass die Menschheit und das Universum sich weiterentwickeln und auf einen Endpunkt, den „Punkt Omega", zubewegen, an dem Mensch, Universum und Gott eins werden. Diese Sichtweise wird auch von zeitgenössischen Kosmologen aufgegriffen.

Womöglich fällt einem zu diesem Thema auch der Begriff Transhumanismus ein. Die eben beschriebene Richtung des Singularitarianismus kann durchaus als eine Form des Transhumanismus aufgefasst werden. In anderen Formen des Transhumanismus steht nicht so sehr die Transzendenz zu einer Superintelligenz im Vordergrund, vielmehr soll die Menschheit sich weiterentwickeln, womöglich auch mithilfe moderner Technologien. Der Transhumanismus zielt auf deutliche Verlängerung der Lebenszeit, Steigerung der Intelligenz und des allgemeinem Wohlbefindens von Menschen durch technologische Hilfsmittel. Für die Richtung des Transhumanismus, die von den Lehren von Teilhard de Chardin beeinflusst ist, wird auch die Bezeichnung „christlicher Transhumanismus" benutzt.

Bemerkenswert ist, dass die Verschmelzung von Mensch und Technik im Transhumanismus sogar unter christlicher Sichtweise toleriert werden kann. Im Gegensatz dazu findet man Robotern gegenüber sehr viel öfter Zurückhaltung oder Skepsis. In [11] haben wir argumentiert, dass das Erschaffen von Robotern in unserer westlichen, christlich geprägten Kultur als Versuch verstanden werden kann, Leben zu schaffen. Das bedeutet in letzter Konsequenz, dass Menschen sich anmaßen, Gottgleiches zu tun. Solche Versuche werden vielfach geschildert, so z. B. der Turmbau zu Babel oder die Erschaffung des Golems in Prag, und führen immer zu einer Bestrafung des sich anmaßenden Menschen. Beim Transhumanismus wird nun jedoch nicht Neues und Lebendiges von Menschen geschaffen, vielmehr wird der Mensch weiterentwickelt und vervollkommnet. Dies kann ja durchaus im Sinne der christlichen Schöpfungslehre verstanden werden.

3.4 Zusammenfassung

Ausgehend vom Antagonismus von Körper und Geist haben wir diskutiert, wie sich das Verhältnis von Körper und Geist in der Kulturgeschichte verändert hat. Vom Barock bis zur Aufklärung wurden Körper und Geist radikal getrennt; der Geist ist das hervorragende Merkmal des Menschen und wird vom Körper isoliert. Erst in der Klassik wird die Harmonie von Geist, Körper und Gefühl wieder angestrebt, was wir am Beispiel der Weimarer Klassiker gezeigt haben.

Eine ähnliche Entwicklung ist in der (vergleichsweise kurzen) KI-Geschichte zu beobachten. So hat man in den Anfangszeiten der KI eher auf möglichst smarte Computer gesetzt; die Symbolverarbeitungshypothese hat die Forschung dominiert. Ein Roboter war ein Computer, der beweglich war, also sozusagen ein Geist auf Rädern. Analog zur Klassik hat sich hier das Verhältnis zwischen Körper und Geist durch den Ansatz der „Nouvelle AI" grundsätzlich geändert. Der Körper und das Eingebettetsein in die Umwelt wird als Grundvoraussetzung für intelligentes Verhalten erachtet – ganz wie es die Evolution uns gelehrt hat. Folgt man den Transhumanisten, geht die Evolution weiter bis zur Singularität, wo Körper, Geist und KI eins werden.

Literatur

1. Juvenalis. Decimes iunius. (1993) Satiren, X 356. Artemis & Winkler, München
2. Schiller F (2005) Die Räuber. Deutscher Taschenbuch Verlag, München
3. Schiller F (1879) Ueber den Zusammenhang der thierischen Natur des Menschen mit seiner geistigen. Schillers Sämmtliche Werke, Bd 4. J. G. Cotta'sche Buchhandlung, Stuttgart
4. Soboczynski A (2009) Friedrich Schiller. Die Zeit, 12. Dezember, Nr 47
5. Turing AM (1950) Computing machinery and intelligence. MIND: Q Rev Pyschol Philos 59(236/October):433–460
6. Brooks RA (1990) Elephants don't play chess. Robot Auton Syst 6:3–15

7. Lenggenhager B, Tadi T, Metzinger T, Blanke O (2007) Video ergo sum: manipulating bodily self-consciousness. Science 317(5841):1096–1099
8. Singleton M (2010) Yoga body. The origins of modern posture practice. Oxford University Press, Oxford
9. Kurzweil R (2005) The singularity is near: when humans transcend biology. Penguin, London
10. De Chardin PT (2005) Der Mensch im Kosmos, Bd 1055. Beck, München
11. Barthelmeß U, Furbach U (2014) Do we need Asimov's laws? In: Liebert W-A, Neuhaus S, Paulus D, Schaffers U (Hrsg) Künstliche Menschen: Transgressionen zwischen Körper, Kultur und Technik, Bd abs/1405.0961. Königshausen & Neumann, Würzburg

4

Zeit und Erinnern

Zusammenfassung Wenn es um die Repräsentation von zeitlichen Vorgängen geht, ist in der KI ein differenzierter Umgang mit der Zeit geboten. Zeit und Gedächtnis spielen in unserem Leben eine zentrale Rolle. Wie bewerkstelligen wir es, uns adäquat zu verhalten? Wenn wir uns erinnern, greifen wir auf Vergangenes zurück und vergegenwärtigen es. Vieles tun wir, ohne nachzudenken, und dennoch müssen wir wach, reaktionsfähig und kreativ bzw. zukunftszugewandt sein. Die Zeit spielt also beim Prozess des Erinnerns eine Schlüsselrolle.

Ich staune immer wieder, wenn ich Schüler sehe, die gerade dabei sind, ihr Abitur zu machen. Das gibt es doch gar nicht, den hatte ich doch erst in der 5. Klasse, der hat gerade angefangen und soll jetzt schon die Reifeprüfung machen! Ich kann es oft gar nicht fassen. Dagegen erinnere ich mich sehr gut, wie elend lange meine eigene Schulzeit dauerte, die Jahre zogen sich, die Wochen, die Stunden. Wann darf ich endlich abends allein weggehen, Führerschein machen? Unerreichbar schien mir das Ende, das Abitur. Aber auch die Sommerferien dauerten viel länger, unzählige, endlose Tage verbrachte ich im Freibad, die Winter boten ausgedehnte Nachmittage, an denen ich Schlitten fahren oder Schlittschuh laufen konnte.

Mit dem Gefühl der veränderten Zeitwahrnehmung bin ich nicht allein. Ionesco erklärt es mit der Gewohnheit: „Die Gewohnheit poliert die Zeit, man gleitet darüber hin wie über ein zu glatt gewachstes Parkett." [1]. Er schlägt als Gegenmittel vor, viel zu reisen, „zwei Reisetage ... wiegen dreißig am gewohnten Ort auf ..."[1]. Dem kann ich durchaus zustimmen, denn auf Reisen kommen mir die Tage wieder länger vor, das Unbekannte und Neue stemmt sich gegen das Eingeschliffene und Altbekannte. Doch ist zu

© Springer Fachmedien Wiesbaden GmbH, ein Teil von Springer Nature 2019
U. Barthelmeß und U. Furbach, *Künstliche Intelligenz aus ungewohnten Perspektiven,*
Die blaue Stunde der Informatik, https://doi.org/10.1007/978-3-658-24570-2_4

befürchten, dass auch dauerhaftes Reisen irgendwann dem Verschleiß durch die Gewohnheit anheimfallen wird. Gewohnheit stellt sich ein, wenn wir etwas wiederholen oder üben, um Bewegungsabläufe oder Verhaltensweisen besser zu beherrschen und somit unser Leben zu vereinfachen. Sie lässt sich nicht ausschalten und ist letztlich Grundstein für unsere Fähigkeit zu lernen, Wissen speichern und abrufen zu können.

Die Zeit spielt also eine wichtige Rolle für das Erinnern und das Gedächtnis. Denn Wissen, Lernen, Merken und auch Vergessen unterliegen dem Faktor Zeit, der, wie wir oben gesehen haben, recht unterschiedlich wahrgenommen werden kann. Wie aber ist Zeit zu fassen bzw. zu verstehen?

Seit Aristoteles herrscht die Vorstellung, Zeit sei lediglich eine messbare Bewegung, die aus der Vergangenheit kommend die Gegenwart erfasst und in Richtung Zukunft fließt und unabhängig vom Leben eines Menschen vergeht. Der französische Philosoph Henri Bergson vertritt einen radikal anderen Standpunkt. Da wir noch öfter mit Bergson zu tun haben werden, wollen wir ihn hier kurz vorstellen:

Henri Bergson, 1859 in Paris geboren und 1941 dort gestorben, ist Sohn jüdischer Eltern, der Vater Pole, die Mutter Engländerin. Er wächst zweisprachig (französisch und englisch) auf und bringt es zu glänzenden schulischen Leistungen, die ihm den Zugang zur ENS, der Ecole normale supérieure, der Eliteschule Frankreichs ermöglichen. Dort studiert er Philosophie im gleichen Jahrgang wie die Sozialistenführer Jean Jaurès und Emile Durkheim, der die Eigenständigkeit der Soziologie als Fachdisziplin begründet und aufgrund seiner rationalistischen Haltung zum Gegenspieler des antirationalistischen Lebensphilosophen Bergson wird. Nach seinem Studium heiratet er eine Cousine des symbolistischen Romanciers Marcel Proust, dessen Romanzyklus „Auf der Suche nach der verlorenen Zeit" Spuren geistiger Verwandtschaft mit Bergson tragen wird. Dieser wird wie andere französische Intellektuelle zunächst Gymnasiallehrer und verfasst kleinere philosophische Schriften und sein erstes Buch „Essais sur les données immédiates de la conscience" (1889), (Zeit und Freiheit. Eine Abhandlung über die unmittelbaren Bewusstseinstatsachen, 1911). 1896 publiziert er seine zweite größere Schrift, „Matière et mémoire. Essais sur la relation du corps à l'esprit" (Materie und Gedächtnis, 1908), in der er auch die neueste Hirnforschung berücksichtigt. Im Anschluss wird er 1897 mit Vorlesungen an der École Normale Supérieure betraut und erhält später einen Lehrstuhl für neuere Philosophie, den er bis 1922 innehat. In seinem 1901 erschienen Essay „Le Rire" (Das Lachen, 1914) entwickelt Bergson eine Theorie des Komischen und behandelt die Frage, wie das Lebendige beschrieben werden kann: „Le comique: du mécanique plaqué sur du vivant ..." (Das Komische: Mechanisches, das Lebendigem übergestülpt ist). Zugleich entwickelt er darin eine Theorie künstlerischer Kreativität, die ihn zum Propheten symbolistischer Künstler und Literaten macht. Auch im Ausland wird man auf ihn aufmerksam. Auf dem ersten internationalen Philosophenkongress in Paris im August 1900 hält er den Vortrag „Sur les origines psychologiques de notre croyance à la loi de causalité" (Über die psychologischen Ursprünge unseres Glaubens an das Gesetz der Kausalität), der die nichtrationalistische Tendenz Bergsons zum Ausdruck bringt. Die 1907 erschienene dritte große Schrift „L'Évolution créatrice" (Die schöpferische Entwicklung, 1912) ist Beitrag zur Evolutionstheorie, deren Determinismus Bergson kritisierte. Dieses Werk wird von der Kirche indiziert. 1911 hält Bergson auf dem internationalen Philosophen-Kongress in Bologna den Vortrag „L'Intuition philosophique" (Die philosophische Intuition), der die Bedeutung von Intuition – verstanden als eine präzise philosophische Methode – in seinem Denken thematisiert. Bergson wird mit zahlreichen Ehrungen und Auszeichnungen versehen und im Ersten Weltkrieg mit diplomatischen Aufgaben betraut. Er gehört wie Albert Einstein, mit dem er sich eingehend über den Begriff und das Wesen der Zeit auseinandersetzt, zur Völkerbundkommission, der Vorgängerinstitution der UNESCO. 1927 erhält er – v. a. für seine Werke „Le rire" und „L'évolution créatrice" – den Nobelpreis für Literatur. In seinem Alterswerk „Les deux sources de la morale et de la religion" (1932) (Die beiden Quellen der Moral und der Religion, 1933) nähert er sich christlichen Vorstellungen, konvertiert aber nicht, da er seine jüdischen Mitbürger nicht verraten will, die zunehmend Repressalien ausgesetzt werden. So verzichtet der über 80-Jährige auf seine Auszeichnungen, Titel und die diesbezüglichen Privilegien. Er zieht sich 1940, als er im Winter stundenlang in einer Warteschlange steht, um sich als Jude registrieren zu lassen, eine schwere Lungenentzündung zu, von der er sich nicht mehr erholen wird. Ein Jahr später stirbt er.

Zurück zum Zeitkonzept Bergsons, das ein wichtiger Baustein seiner Philosophie ist. Er erkennt zwar die physikalische Raumzeit, „le temps" (Zeit), an, die sich quantitativ mit Uhren messen lässt, setzt ihr aber eine andere Zeitform entgegen, die nicht in Einheiten wie Sekunden oder Minuten eingeteilt werden kann und qualitativ als individuell erlebte oder gelebte Zeit wahrgenommen wird, die er „la durée" (Dauer) nennt [2]. Wenn in der Alltagssprache von gefühlter Zeit oder gefühltem Alter die Rede ist, kommt man dem Begriff der „durée" vielleicht ein wenig näher. Die subjektive Zeit ist als Dauer zu verstehen und nicht als Ansammlung von einzelnen Punkten, getrennten, messbaren Momenten. Es geht um ein Kontinuum aus Inhalten persönlicher Natur, die sich spontan ereignet haben, irreversibel sind und die Biografie des Individuums prägen, und nicht um Inhalte, die durch Wiederholung erlernt wurden und feste Muster von Gewohnheiten und Automatismen bilden, die wir anwenden, ohne uns an die Situationen des Lernens zu erinnern. Wenn wir ein Gedicht auswendig rezitieren, haben wir, so Bergson, die Geschichte des Einprägens und Wiederholens normalerweise nicht mehr vor Augen. Es ist – wie alle auf Gewohnheit beruhenden Tätigkeiten in unserem Leben – reflexartig gegenwärtig.

Die Dauer dagegen ist vergleichbar mit dem Baum, der wächst und sich wandelt, sich bewahrt und gleichzeitig verändert. Sie konstituiert das Individuum, verändert sich nach Maßgabe der hinzukommenden Erfahrungen, die sich wiederum an den vorhandenen Erinnerungsbildern orientieren, und bildet etwas Neues, Schöpferisches. Im Gegensatz zu dem, was der Begriff möglicherweise suggeriert – bei Dauer könnte man an etwas Bleibendes, Konstantes denken –, ist sie stetem Wandel ausgesetzt und entwickelt sich weiter. Auf diese Dauer stützt sich die Intuition, ein Vorgehen, Erkenntnisse zu gewinnen, das den Menschen ganzheitlich zu erfassen sucht, nämlich als Verstandeswesen und ein in der Natur handelndes, lebendiges Wesen. Wir werden im Kap. 9 über Kreativität wieder auf die Intuition zurückkommen.

Den beiden zeitlichen Komponenten „durée" und „temps" entspricht das „moi intérieur", das wahre Ich, und das „moi conventionnel", das konventionelle, oberflächliche Ich, das momentanen Verhältnissen angepasst ist. Im wahren, auf der Dauer basierenden Ich kommt der „élan vital" (Schöpferkraft) zur Entfaltung, der dem Menschen die Freiheit gibt, sich zu entwickeln und zu vollenden. Die Vergangenheit als Dauer wiederzufinden ist das Kernthema in Prousts Romanzyklus „Auf der Suche nach der verlorenen Zeit" [3].

4.1　Zeit in künstlichen Systemen

Auch in der KI–Forschung spielt natürlich die Repräsentation von Zeit eine wichtige Rolle. Zum einen kann sie benutzt werden, um die Reihenfolge von Ereignissen oder Aktionen festzulegen, zum anderen kann sie aber auch dazu dienen, den Wahrheitsgehalt von Aussagen zeitabhängig zu machen. Nehmen wir an, in einer logikbasierten Wissensbasis ist der Füllstand eines Autotanks dargestellt durch die Formulierung $tank\_level(voll)$, dann ist dies immer der Fall – es kann nicht gleichzeitig gelten, dass der Tank nicht voll ist: $\neg tank\_level(voll)$ ($\neg$ ist hier als „nicht" zu lesen). Mit anderen Worten, wir können den Füllstand des Tanks nicht verändern, ohne gegen die Regeln der klassischen Logik zu verstoßen. Fasst man nun die Zeit als eine diskrete Folge von Zeitpunkten 1, 2, 3, $\cdots$ auf, können wir dem Ausdruck $tank\_level$ einen Zeitpunkt als zusätzliches Argument geben. Damit können wir dann formulieren $tank\_level(voll, 1)$ und gleichzeitig $\neg tank\_level(voll, 7)$. Zum Zeitpunkt 1 wäre damit der Tank voll und zum Zeitpunkt 7 nicht voll, was durchaus sinnvoll sein kann, wenn der Tank zwischen 1 und 7 entleert worden wäre. Nun kann dieses Vorgehen mit dem Argument kritisiert werden, dass die Zeit nicht diskret ist, sondern kontinuierlich fortschreitet. Wir könnten beim diskreten Vorgehen keinen Zeitpunkt zwischen zwei direkt aufeinanderfolgende Zeitpunkte einschieben. In der Tat wird in der Physik auch die Zeit durch eine reelle Zahl dargestellt. Üblicherweise sind dann auch Funktionen, die zeitabhängig sind, stetige Funktionen, sodass das übliche mathematische Werkzeug-Repertoire benutzt werden kann, um diese Funktionen zu beschreiben. Diese Auffassung und Repräsentation der Zeit entspräche der „temps" bei Bergson; aber auch die „durée" ist im KI-Kontext zu finden.

Hier gibt es nämlich die Alternative, auf eine direkte Repräsentation der Zeit zu verzichten und stattdessen Ereignisse als Kennzeichnung von Zeitpunkten zu verwenden. So geht man z. B. in der Regel beim Verfassen von Kochrezepten vor: „Man erhitze die Zwiebeln in der Pfanne, bis sie glasig sind, dann gebe man unter Rühren den Reis dazu." Hier ist es völlig unerheblich, wie lange die Zwiebeln brauchen, wichtig ist das Ereignis, dass sie glasig werden. „Schließlich wird der Reis unter stetiger Zugabe von Flüssigkeit gegart, bis er weich und sämig ist." Bis dieses Ereignis eintritt, vergeht sicherlich mehr Zeit, als notwendig war, die Zwiebeln zu garen. Uns interessieren jedoch nicht die absoluten Zeiträume, interessant ist lediglich das Eintreten des Ereignisses und die Tatsache, dass sie in eine Reihenfolge gebracht werden können. Bei diesem Vorgehen ist es auch – im Unterschied zum diskreten Fall von oben – ein Leichtes, ein neues Ereignis zwischen zwei aufeinanderfolgende zu schieben: „Während der Reis gart, schneide man das Gemüse …". Anstatt Zeitpunkte explizit zu machen, werden hierbei also Ereignisse benutzt, um Zeitpunkte oder Intervalle zu benennen und zueinander in Beziehung zu setzen.

Eine weitere Möglichkeit wäre es, auf einen Bezug zur Zeit ganz zu verzichten und stattdessen nur verschiedene Zustände zu repräsentieren: Nehmen wir einen Montageroboter als Beispiel, dann interessiert uns die Abfolge der Zustände, in denen sich das zu montierende Teil befindet. So haben wir etwa eine Autokarosserie ohne Motor und ohne Räder, eine Karosserie mit Motor und ohne Räder und schließlich auch ein fertiges Fahrzeug. Das Fahrzeug durchläuft dabei eine Reihe von Zuständen, die natürlich in der Zeit herbeigeführt wurden, ohne dass aber die Zeit explizit erwähnt wird.

4.2 Bergsons Konzept des Erinnerns

Bergsons Konzept der „durée" gleicht also am ehesten dem Vorgehen in der KI, die Zeit durch individuelle Ereignisse zu charakterisieren. Seine Überlegungen zum Gedächtnis beruhen auf der besonderen Bedeutung der Zeitlichkeit im Leben der Menschen. Jahre vor dem Erscheinen des Werkes „Materie und Gedächtnis" [4] führte Nietzsche in seiner Abhandlung „Vom Nutzen und Nachteil der Historie für das Leben" [5] aus, dass Wissen um die Zeitlichkeit für die Ausbildung unseres Gedächtnisses grundlegend ist. Das Gedächtnis beim Menschen sei nur deshalb so differenziert entwickelt, weil er ein historisches und damit zeitliches Wesen ist. Tiere lebten nur im Augenblick und seien somit scheinbar glücklich, da sie weder die Last der Vergangenheit noch die Sorgen der Zukunft kennen:

> Betrachte die Herde, die an dir vorüberweidet: sie weiß nicht, was Gestern, was Heute ist, springt umher, frißt, ruht, verdaut, springt wieder, und so vom Morgen bis zur Nacht und von Tage zu Tage, kurz angebunden mit ihrer Lust und Unlust, nämlich an den Pflock des Augenblickes und deshalb weder schwermütig noch überdrüssig. Dies zu sehen geht dem Menschen hart ein, weil er seines Menschentums sich vor dem Tiere brüstet und doch nach seinem Glücke eifersüchtig hinblickt – denn das will er allein, gleich dem Tiere weder überdrüssig noch unter Schmerzen leben, und will es doch vergebens, weil er es nicht will wie das Tier [5].

Für Bergson ist das Moment der Zeitlichkeit ausschlaggebend für die Unterscheidung zweier Gedächtnisarten: dem mechanischen oder habituellen Gedächtnis (analog zum konventionellen Ich) und dem reinen Gedächtnis (analog zum wahren Ich). Das mechanische Gedächtnis umfasst die gelernten Gewohnheiten und Automatismen, die präsent sind, ohne dass man groß nachdenken muss.

Das reine Gedächtnis speichert die individuelle biografische Vergangenheit, unabhängig davon, ob die Inhalte immer zugänglich sind. Das heißt also, auch nicht bewusst Wahrgenommenes, unbewusste Inhalte zählen dazu. Dies ist ein Gedanke, den Freud später aufgreifen wird, auch wenn sich seine Vorstellungen von denen Bergsons unterscheiden.

Wie funktioniert nun das Zusammenwirken von Seele und Leib bzw. Geist und Körper? In seinen Studien zum Thema „Wahrnehmung und Materie" schlussfolgert Bergson, dass „… dem immer auf die Tätigkeit gerichteten Körper die wesentliche Funktion zufällt, das Leben des Geistes zum Zwecke der Tätigkeit zu beschränken." [4]. Wie ist das zu verstehen? Der Körper trägt dafür Sorge, dass er biologisch überleben kann und daher mit allem versorgt wird, was er zum Leben braucht. Er filtert mithilfe der Wahrnehmung die für sein Überleben tauglichen bzw. wichtigen Elemente der Außenwelt. So setzt er sich nur mit den Teilen der Welt in Verbindung, die er aufgrund seiner organischen Beschaffenheit wahrnehmen kann und die ihm helfen, seine Bewegungen vorzubereiten. Es ist also, so Bergson, nicht die Aufgabe des Körpers, die Erinnerungen des Geistes aufzuspeichern, sondern die für die gegenwärtige Aktion nützliche Erinnerung auszuwählen und durch ihre Effizienz bewusst zu machen. Eine bereits erinnerte Wahrnehmung, die mit der aktuellen Wahrnehmung in Einklang ist, wird dabei wachgerufen und modifiziert die Wahrnehmung des gegenwärtigen Sinnesreizes. Bei der Wahrnehmung greifen demnach zwei Aktionen ineinander: die auf eine zukünftige Handlung gerichtete Auswahl eines gegenwärtigen Sinnesreizes und die gleichzeitige Verarbeitung desselben aus dem Standpunkt des vergangenen Erinnerten.

Nicht immer müssen Erinnerungen zum Tragen kommen (siehe habituelles Gedächtnis). Das Kriterium ihrer Auswahl ist die optimale Eignung, die momentane Situation zu vervollständigen und zu verdeutlichen. Erinnerungsbilder, die zurückgewiesen werden, weil sie nicht nützlich oder gar gefährlich scheinen, werden in den Bereich des Unbewussten zurückgewiesen bzw. – im psychischen Sinne – verdrängt. Aber Erinnerungen, die der Wahrnehmung ähnlich sind, gehen in die Bewegungen ein, die der Wahrnehmung entsprechen [4].

Zur Verdeutlichung greifen wir noch einmal auf Bergsons Vergleich der Erinnerung mit einem Baum zurück: Die Erinnerung wurzelt in der Tiefe der Vergangenheit. Der Akt des sich Erinnerns ist zugleich gegenwärtig und vergangen. Der ursprüngliche Eindruck bleibt in der Latenz erhalten und ist bis zu dem Moment abrufbar, in dem er durch die Aktivität des Gedächtnisses aktualisiert wird.

Bergsons Konzept steht auch mit der aktuellen Aufteilung des Gedächtnisses in prozedurales und deklaratives Wissen in Einklang. Diesen beiden Gedächtnisformen wollen wir bei einem Waldlauf oder -Spaziergang auf die Spur kommen. Dann legen wir los: Zunächst gehen oder laufen wir einfach, das kriegen wir hin, ohne groß nachzudenken. Wie kommt das?

Als wir als Kleinkinder angefangen haben, laufen zu lernen, war das nicht so selbstverständlich. Wenn wir ihnen bei den ersten Schritten zusehen, merken wir, dass diese Bewegungsform alles andere als uns geläufig ist und mühsam erlernt werden muss. Das Baby wird versuchen, sofern es nach dem Krabbeln gelernt hat, sich aufzurichten, sein Gleichgewichtsgefühl unter Kontrolle zu bekommen. Es wird sich noch an Möbeln festhalten wollen und die helfenden Arme der Eltern beanspruchen. Seine sinnlichen Erfahrungen – wohl auch die Schmerzen beim Hinfallen – werden zunächst im sensorischen Gedächtnis (Ultrakurzzeitgedächtnis) und dann im Kurzzeitgedächtnis (Arbeitsgedächtnis) nur einige Sekunden hinterlegt. Bei entsprechender Wiederholung und Übung der Bewegung wird sie schließlich im Langzeitgedächtnis abgespeichert. Da sie ständig abrufbar zur Verfügung stehen soll, geht sie eine Abkürzung, das heißt, sie muss gar nicht erst bewusst gemacht werden, sondern ist unbewusst präsent. Das Gedächtnis, das diese unbewussten einfachen, meist motorischen Bewegungen speichert, nennt man prozedural (von lateinisch: procedere vorwärtsgehen) oder implizit (von lateinisch implicatus: verwickelt, mit ausgesagt, nicht ausdrücklich).

Wenn wir Rad oder Auto fahren, tanzen, Schnürsenkel binden, Klavier spielen, können wir auf das Erlernte zurückgreifen, was natürlich umso besser funktioniert, je mehr wir trainiert haben. Das Gedächtnis für diese Handlungen befindet sich in den subkortikalen Regionen und funktioniert meist auch dann, wenn Gedächtnisstörungen vorliegen.

Wir laufen also, ohne uns das Laufen bewusst zu machen, haben also unseren Kopf frei. Im Wald oder in einem Park gibt es auch wenig Störfaktoren, die diese befreite, vom bewussten Denken unabhängige Bewegung beeinträchtigen könnten. Vielleicht gibt es ein paar Wurzeln oder Stolpersteine, die wir im Auge behalten. Ansonsten können wir uns den Wohltaten des Laufens und des Waldes hingeben. Der Pflanzenforscher Stefano Mancuso stellt in seiner Studie [6] zur Intelligenz der Pflanzen fest, dass wir in ihrer Gegenwart leichter Stress abbauen und die Konzentration fördern. Er sieht die Gründe dafür in unserer Vergangenheit und unserem „instinktiven Wissen, dass unsere Gattung ohne Pflanzen nicht lebensfähig ist" [6]. Unsere Bindung zum Wald gehört wohl zu unseren archaischen Erfahrungen, was auch die ältesten literarischen Formen, die Märchen, verraten.

Beim Laufen kann es passieren, dass sich – ungerufen – Gedanken und Ideen einstellen, die vielleicht nur darauf gewartet haben, unter entspannten Voraussetzungen zum Einsatz zu kommen: ein altes ungelöstes Problem, ein Lösungsweg, eine neue Kombination von gedanklichen Zusammenhängen. Sie haben sich im freien Raum möglicherweise gelöst von ihren ursprünglichen Halterungen und suchen einen Weg, sich neu zu verknüpfen. Dies könnte man unter dem Begriff „freies Assoziieren" verbuchen, eine Art Vorbereitung für kreative Arbeit.

Diese wach gewordenen Gedanken entspringen dem deklarativen (lateinisch: declarare, verkünden, erklären) bzw. expliziten (lateinisch: explicitus, ausdrücklich) Gedächtnis. Es speichert einerseits Episoden, Ereignisse und Tatsachen aus dem eigenen Leben im episodischen (griechisch: epeisódion, das noch Dazukommende) Gedächtnis und vom eigenen Leben unabhängiges Wissen, das sogenannte Weltwissen eines Menschen, zum Beispiel berufliche Kenntnisse, Fakten aus Geschichte, Politik, Kochrezepte etc. im semantischen (von griechisch: semainein: bezeichnen) Gedächtnis. Beteiligt beim deklarativen Gedächtnis ist der gesamte Neocortex, beim episodischen Gedächtnis insbesondere der rechte Frontal- und der Temporalcortex, beim semantischen Gedächtnis speziell der Temporallappen. Auf das Gedächtnis und Erinnern beim Menschen gehen wir in Kap. 9 noch näher ein.

4.3 Zusammenfassung

Ausgehend von Bergsons Zeitbegriff haben wir verschiedene Auffassungen von Zeit besprochen. Wir haben dabei gesehen, dass eine ähnliche Unterscheidung in KI-Systemen verwendet wird. Zeit kann dort als Abfolge von Zeitpunkten oder aber als Folge von Ereignissen oder Zuständen repräsentiert und implementiert werden. Dass Zeit auch für das Erinnern eine zentrale Rolle spielt, haben wir ebenfalls bei Bergson gesehen. Dort wurde auch der Zusammenhang von Leib und Geist beim Erinnern angesprochen.

Literatur

1. Ionesco E (1968) Tagebuch. Journal en miettes. Luchterhand, Frankfurt a. M.
2. Bergson H (2006) Zeit und Freiheit. Eine Abhandlung über die unmittelbaren Bewusstseinstatsachen. Verlag Felix Meiner, Hamburg
3. Proust M (1950) Auf der Suche nach der verlorenen Zeit. Suhrkamp, Frankfurt
4. Bergson H (2001) Materie und Gedächtnis. Eine Abhandlung über die Beziehung zwischen Körper und Geist. Verlag Felix Meiner, Hamburg
5. Nietzsche F (1951) Vom Nutzen und Nachteil der Historie für das Leben. Reclam, Stuttgart
6. Mancuso S (2015) Die Intelligenz der Pflanzen. Kunstmann, München

5

Repräsentation von Wissen

Zusammenfassung Wissensrepräsentation ist eine Aufgabe, die es seit der Verschriftlichung von Sprache gibt. Verschiedene Etappen der wissenschaftlichen Entwicklung führen dazu, dass Aussagen in Zahlen bzw. Formeln, die von Maschinen lesbar sind, umgesetzt werden können. Dies erlaubt es, künstliche Systeme für die Bewältigung von komplexen Aufgaben einzusetzen. In der KI werden verschiedenartige Techniken eingesetzt, um Wissen in der Maschine zu verarbeiten und um eine Verständigung und Zusammenarbeit zwischen Maschine und Mensch zu ermöglichen.

Bisher haben wir ausschließlich über Gedächtnis und Erinnern beim Menschen gesprochen. Wenn wir nun diese beiden Begriffe auf künstliche Systeme übertragen, spricht man von Wissensrepräsentation und -verarbeitung. In diesem Kapitel wollen wir die Behandlung von Wissen in künstlichen Systemen, also in der KI, skizzieren. Ein wesentlicher Unterschied zum bisher in diesem Buch Behandelten ist dabei, dass wir erstmals ein sehr viel größeres Augenmerk auf das Gedächtnis, also die Repräsentation des Wissens, legen werden. Bisher haben wir dem Erinnern ein größeres Gewicht zugestanden und nicht so sehr die mentale Art des Speicherns von Wissen untersucht.

Denkt man über Möglichkeiten der Repräsentation von Wissen nach, fällt einem natürlich sofort die Verschriftlichung von Sachverhalten ein. Wir sind es heutzutage gewohnt, Wissen aus schriftlichen Quellen zu benutzen, z. B. in Form von Lehrbüchern oder auch wissenschaftlichen Skripten. Allerdings ist der Gebrauch von Texten, die in natürlicher Sprache abgefasst sind, prinzipiell nur Menschen möglich und damit für künstliche Systeme nur bedingt geeignet – wir werden später nochmals darauf eingehen und dies relativieren.

© Springer Fachmedien Wiesbaden GmbH, ein Teil von Springer Nature 2019

U. Barthelmeß und U. Furbach, *Künstliche Intelligenz aus ungewohnten Perspektiven,*

Die blaue Stunde der Informatik, https://doi.org/10.1007/978-3-658-24570-2_5

Diese scheinbar so naheliegende Methode, Texte als Repräsentation von Wissen zu benutzen, ist jedoch keinesfalls selbstverständlich. Gehen wir zurück ins antike Griechenland, so finden wir dort schriftliche Aufzeichnungen, die eher zum Zwecke des Vorlesens abgefasst waren. In Schriftrollen war Text in Zeichenfolgen ohne Zwischenräume oder Satzzeichen niedergeschrieben, wobei manchmal sogar die Schreibrichtung am Zeilenende „furchenartig" gewechselt wurde. Diese sogenannte „scriptura continua" findet sich übrigens noch heute in verschiedenen asiatischen Schriftsystemen. Die Texte des antiken Griechenlands waren in dieser Form nur laut lesbar und bekamen erst dadurch Struktur und Gliederung. In der Dichtung half darüber hinaus das Versmaß, das beim lauten Lesen eine wichtige Rolle spielte, den Text zu gliedern. Oft hielten die Texte Reden fest, sodass diese jederzeit durch Vorlesen wiederholt werden konnten – die schriftliche Form war sozusagen eine Fortführung der mündlichen Rede. Der wissenschaftliche Diskurs hat sich durch Rede und Gegenrede abgespielt. Der Übergang vom sprachlichen Diskurs hin zum Diskurs mithilfe von Texten, also zum Prosadiskurs, hat sich nur langsam vollzogen. Erst durch die Abtrennung des Textes von der gesprochenen Sprache wurde eine Strukturierung des Textes zweckmäßig, er war so leichter zu lesen und zu verstehen. Unser Gebrauch von Satzzeichen, Überschriften und Seitenumbrüchen hat sich erst viel später in der Scholastik, also im Hochmittelalter, deutlich durchgesetzt.

Eine Ausnahme dieser scriptura continua findet man allerdings auch schon im antiken Griechenland, nämlich bei der Verwendung von ideografischen Zeichen in der Algebra und der Geometrie. Ideografische Zeichen sind stilisierte Bilder, die für einen Begriff oder, besser gesagt, die Idee eines Begriffes stehen. So steht z. B. die hochgestellte 2 im algebraischen Term x^2 für das Konzept des Quadrierens einer Zahl x. Hier wird auch deutlich, dass die Zweidimensionalität des Mediums Papier oder Papyrus ausgenutzt wird. Schon viele Jahrhunderte vor Christus war den griechischen Mathematikern und Philosophen klar, dass zur Übermittlung von mathematischen Sachverhalten Ideen und Begriffe notiert werden mussten, die dann wiederum vom Leser nachvollzogen werden sollten. Die Darstellung von Wissen in schriftlicher Form spielte im antiken Griechenland eine wichtige Rolle; der Begriff „techne", von dem sich unser Wort Technik ableitet, bezeichnet eine Form des praktischen Wissens. Diese techne wurde gerne auch praktisch demonstriert, durch die sogenannte „epideixis", einer öffentlichen Zurschaustellung des Wissens. Dies war besonders in den Handwerkskünsten, aber auch und besonders in der Medizin üblich. Eine öffentliche Zurschaustellung mathematischer Sachverhalte war jedoch im antiken Griechenland undenkbar – der Grund dafür liegt offensichtlich in der speziellen, oben angesprochenen ideografischen

Notation, welche nur mit einem gewissen Maß an Vorkenntnissen begreifbar ist und somit für die breite Öffentlichkeit nicht zugänglich war.

5.1 Logik und Wissen – Symbolische Repräsentation

Wir hatten die Bedeutung des Diskurses im antiken Griechenland bereits hervorgehoben. So ist es nicht weiter verwunderlich, dass die Untersuchung von Diskursen eine wichtige Disziplin der Philosophen war. Auch Aristoteles hatte sich damit beschäftigt und gilt durch diese Arbeiten als einer der Mitbegründer der Wissenschaftsdisziplin Logik. Im Folgenden wollen wir den Bogen von der aristotelischen Logik hin zu einer Form der logischen Wissensrepräsentation, wie sie heute in der KI-Forschung üblich ist, spannen.

Aristoteles führte logische Schlussregeln, die Syllogismen, ein, um den Vorgang des Argumentieren zu beschreiben. Wir haben bereits erwähnt, dass die Mathematik zur Zeit des Aristoteles durchaus schon formale Notationen und Beweise hervorgebracht hatte; Aristoteles war sich dieser Disziplinen und Ergebnisse sehr wohl bewusst. Ihm ging es jedoch um eine Formalisierung von Diskursen, schlüssige Argumentationsketten sollten erkannt und von falschen getrennt werden. Es ging ihm besonders um das Vermeiden von Fehlschlüssen; ihm war wohl klar, dass eine schlüssige Beweiskette noch nichts über die inhaltliche Richtigkeit des Ergebnisses aussagt – dazu müssten auch die verwendeten Prämissen wahr sein.

Folgendes Beispiel für einen Syllogismus hat zwei Prämissen, dies sind die Aussagen über dem Strich, die etwas über alle Menschen und über Sokrates aussagen. Die Deduktionsregel, der Syllogismus, erlaubt nun aus diesen beiden Prämissen eine Konklusion zu folgern – dies ist die Aussage unter dem Strich.

$$\frac{\text{Alle Menschen sind sterblich.} \qquad \text{Sokrates ist ein Mensch.}}{\text{Sokrates ist sterblich.}}$$

Diese Schlussfolgerung ist korrekt, und zwar unabhängig von der Wahrheit der beiden Prämissen. Ändern wir die erste Prämisse ein wenig ab, indem wir „sterblich" in „unsterblich" abändern:

$$\frac{\text{Alle Menschen sind unsterblich.} \qquad \text{Sokrates ist ein Mensch.}}{\text{Sokrates ist unsterblich.}}$$

Wir erhalten wiederum eine korrekte Schlussfolgerung, auch wenn uns bewusst ist, dass eine Prämisse nicht der Wirklichkeit entspricht. Durch dieses einfache

Beispiel soll deutlich werden, dass es in dieser Form der Logik um die Formulierung gültiger Argumentationen und Schlüsse aus grundlegenden Aussagen, die auch Axiome genannt werden, geht. Man kann dann von einer Menge von Axiomen, die als wahr angenommen werden, durch eine Kette von Anwendungen von Syllogismen neue wahre Aussagen herleiten.

Aristoteles legte mit diesen Arbeiten die Grundlagen für die heute gebräuchliche Art der Logik, nämlich der Prädikatenlogik, einer Logik, in der Aussagen quantifiziert werden können. Es sollte allerdings bis in das 19. Jahrhundert dauern, bis durch die Arbeiten von Gottlob Frege, einem deutschen Mathematiker und Philosophen, die Grundlagen für die Anwendungen der Logik in der Mathematik gelegt wurden. Bis dahin hatte die aristotelische Logik in verschiedenen Epochen eine wichtige Rolle in der Philosophie gespielt. In der Scholastik des Mittelalters wurden die Arbeiten von Aristoteles genutzt, um die Beweisführung in zumeist theologischen Fragestellungen zu untersuchen. Aus dieser Zeit sticht jedoch der katalanische Philosoph Ramon Llull hervor, der bereits im 13. Jahrhundert daran arbeitete, eine „logische Maschine" zu konstruieren. Verschiedene Scheiben mit Begriffen und logischen Operatoren konnten um ein Zentrum gedreht werden, sodass dabei die syllogistischen Deduktionsregeln mechanisiert wurden – eine sehr frühe und moderne Form des automatischen logischen Schließens. Diese Arbeiten waren den Philosophen der Aufklärung im 17. Jahrhundert, wie etwa Descartes und Leibniz, wohl bekannt und haben sicherlich deren Forschungen beeinflusst.

Aufklärung Über die Rolle der Aufklärung haben wir bereits in Kap. 3 über Körper und Geist gesprochen. Das Argument „cogito ergo sum" stellte das Denken, natürlich das rationale Denken, in den Mittelpunkt des Menschseins. Der deutsche Universalgelehrte Gottfried Wilhelm Leibniz ging noch einen Schritt weiter, indem er davon überzeugt war, dass alle Konzepte oder Begriffe als Zahlen dargestellt werden können.

Damit seien sie auch der Mathematik zugänglich, sodass man, anstatt zu argumentieren oder zu diskutieren, einfach rechnen könne. Seine Vision war ja, dass Philosophen nicht mehr diskutieren, sondern nur mehr miteinander rechnen werden. In der Tat hat Leibniz auch die Grundlagen für ein solches Programm mit entworfen. Neben vielen Konzepten aus der Philosophie, Mathematik und Jurisprudenz gilt Leibniz als Begründer des dualen Zahlensystems, auf dem heutige Computer basieren. Er hatte auch eine mechanische Rechenmaschine entworfen, wobei allerdings unklar ist, ob er mit den Hilfsmitteln seiner Zeit sie auch als funktionierende Maschine bauen konnte.

Hier sehen wir zum ersten Mal eine Verwendung der Logik, die deutlich über einen propädeutischen Charakter hinausgeht. Unter Propädeutik versteht man eine Art Vorbereitungsunterricht für wissenschaftliches Arbeiten und hierbei gilt die Logik als allgemeine Propädeutik. Der Ansatz, Logik und Mathematik zusammenzubringen, zeigte sich am radikalsten im sogenannten Hilbert-Programm. David Hilbert war ein führender deutscher Mathematiker, der um die Jahrhundertwende zum 20. Jahrhundert in Göttingen wirkte. Hilbert hatte in den 1920er-Jahren ein Forschungsprogramm vorgeschlagen, welches darauf zielte, die Mathematik als formales System zu definieren. In diesem System sollte es möglich werden, alle mathematischen Sätze zu beweisen und somit zweifelsfrei ihre Gültigkeit festzustellen. Damals war Hilbert bereits ein weltbekannter Mathematiker, sodass seine Ideen auch weitgehende Beachtung fanden. Zu dieser Zeit entstand das Werk „Principia Mathematica" von Bertrand Russell und Alfred North Whitehead. In dieser dreibändigen Studie wurde der Versuch unternommen, genau im Sinne des Hilbert-Programms die Mathematik in einem formalen logischen Rahmen neu zu definieren. Dazu benutzten die Autoren auch die oben erwähnte Weiterentwicklung der Logik von Gottlob Frege. Viele namhafte Mathematiker und Logiker beteiligten sich an den Versuchen des Hilbert-Programms, bis ein junger österreichischer Doktorand, Kurt Gödel, zeigte, dass es unmöglich ist, die gesamte Mathematik so zu formalisieren, dass alle wahren Aussage in einem formalen System beweisbar sind. So ist zwar in einem strengen Sinne das Hilbert-Programm gescheitert, gleichwohl haben viele Forschungen auf diesem Gebiet die Grundlagen für die moderne Mathematik, und vor allem auch der Informatik, gelegt. Hier liegt ebenfalls der Ursprung der Behandlung von Wissen mithilfe von Logik. Vorhandenes Wissen wird durch logische Formeln dargestellt, aus denen dann mithilfe von Schlussregeln neue Formeln, neues Wissen hergeleitet werden kann. Kommen wir zurück auf das Beispiel, mit dem wir Syllogismen weiter oben erläutert haben. Wir schreiben nun die Aussagen der Prämisse und Konklusion als Formel in der Sprache der Logik:

$$\frac{\forall x\,(\text{mensch}(x) \rightarrow \text{sterblich}(x)) \qquad \text{mensch}(\text{sokrates})}{\text{sterblich}(\text{sokrates})}$$

Das Symbol $\forall$ steht hierbei für „für alle" und $\rightarrow$ für „impliziert". Die erste Prämisse liest sich damit „für alle Objekte x gilt, wenn x ein Mensch ist, ist x auch sterblich". Mithilfe der Schlussregel kann damit aus den beiden Prämissen das neue Wissen, nämlich dass Sokrates sterblich ist, hergeleitet werden. Deutlich wird durch dieses Beispiel auch, dass es sich hier um die Formulierung von Wissen über die Welt und nicht um mathematische Sachverhalte handelt. Diese Verwendung von Logik, also zur Darstellung und zur Herleitung von Wissen, wurde auch besonders durch die neue Disziplin der künstlichen Intelligenz in den 1950er-Jahren vorangetrieben.

5.2   Kognitive Revolution

Die KI-Forschung hatte sich unter diesem Namen in der Dartmouth Conference im Sommer 1956 in den USA etabliert. Von Anfang an spielte hierbei die Automatisierung der Logik eine zentrale Rolle. Man versuchte mit Wissen, das durch logische Formeln repräsentiert war, Probleme in stark vereinfachten Umgebungen zu lösen. Dazu gehörten Puzzles, Spiele wie Schach oder auch mathematische Probleme. Andererseits waren aber auch die Verarbeitung und Übersetzung natürlichsprachlicher Texte eine wichtige Teildisziplin der KI. Zum Verstehen von Texten und Geschichten benötigt man nicht nur linguistisches Wissen, vielmehr muss der Leser auch allgemeines Wissen über die Welt und die Domäne des Textes mitbringen. Soll ein KI-System einen Text verstehen und behandeln, muss dieses Wissen in formalisierter Form vorliegen. So ist es auch nicht verwunderlich, dass die ersten Ansätze, allgemeines Weltwissen zu formulieren, aus der Linguistik kommen. Die Linguistik spielte in dieser Zeit auch eine wichtige Rolle im Zusammenhang mit der „Kognitiven Revolution" und dem Entstehen der Kognitionswissenschaften (engl. Cognitive Science). Der Linguist Noam Chomsky hatte im Jahr 1959 eine Kritik zu dem Werk „Verbal Behaviour" des damals führenden Vertreters des Behaviorismus in der Psychologie, B. F. Skinner, verfasst [1]. Chomsky kritisiert darin Skinners Ansatz, Sprache als erlerntes Verhalten aufzufassen, und wurde in der Folge einer der Mitbegründer der Kognitionswissenschaften. Chomsky wurde später auch für seinen Ansatz der strukturellen Linguistik bekannt und legte damit auch die Grundlagen für die Entwicklung von Programmiersprachen für Computer. Chomsky wird ausführlicher im Kap. 12 diskutiert. Auch die damals aufkommende Informationstheorie und erste Computer wurden von Kognitionswissenschaftlern benutzt, um tatsächlich zu modellieren. Der bis zu dieser Zeit prägende Behaviorismus hatte das Gehirn als geschlossene Einheit, als Blackbox, aufgefasst. Interessiert hatte seine Funktionalität, das Verhalten. Im Gegensatz dazu versucht Kognitionswissenschaft nun das Innere der Box zu verstehen. Der Computer als Werkzeug bietet die Möglichkeit, es zu modellieren und zu simulieren.

Ausgehend von einer Arbeit über semantisches Wissen von Ross Quillian [2] hat sich in der KI das Konzept der semantischen Netze verbreitet. Die Idee, Wissen in Netzform darzustellen, findet man auch schon früher, z. B. um zu modellieren, wie Menschen assoziieren. Nehmen wir als Beispiel das Netz aus Abb. 5.1. Darin sind Konzepte als Kästen dargestellt, und die Pfeile haben die Bedeutung „ist Unterkonzept von". So ist zum Beispiel Säugetier ein Unterkonzept von Lebewesen, wodurch ausgedrückt wird, dass jedes Säugetier auch ein Lebewesen ist. Die gestrichelte Linie von Sokrates zum Konzept

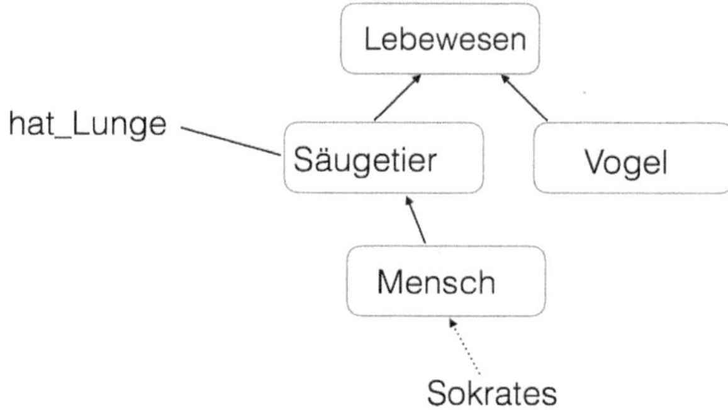

Abb. 5.1 Semantisches Netz mit den Konzepten Lebewesen, Vogel, Säugetier und Mensch. Sokrates ist eine Instanz von Mensch, und Säugetiere haben Lunge und sind sterblich

Mensch drückt aus, dass Sokrates eine Instanz des Konzeptes Mensch ist. Damit ist er aufgrund der Unterkonzept-Relation im Netz auch ein Säugetier und ein Lebewesen. Am Konzept Säugetier hängt eine sogenannte Rolle, dies ist eine Eigenschaft, die auf alle Individuen des Konzepts zutrifft: Alle Säugetiere haben eine Lunge. Das Besondere an solchen semantischen Netzen ist nun, dass sie die Vererbung von Rollen zulassen. Die Elemente eines Unterkonzeptes erben alle Rollen des Oberkonzeptes. Menschen haben also eine Lunge, und natürlich gilt das auch für Sokrates, da er Mensch ist.

Semantische Netze waren bis in die 1990er-Jahre ein weitverbreitetes Paradigma für die Repräsentation von Wissen in künstlichen intelligenten Systemen. Aber auch in den Kognitionswissenschaften und in der Psychologie wurden sie gerne als Modell für die mentale Repräsentation von Wissen herangezogen. Wenn man davon ausgeht, dass Wissen in Netzform im Gehirn abgelegt ist, könnte man Assoziationen, die wir Menschen zu machen in der Lage sind, durch strukturelle Ähnlichkeiten verschiedener Teilnetze erklären. Der deutsche Psychologe Klix versuchte durch Experimente nachzuweisen, dass Netze die Grundlage mentaler Repräsentation beim Menschen sind. Er konnte zeigen, dass die Reaktionszeiten von Probanden auf Fragen, die nahe beieinanderliegenden Konzepte betrafen, kürzer sind als die von weiter entfernt voneinander liegenden Konzepten [3].

Auch ein weitverbreitetes Modell des Kognitionsforschers Anderson, das ACT-Modell, benutzt semantische Netze [4]. In diesem Modell werden zwei verschiedene Arten von Wissen repräsentiert. Zum einen ist dies konzeptuelles oder bedeutungsbezogenes Wissen – unsere Abb. 5.1 ist ein einfaches Beispiel hierzu – zum anderen wird aber auch prozedurales Wissen modelliert. Prozedurales Wissen wird zumeist durch langwierige Lernprozesse erworben; so haben wir z. B. als Kleinkinder mehr oder weniger mühsam das Laufen gelernt, wir haben uns durch einen Lernprozess diese Fähigkeit angeeignet. Wir haben dies weiter oben im Zusammenhang mit Bergsons Theorie bereits erwähnt. Hier ist es wichtig festzuhalten, dass prozedurales Wissen nicht durch Lesen oder Studieren von konzeptuellen Beschreibungen erlernt werden kann. Sie können alle Bücher über die Schlagtechnik im Tennis lesen; ohne Training werden Sie nie einen passablen Rückhandschlag zustande bringen. In ACT sind solche Prozeduren durch Regeln hinterlegt, die dann bei Bedarf ausgeführt werden können. Wie diese Regeln erlernt werden, ist eine Fragestellung, die getrennt untersucht werden muss. So wie wir ja auch noch nicht diskutiert haben, wie konzeptuelles Wissen, also etwa ein semantisches Netz, zustande kommen kann. Solche Fragestellungen werden wir im Zusammenhang mit dem Kreativitätsbegriff im Kap. 9 untersuchen.

Neben den beiden bisher besprochenen Formen des Wissens – dem prozeduralen und dem konzeptuellen – unterscheiden wir auch noch wahrnehmungsbezogenes Wissen. So haben wir z. B. Erinnerungen an Bilder, Töne oder Gerüche, die wir wiedererkennen und be- oder umschreiben können. Gerade im Bereich der mentalen Repräsentation von räumlichem, bildhaftem Wissen gibt es zahlreiche Untersuchungen und Ergebnisse. Man kann sich mittlerweile sicher sein, dass im menschlichen Gehirn Wissen auch bildhaft, also in analoger und nicht in symbolischer Form abgespeichert wird. Hierzu können Sie sich einem einfachen Selbstversuch unterwerfen: Überlegen Sie sich bitte jetzt, wie viele Fenster Ihre Wohnung oder Ihr Haus hat …

Stop, lesen Sie bitte nicht weiter! Versuchen Sie erst die Frage zu beantworten.

… und jetzt beobachten Sie bitte, wie Sie diese Information zusammentragen. Vermutlich sind Sie gerade in Gedanken durch die einzelnen Zimmer Ihrer Wohnung spaziert und haben die Fenster gezählt. Dies ist ein Indiz dafür, dass in Ihrem Gehirn ein Bild Ihrer Wohnung existiert und Sie tatsächlich aus diesem Bild Schlüsse ziehen können. In der Kognitionspsychologie gibt es zahlreiche ausgefeilte Experimente, die dies belegen, und natürlich ist die Verarbeitung von räumlichem Wissen auch Gegenstand der KI-Forschung.

5.3   Hochzeit der KI

In den 1980er-Jahren ist KI besonders durch die sogenannten Expertensysteme aufgefallen. Dies sind Software-Systeme, die auf einem engen Gebiet die Leistungsfähigkeit von menschlichen Experten vorweisen konnten. Dazu gehörten z. B. Systeme wie MYCIN zur Diagnose von bakteriellen Infektionen oder DENDRAL zur Identifizierung chemischer Strukturen anhand von

Massenspektrometerdaten. All diesen Systemen ist gemeinsam, dass sie auf dem jeweiligen Gebiet über sehr viel Wissen verfügen müssen. Teil der Software muss also eine umfangreiche Wissensbasis sein, in der das Expertenwissen so formuliert ist, dass es automatisch vom Computer verarbeitet werden kann. Genau für diesen Zweck sind die oben diskutierten semantischen Netze sehr gut geeignet. Auf dieser Basis entstand eine Vielzahl von Formalismen, die für den Entwurf von Wissensbasen verwendet wurden. Solche Systeme verfügten über komplexe und leistungsfähige Methoden, Wissen wiederzufinden und untereinander in Beziehung zu setzen. Ein Schwachpunkt dieser Verfahren wurde von manchen Kritikern in der Vielzahl der verschiedenen Sprachkonstrukte, die zur Verwendung kamen, gesehen. Schon unser einfaches Beispiel in Abb. 5.1 hat drei verschiedene Verbindungslinien: Pfeil, gestrichelter Pfeil und ungerichtete Linie. Teilweise war auch die Bedeutung dieser Konstruktionen nicht genau genug festgelegt, sodass auch die verwendeten Algorithmen nicht immer klar und verständlich waren.

So gab es in dieser Zeit heftige Diskussionen in der KI, welche Formalismen für die Repräsentation von deklarativem, also konzeptuellem Wissen, besser geeignet seien. Einerseits führten insbesondere Logiker für ihre logikbasierten Sprachen die klare und seit Jahrhunderten untersuchte Semantik und die ausgefeilten Methoden, neues Wissen herzuleiten, an. Anhand der aristotelischen Syllogismen hatten wir dieses formale Herleiten schon studiert. Andererseits argumentierten die Befürworter der netzbasierten Sprachen, dass ihre Systeme vermutlich näher an der menschlichen mentalen Repräsentation von Wissen seien. Diese Diskussion verebbte allerdings recht schnell. Anfang der 90er-Jahre, als nämlich klar wurde, dass semantische Netze nichts anderes als grafisch dargestellte logische Formeln sind. Sehr schnell haben sich dann Systeme durchgesetzt, welche Logik und die üblichen Herleitungsmechanismen verwendeten. Standard ist mittlerweile die Verwendung von sogenannten „Beschreibungslogiken"; unser Beispiel aus Abb. 5.1 liest sich in einer solchen Logik wie folgt:

$$\text{Mensch} \sqsubseteq \text{Säugetier}$$
$$\text{Säugetier} \sqsubseteq \text{Lebewesen} \sqcap \exists \text{hat\_Lunge.Thing}$$
$$\text{Vogel} \sqsubseteq \text{Lebewesen}$$
$$\text{Mensch(Sokrates)}$$

Hierbei wird, ähnlich wie durch den Pfeil im semantischen Netz, durch das Symbol $\sqsubseteq$ die Unterkonzeptbeziehung ausgedrückt, so also in der ersten Zeile, dass alle Menschen auch Säugetiere sind. Die zweite Zeile ist etwas komplexer, sie drückt neben der Unterkonzeptbeziehung auch in einer logischen Form die Rolle hat_Lunge aus unserem semantischen Netz aus. Die Zeile besagt, dass Säugetier ein Unterkonzept des Konzeptes ist, der durch den Ausdruck rechts vom ⊑-Symbol beschrieben ist: Dieses Konzept wird durch zwei Teile definiert, die durch eine Konjunktion, dem ⊓-Symbol, verknüpft sind. Im ersten Teil wird festgelegt, dass es ein Teil des Konzeptes Lebewesen ist und im zweiten Teil ∃hat_Lunge.Thing ist ausgedrückt, dass es mindestens ein Objekt gibt, das ein beliebiges Konzept Thing ist, welches als Lunge dieses Lebewesens bezeichnet wird. Die letzte Zeile drückt aus, dass Sokrates ein Individuum des Konzeptes Mensch ist.

Wir haben diese kleine Logik-Wissensbasis so ausführlich erläutert, um deutlich zu machen, dass hier die gleichen Sachverhalte wie in der grafikorientierten Netzdarstellung über einen kleinen Ausschnitt der Welt formalisiert werden. Offensichtlich ist es nun so, dass die Grafik, also das semantische Netz, sehr viel eingängiger und intuitiv verständlich scheint. Allerdings hatten wir bereits mehrfach hervorgehoben, dass logische Formeln nicht nur eine propositionale Darstellung von Wissen sind, vielmehr bietet die Logik gleichzeitig und sozusagen ohne zusätzliche Programmierung Verfahren an, um auf korrekte Weise neues Wissen herzuleiten. So könnten wir an die obige Wissensbasis die Anfrage stellen, ob Sokrates eine Lunge hat, was tatsächlich auch automatisch beantwortet werden könnte.

5.4   Cognitive Computing

Zu Beginn dieses Abschnittes sind wir kurz auf natürlichsprachliche Texte zur Darstellung von Wissen eingegangen. Wir hatten anhand der altgriechischen scriptura continua argumentiert, dass Texte damals zum Vorlesen verfasst wurden, um Reden reproduzieren zu können. Erst sehr viel später, im Mittelalter, haben sich Wortzwischenräume und Satzzeichen durchgesetzt; dadurch wurde es möglich, die Texte auch leise zu lesen, wodurch sie dann auch zur Repräsentation von Wissen genutzt werden konnten. Wir alle sind dies bestens gewohnt und beziehen unser Wissen seit frühester Schulzeit aus solchen Textquellen. Mittlerweile sind nicht nur Bücher, sondern auch digitale Medien und digitale Nachschlagewerke äußerst verbreitet. Nun hatten wir weiter argumentiert, dass natürlichsprachliche Texte von Menschen gelesen und interpretiert werden müssen und daher für künstliche Systeme weniger geeignet scheinen. Dies war auch in der KI-Forschung eine Hauptmotivation für die Entwicklung symbolischer und formaler Repräsentationsformate, wie wir sie vorgestellt hatten.

Zwei Entwicklungen sind zu beobachten, die die Situation verändern: Zum einen sind Textstellen im Internet oft multi-modal, insofern sie neben Text auch maschinenlesbare formale Teile enthalten. Zum anderen hat die intelligente Suche in natürlichsprachlichen Texten enorme Fortschritte gemacht, wovon sich jeder Benutzer einer der üblichen Suchmaschinen leicht überzeugen kann.

Für die Multimodalität betrachten wir als Beispiel die Wikipedia, sicherlich die weltweit meist genutzte Enzyklopädie. Die Einträge darin enthalten neben ihrem Textteil (und natürlich auch Bildern) einen sogenannten Wikidata-Satz. In diesem Datensatz sind einige formale Beschreibungen des Texteintrages enthalten. So ist zum Beispiel zum Datensatz des Eintrages zu „Ulrich Furbach" ein Datensatz vorhanden, wo neben vielem anderen auch festgehalten ist, dass Furbach eine „instance of" des Konzeptes (hier heißen diese Klassen) „human" ist und er ein Rolle „occupation" hat, welche vom Konzept „computer scientist" ist. Klickt man auf „human", erreicht man den zugehörigen Datensatz und kann diesem entnehmen, dass „human" eine „subclass of" „person" und auch eine „subclass of" „omnivore" ist. Wenn wir diese Information ähnlich wie in Abb. 5.1 grafisch darstellen, wird unmittelbar klar, dass es sich hierbei um eine Art semantisches Netz zur Darstellung von Wissen handelt. Wie wir oben diskutiert haben, sind dies aber auch nur logische Formeln; wir könnten nun also aus diesem Wissen formal herleiten, dass Furbach ein Individuum der Klasse „omnivore" ist.

Wikidata ist also eine Art formale Ergänzung des textuellen Inhalts der Wikipedia. Ziel ist dabei, Wissen bereitzustellen, das für Computerprogramme lesbar ist und weiterverarbeitet werden kann. Dem Wikipedia-Eintrag von Wikidata [5] entnimmt man:

„Im Jahr 2013 spendete IBM das Preisgeld des Feigenbaum-Preises 2013 für das Watson-Projekt an die Wikimedia Foundation und namentlich Wikidata, weil die Wikipedia einen großen Beitrag zum Erfolg des Projektes geleistet habe und Wikidata es sich zum Ziel gesetzt habe, Menschen wie Maschinen leichteren Zugang zu Wissen zu verschaffen."

In unserem Zusammenhang ist es wichtig, dass hier auch explizit vom Zugang für Maschinen gesprochen wird. Nun ist dies gar nicht verwunderlich, wenn man etwas über das Watson-Projekt weiß, das den Preis gewonnen hat. Watson ist ein Software-System, das von IBM entwickelt wurde, um in der Quiz-Show Jeopardy! im US-Fernsehen gegen menschliche Mitspieler anzutreten. Bei Jeopardy! werden den Spielern Antworten aus verschiedensten Wissensgebieten präsentiert; Aufgabe ist es dann, die zugehörige Frage zu finden. Beispielsweise wäre die Lösung zu „Um Elizabeth zu heiraten, musste Prinz Philip den Anspruch auf die Krone dieses südeuropäischen Landes aufgeben." die Antwort „Griechenland". Insbesondere zählt hierbei auch die Schnelligkeit, in der die Antwort gegeben wird. Da die Fragen aus den verschiedensten Wissensgebieten stammen können, müssen die Teilnehmer über sehr breites

Allgemeinwissen verfügen. Genau dies ist aber die Schwierigkeit beim Entwurf von wissensbasierten Computersystemen. Das IBM-System Watson – benannt nach einem der ersten Präsidenten der IBM, Thomas John Watson – hatte 2011 gegen zwei menschliche Rekordhalter die Jeopardy! Quiz-Show gewonnen. Watson hatte dazu keinen Internetzugang; alle Wissensquellen mussten im System verfügbar sein. Im Wesentlichen hatte Watson dazu Textquellen zusammen mit formalisiertem Wissen zur Verfügung. Watson musste mögliche Antwortkandidaten aus seiner Wissensbasis extrahieren und sich dann sehr schnell zwischen den verschiedenen zur Wahl stehenden Antwortkandidaten entscheiden. Bei diesem Vorgang spielt die ständige Bewertung und Einschätzung der eigenen Arbeit und der gefundenen Antworten eine wichtige Rolle. Hier drängt sich förmlich die Frage nach dem Bewusstsein eines solchen künstlichen Systems auf; im Kap. 11 werden wir dies ausführlicher diskutieren.

Nun gab es schon einmal einen Paukenschlag im Wettbewerb Computer gegen Mensch, nämlich als das IBM System Deep Blue 1996 gegen den damals amtierenden Schachweltmeister Garry Kasparov unter Wettkampfbedingungen gewann. Dies war eine enorme Leistung und hat das Ansehen der KI-Forschung in der Öffentlichkeit stark erhöht. Vergleicht man nun jedoch die Aufgaben von Deep Blue und Watson, fällt sofort ins Auge, dass es sich bei Schach um ein festes Regelwerk mit einigen wenigen Regeln handelt und die Schwierigkeit in der Größe des Suchraumes, der sich durch die verschiedenen Zugmöglichkeiten ergibt, liegt. Natürlich spielt auch Wissen eine gewisse Rolle, da der Computer verschiedene Eröffnungen und Endspielstrategien kennen muss – all dies ist jedoch unvergleichbar mit der Menge Wissen, die Watson bei Jeopardy! unter sehr engen Zeitbedingungen verarbeiten muss.

In der KI-Forschung gab es zur Hochzeit der Expertensysteme in den 1980-er Jahren das Bonmot „Es ist sehr viel einfacher, einen Professor zu simulieren als einen Kranführer." Damit sollte ausgedrückt werden, dass spezialisiertes Expertenwissen, wie es ein Professor auf einem engen Wissensgebiet hat, sehr viel leichter formalisiert einem Computer zur Verfügung gestellt werden kann als Allgemeinwissen und gesunder Menschenverstand, welche ein Kranführer für seine Arbeit sicherlich benötigt. Im Folgenden soll die Schwierigkeit bei der Behandlung von Allgemeinwissen anhand eines aus dem englischen übersetzten Beispiels aus einer Testsammlung für KI-Systeme erläutert werden: Zusammen mit einer Frage werden zwei Alternativen geboten. Das System muss herausfinden, welches die plausiblere Alternative ist.

Der Mann brach sich den Zeh. Was war der Grund dafür?
Alternative 1: Er hatte ein Loch im Socken.
Alternative 2: Er ließ einen Hammer auf seinen Fuß fallen.

Dem menschlichen Leser ist sofort klar, dass die zweite Alternative plausibel ist, und das, obwohl in dem Satz weder „Zeh" noch „brechen" vorkommen. Man muss wissen, dass Zehen ein Teil des Fußes sind, dass Hammer schwer sind und dass Zehen brechen können, wenn etwas Schweres darauf fällt. All dieses Wissen über recht alltägliche Dinge muss dem Computer zur Verfügung stehen und – was genauso wichtig ist – er muss es als relevant erkennen und aus seiner Wissensbasis auswählen.

Das Watson-System ist ein Beispiel für ein KI-System, das mit sehr großen Wissensmengen umgehen kann und auch dann, wenn das Wissen in verschiedenen Formen präsentiert wird – Texten, Bildern oder formalisierten Wissensbasen. IBM hat für solche Systeme den Begriff Cognitive Computing eingeführt. Dabei sollen Systeme entwickelt werden, die mit Menschen kooperieren, sodass gemeinsam Probleme gelöst werden können, die weder Mensch noch Maschine alleine lösen können. Beispielprojekte finden sich derzeit im Bereich der Medizin, insbesondere der Krebsbekämpfung, in der Finanzwirtschaft und in der Pädagogik. Auf einer Website sind Videos zu finden, auf denen Watson sich mit dem Tennis-Star Serena Williams über Trainingspläne oder mit Bob Dylan über seine Songtexte unterhält. Wenn solche kognitiven Computersysteme mit Menschen zusammenarbeiten sollen, ist es sicherlich auch wichtig zu wissen, wie Menschen Wissen verarbeiten und wie Menschen in vielen Fällen zu beachtlichen Gedächtnisleistungen fähig sind. Nehmen wir nur die Fähigkeit, Gesichter zu erkennen. Wir können oft mit unglaublicher Geschwindigkeit Gesichter wiedererkennen, die wir vor langer Zeit gesehen haben. Genauso schnell sind wir aber auch, wenn es um die Deutung von Gesichtsausdrücken geht. Vermutlich sind solche Gedächtnis- und Deutungsleistungen in einem entwicklungsgeschichtlich sehr alten Teil des Gehirns angesiedelt. Denn schließlich war es für das Überleben wichtig, Freund von Feind auseinanderzuhalten und natürlich auch die Gefühlslage des Gegenübers zu erkennen und zu bewerten.

5.5   Künstliche neuronale Netze

Wir hatten bereits über die kognitive Revolution im Zusammenhang mit den Anfängen der Forschung zur Wissensrepräsentation gesprochen. Die Abkehr von einer rein behavioristischen Sichtweise hatte dazu geführt, dass man sich über den Aufbau des Gedächtnisses Gedanken machte. In diese Zeit fallen auch die ersten Überlegungen zum Vorgang des Lernens, also zum Erwerb von Wissen. Wir haben ja bisher symbolische, logikbasierte Darstellungen von Wissen diskutiert, wobei wir den Erwerb von Wissen, also das Lernen, außer Acht gelassen hatten. Wenn man nun versucht, die Struktur des Gehirns nachzubilden, um in diesem künstlichen Gebilde Wissen darzustellen, können nicht unmittelbar Symbole oder Namen abgelegt werden. Wir sprechen dann von subsymbolischer Repräsentation von Wissen, und wir werden sehen, dass diese Repräsentation sehr eng mit einem Lernvorgang zum Erwerb des Wissens einhergeht.

Belege für die Erforschung des Aufbaus des Gehirns gehen zurück bis ins alte Ägypten, wo bereits Gehirnoperationen zur Behandlung von Krankheiten durchgeführt wurden. Ebenso finden sich über die Jahrtausende zahlreiche Hinweise auf Gehirnforschungen. Erst durch das Mikroskop als Werkzeug der Neurowissenschaften und durch die Benutzung raffinierter Färbetechniken gelang es Ende des 19. Jahrhunderts, einzelne Neuronen und ihre Struktur zu erkennen. Dadurch wurde es möglich, die Hypothese aufzustellen, dass die Neuronen die funktionalen Einheiten des Gehirns sind. So bekamen 1906 Camillo Golgi und Santiage Ramón y Cayal für die Arbeiten, die zu dieser Einsicht führten, den Medizin-Nobelpreis. Gleichzeitig wurde entdeckt, dass Neuronen durch Elektrizität angeregt werden können, und vor allem, dass der elektrische Zustand eines Neurons die benachbarten Neuronen beeinflusst.

Von einer Zelle geht ein länglicher Zellvorsatz, das Axon, aus; die kürzeren Zellvorsätze sind die sogenannten Dendriten. In Abb. 5.2 ist ein einzelnes Neuronen mit seinen Axonen dargestellt. Mithilfe der Axone und Dendriten kann nun eine Zellstruktur, ein neuronales Netz, gebildet werde. Dabei ist eine Zelle mit einer anderen Zelle über sein Axon verbunden. Das Axon verfügt an seinem Ende über eine Verästelung, die sich mit den Dendriten

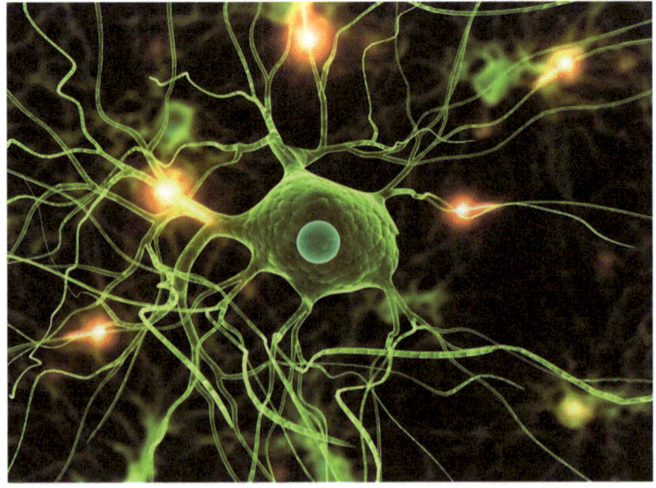

Abb. 5.2   Aktive Nervenzelle. (© Sebastian Kaulitzki/Fotolia)

einer anderen Zelle verbindet. Über die Verbindung kann nun Erregung aus einer Zelle an eine andere weitergeleitet werden. Dabei ist diese Verbindung nicht starr oder fest vorgegeben, vielmehr erfolgt sie über Synapsen, die an den Axonenden und den Dendriten vorhanden sind. Die Signalübertragung an den Synapsen erfolgt nicht direkt, sondern durch chemische Botenstoffe, welche die Erregung weitergeben; dadurch kann diese Verbindung verändert – verstärkt oder auch abgeschwächt – werden. Diese synaptische Plastizität ist Basis für die Änderungen, die ständig in unserem Gehirn vor sich gehen. Wir erinnern uns, wir vergessen, wir lernen; all dies sind Änderungen in der Struktur des Gehirns – dies wollen wir uns im Folgenden genauer ansehen. Wir haben bereits ausgeführt, wie Zellen untereinander in Verbindung stehen. Vereinfacht können wir ein solches neuronales Netzwerk als Grafen, der aus Knoten und ihren Verbindungen untereinander besteht, darstellen. Abb. 5.3 zeigt ein kleines Spielbeispiel. An den roten Knoten liegen Eingabesignale an, die über die gewichteten Kanten weitergeleitet werden.

Die grünen Knoten sind Ausgabeknoten, die schließlich die Ausgabesignale liefern. Zahlen an den Kanten bedeuten, dass die Signale entlang der Kanten mit diesem Faktor multipliziert, also verstärkt oder abgeschwächt, werden. Was passiert nun in den einzelnen Knoten, wenn Signale eintreffen? Die Rechenkapazität eines Knotens ist denkbar einfach: Er sammelt alle eingehenden Signale auf, addiert sie, und wenn sie einen vorgegebenen Schwellwert übersteigen, gibt er das Signal weiter auf der Kante, die ihn verlässt. Nehmen wir den oberen grünen Knoten in Abb. 5.3: Drei Kanten von jeweils einem blauen Knoten erreichen ihn; das Signal des obersten blauen Knoten wird mit 2 multipliziert und zu den Signalen der beiden anderen blauen Knoten addiert. Nehmen wir

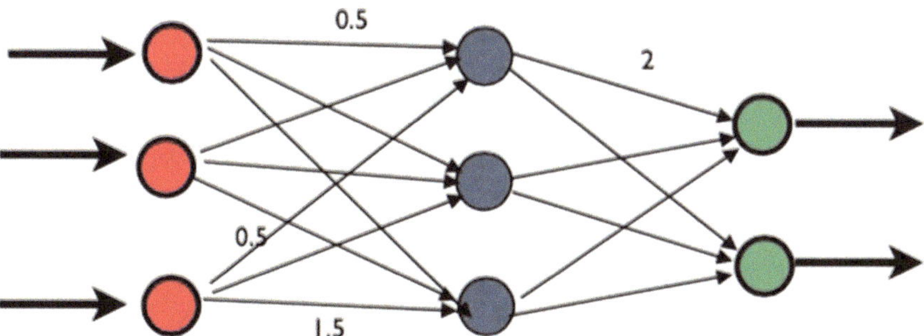

Abb. 5.3 Künstliches neuronales Netz. An den roten Knoten liegen Eingabesignale an, die über die gewichteten Kanten weitergeleitet werden. Die grünen Knoten sind Ausgabeknoten, die schließlich die Ausgabesignale liefern. Zahlen an den Kanten bedeuten, dass die Signale entlang der Kanten mit diesem Faktor multipliziert, also verstärkt oder abgeschwächt, werden

an, jeder der blauen Knoten sendet den Wert 1; dann erhält unser grüner Knoten einmal den verstärkten Wert 2 und zweimal eine 1, also insgesamt das Erregungspotenzial 4. Je nach dem Schwellwert der Knoten wird nun ein Signal des grünen Ausgabeknotens gesendet. Nach diesem Schema passieren also Berechnungen mithilfe eines solchen künstlichen neuronalen Netzes. An den Eingabeknoten liegen numerische Werte an, diese werden gemäß den Gewichten an den ausgehenden Kanten an die Knoten der nächsten Schicht weitergeleitet; in unserem Beispiel sind das die drei blauen Knoten der Mittelschicht. Dort werden die Werte aufsummiert und an die Knoten in der nächsten Schicht weitergeleitet, im Beispiel sind dies die beiden grünen Knoten, die hier auch Ausgabeknoten sind und das Ergebnis liefern. Man kann sich nun vielleicht vorstellen, dass solche Netze dazu verwendet werden können, komplexe Berechnungen auszuführen.

In Abb. 5.5 sind zwei sehr einfache Netze – sie bestehen jeweils nur aus einem einzigen Knoten – angegeben, welche die beiden logischen Verknüpfungen Und und Oder berechnen. Diese Verknüpfungen sind insofern wichtig, da man weiß, dass sie zusammen mit der Negation ausreichen, um beliebig komplexe Boolesche Funktionen, also Funktionen über den Wahrheitswerten 0 und 1, auszuführen – und genau das machen Computer im tiefsten Grunde ihrer Hardware.

Ausgehend von den neuroanatomischen Erkenntnissen, die wir zu Beginn dieses Abschnittes erläutert haben, gab es in den 1940er- und 1950er-Jahren zahlreiche Ansätze, neuronale Netze durch mathematische Modelle ganz im Stil unseres kleinen Beispiels nachzubauen. Besonders gut erforscht und relativ einfach waren die sogenannten Perceptrons. Perceptrons bestehen aus zwei Schichten von Knoten, einer Eingabeschicht, die direkt mit den Knoten der Ausgabeschicht verbunden sind. Im Beispiel der Abb. 5.3 müsste man also die blauen Knoten der Mittelschicht löschen und die roten Eingabeknoten direkt mit den grünen Ausgabeknoten verbinden – man erhält dann das Percepton aus Abb. 5.4. Die beiden Netze in Abb. 5.5 stellen natürlich auch Perceptrons dar, ihr jeweils einziger Eingangsknoten ist zugleich auch Ausgabeknoten.

Nun kann ein solches Netz nicht nur berechnen, es ist auch in der Lage zu lernen. Hierzu kann eine Beobachtung des Psychologen Donald Olding Hebb aus den 1940er-Jahren herangezogen werden, die besagt, dass synaptische Verbindungen zwischen Neuronen verstärkt werden, wenn sie häufig zum Einsatz kommen. Die synaptische Plastizität bildet somit die neurophysiologische Grundlage von Lernen und Gedächtnis. Wir werden im Kap. 9 genauer auf die neurophysiologischen Aspekte eingehen. Hier wollen wir untersuchen, wie Lernen im künstlichen neuronalen Netz vor sich gehen kann.

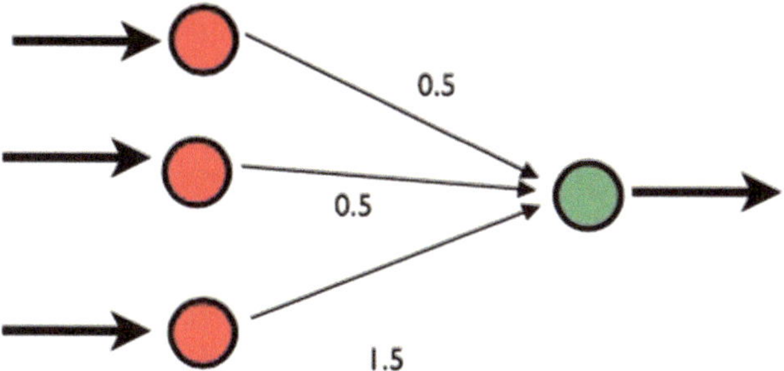

Abb. 5.4 Perceptron mit drei Eingabe- (rot) und einem Ausgabeknoten (grün)

Abb. 5.5 Boolesche Funktionen. Die obere Kante mit dem festen Eingangswert 1 wird als Bias bezeichnet. Mit dem Gewicht an dieser Kante kann der Schwellwert des Neurons modifiziert werden, sodass er bei allen Neuronen gleichmäßig, hier > 0, gesetzt werden kann. Links ein Ein-Neuron-Netz zur Berechnung der Booleschen Funktion Oder. Wenn x oder y den Wert 1 haben, liefert das Neuron den Wert 1, sonst 0. Wenn z. B. $x = 0$ und $y = 1$ ist, erreicht das Neuron den Wert $(1 * -0{,}5) + (1 * 0) + (1 * 1)$, also +0,5. Da $0{,}5 > 0$ gilt, feuert das Neuron und gibt den Wert 1 aus. Rechts ein Ein-Neuron-Netz zur Berechnung der Booleschen Funktion Und. Wenn x und y den Wert 1 haben, liefert das Neuron den Wert 1, sonst 0

Angenommen, das Perceptron in Abb. 5.4 soll lernen, Bilder einer Rose zu erkennen und von anderen Bildern zu unterscheiden, also eine typische Bilderkennungsaufgabe. Ein Bild kann dazu in einzelne Bildpunkte, Pixel, zerlegt werden, sodass jedem Pixel ein Grauwert entspricht. Diese Grauwerte werden nun als numerische Werte an die Eingänge des Perceptrons angelegt. Natürlich benötigt man hierzu deutlich mehr als die drei Eingabeknoten in unserem Spielbeispiel. Wenn nun das Bild einer Rose entspricht, sollte der Ausgabewert des Perceptrons eine 1 sein; ist dies nicht der Fall, verändert man die Gewichte an den Kanten gemäß einer vorgegebenen Regel; ebenso verfährt man, wenn das Bild keine Rose ist, das Perceptron dies aber fälschlicherweise behauptet. Auf diese Weise gibt man dem Perceptron ein Reihe von Lernbeispielen vor, beobachtet das Ergebnis am Ausgabeknoten und modifiziert bei Bedarf die Gewichte. Bei solchen künstlichen neuronalen Netzen handelt es sich ja letztlich um ein mathematisches Modell, das auch mithilfe der Mathematik untersucht werden kann. Man kann genau angeben, unter welchen Umständen ein Perceptron in der Lage ist, einen Klassifizierer (z. B. Rose – oder nicht Rose) zu lernen. Ist der Klassifizierer einmal gelernt, kann das künstliche neuronale Netz wie ein Computerprogramm benutzt werden – es bedarf keiner weiteren Modifikation der Gewichte mehr. Das Wissen um das „Wesen einer Rose" steckt in der Vernetzung und den Gewichten an den Kanten im Perceptron.

Die Idee, durch angeleitetes Lernen Systeme zu entwickeln, die komplexe Aufgaben lösen können, ganz wie es Menschen können, ist offensichtlich faszinierend. Die Anwendungsbereiche sind vielfältig, sie reichen von der Bilderkennung bis hin zur Klassifizierung von Eigenschaften logischer Formeln. Dementsprechend boomte Neuronale-Netz-Forschung ab den 1950er-Jahren. Diese Aufbruchstimmung wurde deutlich durch ein Buch von Marvon Minsky und Semour Papert gebremst; in „Perceptrons: an introduction to computational geometry" [6] untersuchen die Autoren ausführlich Eigenschaften und Grenzen von Perceptrons. Dabei ist ein Ergebnis, dass Perceptrons die Boolesche Funktion xor, also ein exklusives Oder nicht berechnen können. In Abb. 5.5 ist ein Netzwerk zur Berechnung eines Oder angegeben. Bei solch einem Oder muss mindestens einer der beiden Eingabewerte wahr, also 1, sein, damit das Ergebnis auch eine 1 ist. Beim xor muss genau ein Eingabewert 1 sein – nicht beide – damit 1 ausgegeben wird.[1] Um ein exklusives Oder zu berechnen, benötigt man ein Netzwerk, das mindestens einen verdeckten Knoten besitzt. Abb. 5.6 zeigt den Aufbau eines solchen Netzes. Wie im Falle des Perceptrons haben wir zwei Eingabeknoten (im Bild rot) und einen Ausgabeknoten (im Bild grün); darüber hinaus gibt es aber auch den inneren gelben Knoten, der keinen Wert nach außen liefert.

Ein Lernverfahren für ein solches mehrschichtiges Netz zu entwerfen, ist deutlich schwieriger als im Falle des Perceptrons. Wir hatten ja Lernen durch Beobachtung des Fehlers am Ausgang und Modifikation der Gewichte realisiert. Wenn wir dieses Vorgehen auch hier im Falle der mehrschichtigen Netze anwenden wollen, stellen gerade die inneren Knoten ein Problem dar.

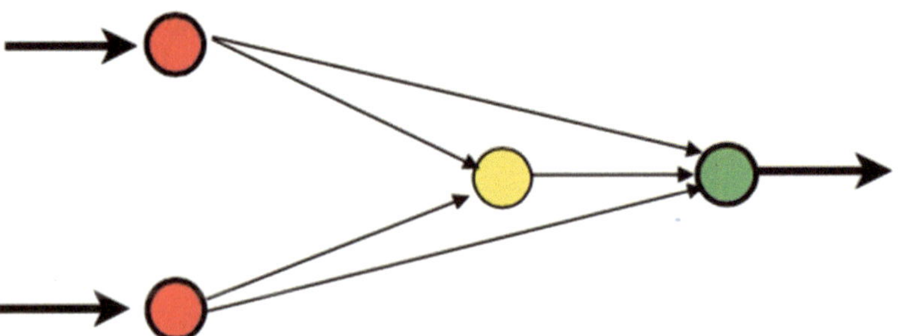

Abb. 5.6 Neuronales Netz mit einem inneren verdeckten Knoten

---

[1]Sehr oft wird in der Umgangssprache Oder benutzt, wenn ein exklusives Oder gemeint ist.

In unserem Beispiel wissen wir ja gar nicht, was die Ausgabe des inneren gelben Knoten sein soll – wir können den Fehler an seinem Ausgang also gar nicht feststellen, um dann die Gewichte seiner eingehenden Kanten zu ändern. Den Fehler können wir nur am Ausgabeknoten beobachten.

Die Situation war damals nach Erscheinen des Buches von Minsky und Papert so, dass man für Perceptrons effiziente Lernverfahren kannte, gleichzeitig aber klar war, dass Perceptrons nicht ausreichen, um bestimmte Klassifikationsprobleme zu lösen. Dieses negative Ergebnis hat die Forschung im Bereich der neuronalen Netze stark gebremst. Erst als in den 1980er-Jahren das sogenannte backpropagation Lernverfahren entwickelt wurde, konnten mehrschichtige neuronale Netze mit Lernfähigkeit entwickelt werden.

Wir werden dieses Konzept später nochmals aufgreifen, wenn wir Sehen und Bildverarbeitung in Kap. 7 diskutieren.

Literatur

1. Chomsky N (1959) Verbal behavior. Language 35:26–58
2. Quillian MR (1967) Word concepts: a theory and simulation of some basic semantic capabilities. Behav Sci 12(5):410–430
3. Klix F (1984) Gedächtnis. Wissensnutzung. VEB Deutscher Verlag der Wiss, Wissen
4. Anderson JR (1996) Act: a simple theory of complex cognition. Am Psychol 51(4):355
5. Wikipedia (2015) Wikidata – Wikipedia, Die freie Enzyklopädie. (Online; Stand 24. Februar 2016)
6. Minsky M, Papert S (1969) Perceptrons. An introduction to computational geometry. MIT Press, Cambridge

6

Mnemotechnik

Zusammenfassung Tricks, wie man sich etwas merkt, gibt es seit der Antike. Bekannt ist die Loci-Methode, d. h. Lerninhalte werden in eine bestimmte Struktur eingeordnet, in einen bestimmten Raum (lat. locus!), einen bestimmten Weg, eine Buchstaben-Nummernabfolge. Das Vergessen von Inhalten kann ebenfalls über Umwege erfolgen. Seit der Aufklärung geht der Trend eher zum Begreifen von Inhalten und weg vom Auswendiglernen. Wir diskutieren in diesem Kapitel verschiedene Mnemotechniken und beschränken uns dabei weitgehend auf Techniken, die Menschen benutzen.

Immanuel Kant, einer der großen deutschen Philosophen der Aufklärung, galt als äußerst pünktlicher Mensch, der sich streng an einen geregelten Tagesablauf hielt. Eine wichtige Rolle spielte dabei sein langjähriger Diener Martin Lampe, der 40 Jahre im Dienste Kants stand. Als Lampe nach solch langer Zeit entlassen wurde, fiel es Kant schwer, sich an seinen neuen Diener zu gewöhnen; Lampe war zu eng mit seinem Tagesablauf verbunden. Überliefert ist eine Notiz von Kant: „Der Name Lampe muss nun völlig vergessen werden." Die Frage stellt sich nun, ob man sich daran erinnern kann, etwas zu vergessen. Ist es sinnvoll, sich eine Notiz zu machen, etwas zu vergessen?

Wir haben uns in den vorangegangen Kapiteln auf das Speichern und auf das Erinnern oder Wiederfinden von Wissen konzentriert. Das Vergessen spielte bislang keine Rolle. Andererseits sind Erinnern und Vergessen zwei geläufige Antonyme – in unseren Zeiten des allgegenwärtigen Internets und der vielfältigen sozialen Plattformen erleben wir, dass es ziemlich schwer ist, Informationen, seien es Fake News oder nur peinliche Bilder, zu löschen, das Internet also zum Vergessen zu bringen. Menschen tun sich da sehr viel leichter. Harald

© Springer Fachmedien Wiesbaden GmbH, ein Teil von Springer Nature 2019
U. Barthelmeß und U. Furbach, *Künstliche Intelligenz aus ungewohnten Perspektiven,*
Die blaue Stunde der Informatik, https://doi.org/10.1007/978-3-658-24570-2_6

Weinrich hat dazu ein wunderbares Buch geschrieben: „Lethe – Kunst und Kritik des Vergessens" [1]. Lethe ist in der griechischen Mythologie die Göttin des Vergessens – ihr Gegenstück ist Mnemosyne, die Göttin der Erinnerung. Lethe ist auch einer der Flüsse in der Unterwelt; wenn man vor dem Eintritt ins Totenreich von seinem Wasser trinkt, kann man sich nicht mehr an sein früheres Leben erinnern. Analog gibt es in der Unterwelt auch den Fluss Mnemosyne, wer aus diesem Fluss trinkt, wird allwissend. Schon in der griechischen Mythologie sind also Erinnern und Vergessen zusammengehörende Gegensätze.

Seit der Antike gibt es zahlreiche Ansätze und Methoden, sich zu erinnern und in bestimmten Situationen gegen das Vergessen anzukämpfen. Eine Episode aus der Antike gibt den Dichter Simonides von Keos als Erfinder der sogenannten Loci-Methode an. Nach dieser Episode[1] wird der damals sehr bekannte Dichter Simonides von dem Faustkämpfer Skopas engagiert, um ein Loblied auf einen von ihm errungenen Sieg zu schreiben. Simonides schreibt diese Verse, aber Kopas ist unzufrieden, da Simonides zwei Drittel des Liedes den sportlichen Zwillingsgöttern Castor und Pollux widmet und nur ein Drittel dem Faustkämpfer. Skopas zahlt dann auch nur ein Drittel des Honorars, den fehlenden Teil solle er sich bei den Göttern holen. Bei dem anschließenden großen Festmahl wird Simonides vor die Türe gerufen, zwei junge Männer möchten ihn sprechen. Als Simonides aus dem Saal tritt, findet er niemanden vor; im selben Augenblick stürzt die Decke des Raumes ein und begräbt alle Teilnehmer des Festmahles unter sich. Alle außer Simonides sind tot, so haben die Götter Castor und Pollux ihre Schuld beim Dichter beglichen. Durch die eingestürzte Decke sind die Leichen bis zur Unkenntlichkeit entstellt, sodass sie nicht mehr identifiziert werden können. Simonides jedoch erinnert sich an die Sitzordnung im Raum und kann so die Toten aufgrund ihrer Lage im Saal identifizieren. Seit dieser Zeit gilt Simonides als Erfinder der Mnemotechnik und insbesondere der Methode, die räumliche Strukturen als Merkhilfe benutzt, die Loci-Methode (lateinisch locus „Ort", „Platz"). Will man sich z. B. eine Rede einprägen, wählt man in Gedanken einen gut bekannten Ort, etwa die eigene Wohnung, und ordnet nun die einzelnen Teile der zu memorierenden Rede den Örtlichkeiten der Wohnung in einer geordneten Folge zu. Um sich zu erinnern, schreitet man dann die Reihenfolge der Örtlichkeiten in der Wohnung ab, wobei die Teile der Rede „abgerufen" werden.

Auch zum Vergessen gibt es eine Episode aus der gleichen Zeit: Der Politiker und Feldherr Themistokles war ein Zeitgenosse von Simonides. Themistokles war bekannt für sein gutes Gedächtnis, angeblich kannte er die Namen aller Bürger Athens. Als Simonides Themistokles anbietet, ihm die Gedächtniskunst

---

[1] Hier erzählt nach [1].

zu lehren, hat dieser geantwortet, dass er keine Gedächtniskunst brauche, er würde lieber lernen, das zu vergessen, was er vergessen möchte.

Damit wären wir auch wieder bei der eingangs erwähnten Notiz von Kant. Gibt es eine Methode, um zu vergessen? Auch hierzu lohnt ein Blick in die Antike, nämlich nach Rom, wo der Dichter Ovid in der Frühphase seines Schaffens über Liebe geschrieben hat. Neben Büchern, in denen er die Kunst der Liebe erläutert, hat er auch als Gegenstück beschrieben, wie man sich bei Liebeskummer verhält, um eine Partnerin zu vergessen. Das Rezept aus [2] ist denkbar einfach; man erinnere sich an möglichst viele negative Aspekte seiner Liebe; zur Not kann man sich diese auch einreden:

> Täusche dein Urtheil selbst; schmal ist die Grenze ja nur.
> Dick, wenn voll sie ist; wenn braun, magst schwarz du sie nennen;
> Bei der Schmächtigen kann Dürre man rechnen zur Schuld.
> Die nicht bäuerisch ist, die kannst leichtfertig du nennen;
> Bäurisch werde genannt Eine, die ehrlich und brav.

Eine andere Technik wird von dem Gedächtniskünstler Solomon Shereshevsky berichtet. Der russische Neuropsychologe Alexander Romanovich Luria hat in einer ausführlichen Studie [3] diesen Fall festgehalten. Shereshevsky war ein Journalist und Gedächtniskünstler, der in den 1920er-Jahren öffentlich auftrat und es zu einiger Berühmtheit brachte. Luria diagnostizierte bei S. eine besonders schwere Form von Synästhesie, beim Hören von Tönen sah er Farben, bei Berührungen fühlte er Geschmäcker, und so waren alle seine Sinne mehr oder weniger miteinander verbunden, und Sinneseindrücke erzeugten Bilder in seiner Vorstellung. Die spektakulären Gedächtnisleistungen waren bei ihm durch diese Bilder möglich, er konnte sich Zahlentabellen, komplizierte mathematische Formeln und sogar Gedichte in einer fremden Sprache merken und demonstrierte dies in seinen Shows. Sein Problem war jedoch nicht das Erinnern, vielmehr gelang es ihm nicht zu vergessen. Zwischen den mehrfachen Auftritten als Gedächtniskünstler, die er an einem Abend absolvierte, musste er die Bilder aus der jeweils vorangegangenen Gedächtnisleistung löschen. Luria beschreibt, dass S. sich dabei vorstellte, dass er einen undurchsichtigen Film über diese Bilder legte und diesen sodann in der Hand zerknüllte und wegwarf. Er ging auch dazu über, Inhalte, die er vergessen wollte, auf Papier zu schreiben und dieses sodann zu verbrennen – das Aufgehen in Rauch sollte ihm helfen, die Inhalte zu vergessen. Erstaunlicherweise zeigte später eine weitaus simplere Methode Wirkung: S. entdeckte, dass er die Bilder unterdrücken konnte, indem er sich einredete, dass er sie nicht mehr sehen wollte. Diese Form der Autosuggestion wirkte, ohne dass Luria eine Erklärung für dieses Phänomen finden konnte.

Über die Jahrhunderte hinweg wurde die Gedächtniskunst, wie sie in der Antike als Loci-Methode beschrieben wurde, weiterentwickelt und angewandt. Dabei rückte die Kunst auch in die Nähe der Magie. Damit ist durchaus eine Art religiöser Magie gemeint, durch die man dem göttlichen Wissen versucht auf die Spur zu kommen. Der Gebrauch von Zahlen und Codes hatte etwas Magisches und wurde auch in der jüdischen Geheimwissenschaft der Kabbala ausführlich genutzt. Der katalanische Philosoph Llulus, dessen Rechenschablone wir schon bei der Behandlung von Wissensrepräsentation in Kap. 5 erwähnt hatten, versuchte durch die magische Kombination von Zahlen Zugang zu göttlichem Wissen zu erhalten. Auch Giordano Bruno hatte sich im 16. Jahrhundert mit der Gedächtniskunst beschäftigt, und als er dazu vor Heinrich III über seine Schrift zur Gedächtniskunst vortragen kann, ist anzunehmen, dass Bruno durchaus den Hang des Königs zur Magie ausgenutzt hat, um ihn von seiner Kunst zu überzeugen [4].

Ebenfalls in der Renaissance wurde Lambert Schenkel mit seiner Schrift „De Memoria" bekannt. Schenkel hatte eine recht traditionelle Loci-Methode angewandt und ist damit durch zahlreiche Länder Mitteleuropas getourt. Descartes hat diese Schrift wohl gekannt, da er sich in seinen Cogitationes privatae (1619–1621) dazu recht abfällig äußert. Er schreibt dort (zitiert nach [1]):

> Als ich die anregenden Dummheiten des Lambert Schenkel las, habe ich mir überlegt, daß ich wohl alles das, was ich je entdeckt habe, mit meiner Vorstellungskraft umfassen könnte, wenn ich nur immer die Sachen auf ihre Ursachen zurückführte (*per reductionem rerum ad causas*). Und wenn diese dann schließlich noch auf eine einzige Ursache zurückgeführt werden, dann wird wohl klar, daß für die Wissenschaften insgesamt überhaupt kein Gedächtnis nötig ist (*patet nulla opus ess memoria ad scientas omens.*)...

In diesem Zitat wird eine radikale Wende deutlich, nämlich weg von der Gedächtniskunst hin zu rationalem Denken, zur Vernunft. Nach dem Motto „Auswendiglernen heißt nicht notwendigerweise wissen" versuchte man eher die Dinge zu begreifen und dann bei Bedarf zu reproduzieren. Es kommt nicht von ungefähr, dass in das Zeitalter der Aufklärung auch der Beginn der formalen Logik fällt; der deutsche Universalgelehrte Gottfried Wilhelm Leibniz hatte schon im 16. Jahrhundert mechanische Rechenmaschinen entworfen. Wir hatten bereits zu Beginn des Buches ausgeführt, dass die Aufklärung als eine Wurzel der KI-Forschung aufgefasst werden kann. An Verfahren, den Wahrheitsgehalt von Aussagen automatisch, mithilfe von formalen Logiken zu entscheiden, arbeiten wir auch heute noch. Im Kap. 5 haben wir ausführlich behandelt, wie in KI-Systemen Wissen gespeichert und verarbeitet wird. Auf das Problem, wie einmal abgespeichertes, memoriertes Wissen wiedergefunden wird, sind wir dort nicht eingegangen. Im Bereich der Informationsverarbeitung ist dies jedoch ein zentrales Thema: Wenn immer wir im Internet eine Suchmaschine wie Google oder Bing benutzen, stellt sich das Problem, die eingegebenen Suchbegriffe in der riesigen Menge von Internetseiten zu finden. Gibt man zum Beispiel das Suchwort „Wissen" in Google ein, liefert diese Suchmaschine in 0,72 s 248 Mio. Ergebnisse, die dann nach einem bestimmten Ranking präsentiert werden. Man kann sich vorstellen, dass hier ausgefeilte Techniken zum Durchforsten des Internets angewendet werden müssen. Hier geht es allerdings weniger um das Wiederfinden von Wissen, um Erinnern, vielmehr werden hierbei einzelne Worte in riesigen Textmengen, die auf den Internetseiten weltweit präsentiert werden, gesucht. Ganz im Gegensatz zu den Prinzipien der Logik und der Aufklärung werden hier einzelne Worte ohne Semantik gesucht und gefunden.

Man könnte meinen, dass das Memorieren von Fakten in Zeiten der überall verfügbaren Computertechnik keine Rolle mehr spielt. Aber auch heute noch gibt es eine rege Gemeinschaft von Gedächtniskünstlern und Gedächtnissportlern, und in der Tat ist auch die Loci-Methode, die wir bei unserem Ausflug in das antike Griechenland kennengelernt hatten, dort sehr beliebt. In Deutschland gibt es eine Gesellschaft für Gedächtnis- und Kreativitätsförderung e. V. (GGK), welche regelmäßig Deutsche Meisterschaften im Gedächtnissport veranstaltet. Darüber hinaus gibt es auch einen Verein MemoryXL, der ebenso Meisterschaften, aber auch Seminare veranstaltet. Auf den Webseiten dieses Vereins schildern erfolgreiche Gedächtnissportler ihre Techniken[2]. So berichtet dort der Gedächtnisweltrekordler Franz-Josef Schumeckers [5], dass er üblicherweise die Routenmethode verwendet: Er merkt sich eine Route mit markanten Punkten zum Beispiel in seiner Wohnung und legt dann die zu merkenden Gegenstände an diesen Punkten ab. Dabei sei es durchaus hilfreich, die Fantasie spielen zu lassen und sich kleine Geschichten dazu auszudenken. Schumeckers beschreibt, wie er sich die Tomaten aus einer langen Einkaufsliste in einer Route merkt: „Die Tomaten als 4. Punkt auf meiner Einkaufsliste verbinde ich mit meinem 4. Routenpunkt, der Treppe. Eine Tomatenlawine rollt die Treppe herab, und ich versuche, ihr entgegen nach oben zu laufen. Eine ganz schön matschige Angelegenheit." Wichtig ist dabei, sich mehrere verschiedene Routen zurechtzulegen, da eine Route nicht sofort nach Benutzung wieder zu verwenden ist. Die Bilder haben sich im Gehirn festgesetzt, sodass man einige Zeit verstreichen lassen muss, um die Route neu zu belegen.

Ähnlich kreativ kann man auch in der Disziplin Namenmerken vorgehen. Boris Nikolai Konrad, 2011 Weltmeister in dieser Disziplin, beschreibt, wie

---

[2] www.memoryxl.de, aufgerufen am 20.02.2018.

er sich zu 201 Gesichtern die Namen innerhalb von 15 min einprägen konnte
[6]. Seine Technik ist dabei, sich den Namen der Person möglichst schnell in
eine bildhafte Vorstellung umzusetzen. Er schreibt dazu

> Sie können sich nun z. B. vorstellen, dass Herr Müller, der vielleicht gerade im
> Anzug vor Ihnen steht und seinen Namen nennt, nun plötzlich einen großen,
> staubenden Mehlsack in eine Mühle trägt – was ein Müller halt eben so tut.
> Beim Einprägen von Vornamen hilft es, wenn Sie sich für die gebräuchlichsten
> Namen ebenfalls Bilder vorstellen, z. B. Gabi mit der Gabel, Frank im Schrank,
> Dieter im Mieder, Andreas mit einer Ananas.

Offensichtlich spielen Bilder und Geschichten um diese Bilder eine wichtige
Rolle in der Mnemotechnik. Was aber nun, wenn es darum geht, sich möglichst
viele Zahlen zu merken? Auch dies ist eine Kategorie im Gedächtnissport –
hören wir wieder auf Spitzensportler in diesem Bereich. Gunther Karsten,
Gedächtnisweltmeister im Jahre 2008, beschreibt, dass er sich Zahlen auch
durch Begriffe oder Objekte merkt. Eine Methode ist dabei, die Ziffern 0 bis
9 durch einen Buchstaben zu codieren. So ist z. B. die 3 ein *m*, da dieses drei
Striche hat, oder die 4 ein *r*, da dies der letzte Buchstabe des Wortes vier ist.
Nun müssen nur noch Begriffe für zweistellige Zahlen gefunden und gemerkt
werden. So wird z. B. die 33 wegen ihrer zwei *m* zum Begriff Mama, die 43
wird durch das *r* und das *m* zum Begriff Rum. Auf diese Weise lernt man eine
sogenannte Master-System-Tabelle, die jeder der 99 zweistelligen Zahlen einen
Begriff zuordnet. Karsten beschreibt nun, dass er, um eine 100-stellige Zahl
zu behalten, sich 50 Begriffe für die 50 Zahlenpaare aus der Master-System-
Tabelle merkt. Dazu dichtet er zu den 50 Begriffen eine kleine Geschichte, die
er sich dann einprägt. Alternativ dazu nutzt er auch bei längeren Zahlenfolgen
mit mehreren hundert Ziffern die Routenmethode. Hier werden dann die
Begriffe aus der Master-System-Tabelle entlang der Route abgelegt.

Eine andere, besonders abstrakte Disziplin ist das Memorieren von Binärzahlen. Hierbei handelt es sich um Folgen von mehreren hundert Nullen und
Einsen, also z. B. 100101000100 . . . Eine solche sehr abstrakte Folge wandelt
die mehrfache Weltmeisterin Cornelia Beddies (751 Nullen und Einsen in
fünf Minuten memoriert) stufenweise in die Routenmethode um: Als Erstes
werden je drei Binärzahlen zu einer zweistelligen Dezimalzahl umgewandelt.
Die ersten drei Stellen obiger Folge, also 100, ergeben die Zahl 4, diese kann
nun wie oben mit der Master-System-Tabelle zu einem Begriff weiterverarbeitet werden. Für 100 kann dies also, wegen dem *r* für 4, ein „Reh" ergeben. Das
Reh kann nun mithilfe der Routenmethode mit den nachfolgenden Bildern
und Begriffen verknüpft werden. Bemerkenswert ist, dass selbst bei dieser sehr
abstrakten Disziplin Menschen dann erfolgreich memorieren können, wenn

es ihnen gelingt, die nahezu bedeutungslosen Folgen mit Semantik zu hinterlegen. Dies können einzelne Geschichten oder auch räumliche Anordnungen sein – in jedem Fall wird ein reichhaltiger Kontext hergestellt. Dass hierbei räumliche Relationen eine wichtige Rolle spielen, ist nicht weiter verwunderlich. So hat sich das menschliche Gehirn im Laufe seiner Entwicklung ständig auf Bewegungen und Abschätzungen im Raum spezialisiert und optimiert. Für das Überleben war es schon immer wichtig, Entfernungen und Bewegungen unseres Gegenübers, sei es Feind oder Jagdbeute, einzuschätzen. Auch in der täglichen Kommunikation mit anderen sind wir es gewohnt, schnell und effizient mit räumlichen Relationen umzugehen. So ist es nicht verwunderlich, dass wir versuchen, diese Fähigkeit auch für nichträumliche Aufgaben wie das Memorieren trickreich einzusetzen. Wir werden später im Kap. 7 anhand der sogenannten Wason-Selektion-Task sehen, dass das menschliche Gehirn auch in anderen abstrakten Aufgaben schlechter abschneidet als bei vergleichbaren Aufgaben, die mehr Kontext aus unserem täglichen Leben enthalten. Wie Erinnern auf einer neuronalen Ebene zu erklären ist, untersuchen wir im Detail in Kap. 9.

6.1 Zusammenfassung

Mnemotechnik als die Kunst, sich große Mengen von Fakten zu merken, wurde bis zurück zur Antike geschildert. Dabei hat sich gezeigt, dass die Loci-Methode eine wichtige, immer wieder erwähnte Technik darstellt. Dieses Memorieren wurde auch in Zusammenhang mit Informationsretrieval-Techniken, wie sie Suchmaschinen im Internet benutzen, gestellt. Ferner haben wir argumentiert, dass die Benutzung von räumlichen Relationen gewinnbringend zum Memorieren eingesetzt werden kann, weil das menschliche Gehirn entwicklungsgeschichtlich sehr gut auf die Bearbeitung räumlicher Aufgaben vorbereitet ist.

Literatur

1. Weinrich H (1997) Lethe – Kunst und Kritik des Vergessens. Beck, München
2. Ovid (1861) Chapter Ovid: Heilmittel der Liebe (Ovids Werke, Fünfter Theil). Wilhelm Engelmann, Leipzig
3. Luria AR (1968) The mind of a mnemonist. Basic Books, New York
4. Ulbrich H-J, Wolfram M (1994) Giordano Bruno: Dominikaner. Gelehrter. Königshausen & Neumann, Ketzer

5. Schumeckers F-J (2011) Grundlagen Gedächtnistraining. http://www.memoryxl. de/gedaechtnistraining/tipps-der-meister/grundlagen-gedaechtnistraining.html. Zugegriffen: 31. Okt. 2018
6. Konrad BN (2011) Namen merken. http://www.memoryxl.de/gedaechtnistraining/ tipps-der-meister/namen-merken.html. Zugegriffen: 31. Okt. 2018

7

Die Kunst des Sehens

Zusammenfassung Wenn wir etwas betrachten, sehen wir mehr als die Informationen, die uns die Augen liefern. Wir – d. h. unser Gehirn – interpretieren diese Informationen und entwickeln Vorstellungen, die wir mit dem Gesehenen verbinden, sind also vorbelastet. Künstler weiten oder verändern den Blick, indem sie gängige Vorstellungen in einen neuen, oft von wissenschaftlichen Erkenntnissen beeinflussten Zusammenhang rücken. Neurobiologen unterteilen den Sehvorgang in Verarbeitungsschritte, die von unten (Reizelemente) und die von oben (kognitive Elemente) kommen. Bei der Bildverarbeitung in der KI lernen Systeme, nach analogen Arbeitsschritten zu verfahren, um eine große Menge an Bildern zu klassifizieren. Beim Deep-Learning werden künstliche Systeme darauf trainiert, mittels riesiger Bilderdatenbanken Objekte zu klassifizieren, um diese auf neuen ungesehenen Bildern zu erkennen.

In „Historia naturalis" [1] berichtet Plinius von einem Wettstreit zwischen Zeuxis und Parrhasios. „Zeuxis malte im Wettstreit mit Parrhasius so naturgetreue Trauben, dass Vögel herbeiflogen, um an ihnen zu picken. Daraufhin stellte Parrhasius seinem Rivalen ein Gemälde vor, auf dem ein leinener Vorhang zu sehen war. Als Zeuxis ungeduldig bat, diesen doch endlich beiseitezuschieben, um das sich vermeintlich dahinter befindliche Bild zu betrachten, hatte Parrhasius den Sieg sicher, da er es geschafft hatte, Zeuxis zu täuschen. Der Vorhang war nämlich gemalt."
Ein Paradebeispiel für ein Trompe-l'Œil!
Diese Anekdote fällt mir ein, wenn ich auf Bilder oder Kunstwerke stoße, die manche Betrachter irritieren: Und das soll Kunst sein? Dies passiert z. B. bei monochromer Malerei oder bei der Begegnung mit einem Objet trouvé (französisch für gefundener Gegenstand), einem Alltagsgegenstand, der wie ein Kunstwerk oder ein

© Springer Fachmedien Wiesbaden GmbH, ein Teil von Springer Nature 2019 **77**
U. Barthelmeß und U. Furbach, *Künstliche Intelligenz aus ungewohnten Perspektiven,*
Die blaue Stunde der Informatik, https://doi.org/10.1007/978-3-658-24570-2_7

Teil davon behandelt wird: Marcel Duchamps' Urinoir war der Vorreiter. Manche Betrachter fühlen sich durch solche Exponate manchmal auf den Arm genommen, betrogen um das, was sie von Kunst erwarten.

Schon als Jugendliche habe ich mich mit meiner Freundin amüsiert, wenn wir in einer Ausstellung über zeitgenössische Kunst auf befremdliche Objekte stießen, die mit dem traditionellen Kunstbegriff wenig zu tun hatten: Alltagsgegenstände, Installationen, Eingepacktes, Spiele mit optischen Effekten, sich bewegende Skulpturen, Geruchskompositionen, Sammlungen von Dingen, die aneinandergereiht wurden, Bewegungsspiele usw. Hin und wieder konnte Verwirrung eintreten: Z. B. lagen da ein Regenschirm, Kleidungsstücke, bedeckt mit Flyern zur Kunstausstellung, daneben ein entwertetes Eintrittsticket! Hm, wir gingen um dieses mutmaßliche Artefakt herum, auf der vergeblichen Suche nach dem Schild, das den Namen des Künstlers und den Titel des Werks verriet. Unsichere Blicke auf andere Museumsbesucher brachten uns nicht weiter. Da hatte wohl jemand nur kurzfristig seine Sachen abgelegt! Draußen fanden wir Spaß daran, mit unserem neuen Blick selbst künstlerisch zu werden bzw. an vielen Orten Kunstwerke zu entdecken, um nicht zu sagen zu komponieren, indem wir unsere Wahrnehmungen neu interpretierten.

Ein Künstler hatte dank seiner Unbefangenheit und möglicherweise in einer Art Zerstreutheit über den Tellerrand des Durchschnittsmenschen hinausgesehen und Dinge vorurteilsfrei neu, das heißt unter einem ungewohnten Aspekt, gesehen und diesen durch seine Gestaltung sichtbar gemacht, uns die Augen geöffnet. Wir hatten also etwas gesehen, das eigentlich da war, das wir aber vielleicht nicht sehen wollten oder konnten und daher zunächst unserem Blick verschlossen blieb.

Wie gelingt es dem Künstler, Unsichtbares sichtbar machen? Wie bewerkstelligt er es, inneren Ausdruck nach außen, geheime Wünsche an die Oberfläche zu bringen? Was bedeutet sehen bzw. die Dinge so sehen, wie sie wirklich sind? Geht das überhaupt? Was passiert, wenn ein Betrachter ein Kunstobjekt auf sich wirken lässt. Eric Kandel hat sich mit diesen Fragen befasst und erkannt: Alles Sehen ist Interpretieren. Wir sehen mit dem Gehirn! Das heißt, es gibt Zusammenhänge zwischen der Entstehung und Wirkung von Kunst mit der Biologie des Gehirns. Im Folgenden gehen wir von der Darstellung Eric Kandels, Kunst und Gehirnforschung zusammen zu betrachten, aus und erläutern dann den Sehvorgang im menschlichen Gehirn und in KI-Systemen.

7.1   Kunst als mentale Gymnastik

Auf der Grundlage der Kognitionspsychologie, der Hirnforschung und der Kenntnisse über das Gedächtnis untersucht Eric Kandel in seinem Werk „Zeitalter der Erkenntnis" [2] visuelle Wahrnehmung, Gefühle und neuronale Reaktionsmuster. Er lässt sich in seiner Argumentation von einem weltweit angesehenen Kunsthistoriker, Ernst Gombrich, leiten, der aufgrund seiner Brücken zu Nachbardisziplinen Kunst unter vielseitigen Aspekten betrachtet hat.

Eine seiner Betrachtungen führt zu der Feststellung, dass sich das Kunstwerk erst im Beobachter vollendet, weil das wahrnehmende Gehirn selbst zur Erfindung des Gesehenen beiträgt. Kandel hält sich an Gombrichs Anschauung von Kunst:

> Kunst ist eine Institution, der wir uns immer dann zuwenden, wenn wir uns schockieren lassen wollen. Dieses Bedürfnis empfinden wir, weil wir spüren, dass ein gelegentlicher heilsamer Schock uns guttut. Sonst würden wir allzu leicht in einen Trott geraten und neuen Herausforderungen, die das Leben uns stellt, nicht mehr gewachsen sein. Die Kunst hat also, anders gesagt, die biologische Funktion einer Probe, eines Trainings in mentaler Gymnastik, das uns hilft, mit dem Unerwarteten umzugehen (zitiert nach [2]).

Damit befindet er sich in bester Nachbarschaft mit Bergsons Lebensphilosophie!

Eric Kandel beobachtet die „mentale Gymnastik" der Künstler zunächst am Beispiel der Wiener Moderne um 1900, zieht Parallelen zu den Erkenntnissen der Tiefenpsychologie Freuds und verweist als Hirnforscher auf Korrelationen mit der Neurologie in der heutigen Zeit.

Erich (später: Eric) Kandel wird in Wien 1929 als zweiter Sohn von Hermann und Charlotte Kandel, Betreibern eines Spielwarengeschäftes, geboren. Nach dem „Anschluss" Österreichs an das Deutsche Reich werden die antisemitischen Ausschreitungen immer bedrohlicher. Erichs Erinnerungen werden durch sie nachhaltig geprägt, was u. a. dazu beiträgt, ihn zu einem Spezialisten für die menschliche Erinnerungsfähigkeit zu machen, wie er in seiner Autobiografie „Auf der Suche nach dem Gedächtnis" [3] schreibt.

Die Familie emigriert in die Vereinigten Staaten, wo Erich als erfolgreicher Schüler einen Studienplatz für Geschichte und Literatur an der Harvard University in Cambridge erhält. Zu seiner wahren Berufung kommt er nur auf Umwegen. Als er mit Psychoanalytikern, die dem Freud-Kreis zugehören, in Kontakt kommt, plant er, Psychoanalytiker zu werden. So schreibt er sich 1952 an der medizinischen Fakultät in New York ein. Nach einiger Zeit wendet er sich aber von der Psychoanalyse wieder ab und der biologischen Grundlagenforschung zu, wobei ihn besonders Aufbau und die Funktion des menschlichen Gehirns faszinieren. Mit dem Ziel, die neurologischen Grundlagen von Freuds Instanzenmodell (Es, Ich und Über-Ich) zu entdecken, schlägt er die Laufbahn eines Neurowissenschaftlers ein.

1963 konnte er nachweisen, dass Nervenzellen lernen können und die Grundlage des Lernens sind. Das heutige Allgemeinwissen, dass sich Wissen und Erfahrungen im Langzeitgedächtnis in Verknüpfungen von Nervenzellen manifestieren, war damals eine bahnbrechende Entdeckung. All dies erforschte Kandel mithilfe von Meeresschnecken, namens Aplysia oder Seehase. Bis zu 75 cm lang können diese Schnecken werden. Sie haben Gehirne mit nur 20.000 Nervenzellen, die jeweils sehr groß sind und mit bloßem Auge betrachtet werden können. Kandel reizte diese Nervenzellen mit elektrischen Impulsen und sah, dass oft gereizte Leitungsbahnen sich durch neue Verknüpfungen ausbauten. So verhält es sich auch in unserm Gehirn: Wählen wir eine Telefonnummer sehr oft, so lernen wir sie mit der Zeit auswendig. Die Zahlen manifestieren sich in bestimmten Verknüpfungen der Nervenzellen. Ansonsten vergessen wir sie.

Im Jahre 2000 erhielt er zusammen mit dem Schweden Arvid Carlsson und dem Amerikaner Paul Greengard für die Entdeckung eines speziellen Proteins den Nobelpreis. Es ermöglicht, eine Erinnerung im Langzeitgedächtnis zu speichern. Dank Kandel weiß man, dass unser Gehirn formbar ist, negative Erfahrungen durch positive „überschrieben", Traumata überwunden werden können, denn das Gehirn ändert seine Anatomie, indem es neue Synapsen wachsen lässt. Mit verschiedenen bildgebenden Methoden kann man Änderungen im Gehirn von Patienten nachweisen, die psychotherapeutisch behandelt werden.

Die Entwicklung der modernen, neurobiologisch fundierten Wissenschaft des menschlichen Geistes dokumentiert er u. a. in seiner oben genannten Autobiografie, die später auch verfilmt wurde.

Sechs Jahre danach schlägt er in seinem Buch „Das Zeitalter der Erkenntnis" [2] eine Brücke zwischen Geist und Biologie, indem er die Disziplinen bzw. deren Themen und Fragestellungen seiner früheren Studien wieder aufgreift und in einer Synthese zusammenführt.

Kandel wählt für seine Studie zum Zusammenhang von Kunst und Gehirn das Wien der Jahrhundertwende. Künstler und Wissenschaftler konnten sich an der Universität, in den Cafés und Salons austauschen und gegenseitig beeinflussen. Die „vorübergehende Kulturhauptstadt" Europas bot ihnen ein ungewöhnliches Ausmaß an Toleranz und Offenheit und ermöglichte einen fruchtbaren Dialog zwischen den einzelnen Disziplinen.

7.2   Interaktion von Kunst und Wissenschaft

Einfluss biologischer und evolutionstheoretischer Erkenntnisse   Kandels besondere Aufmerksamkeit gilt der Porträtmalerei von Klimt, Kokoschka und Schiele, die von der wissenschaftlichen Forschung, den Erkenntnissen in der Biologie und der Psychoanalyse stark beeinflusst wurden. Eine Parallele dazu sieht er in der Renaissance, deren Künstler von den Kenntnissen über die menschliche Anatomie profitierten. Es gelang ihnen, eine verblüffend plastische Nachbildung menschlicher Körper zu schaffen, die auf der Leinwand zum Leben erweckt schienen. Die Gabe, die dreidimensionale Welt auf eine zweidimensionale Fläche zu bannen und dabei der Wahrheit so nahe wie möglich zu kommen, dominierte auch in der Folgezeit die Kunstszene, verlor aber an Bedeutung, als eine scheinbar überlegene Konkurrenz auf den Plan trat: die Kamera. Der Blick des Künstlers wandte sich ab von der äußeren Welt und wanderte zur inneren, zum „multidimensionalen inneren Selbst und zum Unbewussten", einem Bereich, der auch im Zentrum der biologischen, evolutionstheoretischen und psychologischen Forschung jener Zeit stand. Die Regeln der traditionellen Malerei verloren ihre Gültigkeit. Die äußere Ähnlichkeit eines Objekts mit dem Gemalten stand nicht mehr im Vordergrund. Neue Akzente wurden gesetzt, neue Aspekte und Dimensionen des Menschen zum Ausdruck gebracht.

So verzichtet Klimt in seinem flächigen Gemälde „Adele Bloch" auf Dreidimensionalität (Abb. 7.1). Hinzu kommen die ornamentalischen und exotischen Muster auf Adeles Kleid, die bei näherer Betrachtung erkennen lassen, dass sie nicht nur einfach dekorativ sind, sondern Symbole männlicher und weiblicher Zellen darstellen: rechteckige Spermien und ovoide Eizellen. Klimt,

Abb. 7.1 Gustav Klimt: Adele Bloch-Bauer I. (© Fine Art Images/Heritage Images/picture-alliance)

stark beeinflusst von Darwin, war fasziniert von der Struktur der Zelle. Die verführerische Ausstrahlung der Figur wird so in Verbindung mit ihrer Fortpflanzungsfähigkeit gebracht.

Einen Hinweis auf biologische Zeugnisprozesse findet man auf dem Bild „Danaë". Danaë, die Prinzessin von Argos, ist von ihrem Vater in einen Turm gesperrt worden, weil ihm von einem Orakel verhießen war, dass sein Enkel ihn töten wird. Zeus, der sie begehrte, verwandelte sich in einen goldenen Regen, um sich ihr zu nähern. Auf dem Bild sieht man eine in embryonaler Position liegende, in sich versunkene Frau, auf der linken Seite symbolisieren goldene Regentropfen Zeus' Sperma, auf der rechten Seite verweisen frühe embryonale Formen auf die Empfängnis.

Einfluss der Psychoanalyse Freuds   Doch nicht nur die biologischen und evolutionstheorischen Erkenntnisse revolutionierten die Welt der Jahrhundertwende. Die Wiener Medizinische Schule enthüllte sensationelle Zusammenhänge zwischen Geist, Gehirn und dem Unbewussten. Man erkannte, dass alle geistigen Prozesse eine biologische Grundlage im Gehirn besitzen und Geisteskrankheiten biologischer Natur sind, ein Großteil menschlichen Verhaltens irrational ist und auf unbewussten geistigen Vorgängen beruht. Die letztgenannte Beobachtung war insbesondere Untersuchungsgegenstand von Sigmund Freud, der zunächst versuchte das Geistesleben mithilfe von grundlegenden neurobiologischen Begriffen zu beschreiben, um dann unabhängig von der Biologie eine neue Psychologie des Geistes zu entwickeln. Dieser Wechsel ist vor allem auf die Entdeckung seines älteren Kollegen Josef Breuer zurückzuführen, dass unbewusste geistige Konflikte psychiatrische Symptome hervorrufen können und dass diese Symptome geheilt oder gelindert werden können, wenn deren unbewusste Ursache den Patienten bewusst gemacht wird. Dies erfolgt zum Teil mithilfe der Hypnose oder der „Redekur", wie Anna O., eine berühmte Patientin Breuers, die an Hysterie litt, sich ausdrückte. Da die Hypnose zwar unbewusste Gefühle zutage förderte, der Patient sich aber beim Erwachen daran nicht mehr erinnern konnte, entwickelte Freud ein Verfahren, um die Verdrängung, die schmerzhafte Erinnerungen (oft sexueller Missbrauch) abdrängte, zu überwinden, nämlich das Verfahren der freien Assoziation bzw. die Traumanalyse in der psychoanalytischen Therapie. Freud erkannte eine Korrelation zwischen beobachtbarem Verhalten (z. B. Symptome), Psychoanalyse (mentale Repräsentation bewusster und unbewusster geistiger Prozesse) und Gehirn (Hirnmechanismen bewusster und unbewusster geistiger Prozesse), verzichtete aber auf eine Vernetzung aller drei Bereiche in seiner Forschungsarbeit, um sich ganz den psychischen Prozessen zwischen Ich (direkter Kontakt zu Außenwelt), dem Es (Sitz der vom Lustprinzip bestimmten instinktiven Triebe) und dem Über-Ich (unbewusste Instanz der moralischen Werte) zu widmen. Künstler wie Arthur Schnitzler, Gustav Klimt, Oskar Kokoschka und Egon Schiele, die Freuds Konzept kannten, suchten ebenso wie er nach den Vorgängen unter der sozialen Oberfläche menschlichen Verhaltens. Kandel räumt trotz seiner Wertschätzung für Freuds Pionierarbeit gewisse Unzulänglichkeiten ein: Er habe erst spät den Todestrieb (Thanatos) als eigenständigen, dem Eros gleichgestellten Trieb angesehen und sei bezüglich der Sexualität von Frauen äußerst ignorant gewesen.

Im Gegensatz zu Freud, der klitorale Stimulation als regressiv und unreif einschätzte, betont Klimt in seinen Zeichnungen das erotische Selbstbewusstsein von Frauen, die sich selbst befriedigen. Während in früheren Werken mit ähnlichen Motiven die Frauen den Betrachter ansehen, um sie in das gemeinsame sexuelle Erlebnis einzubeziehen, als ob sie der männlichen Ergänzung bedürften, sind die Frauen bei Klimt ganz in sich selbst vertieft und verzichten auf Blickkontakt mit dem Betrachter, der so zum passiven Beobachter eines privaten Aktes wird. Nicht nur die Sexualität der Frauen hat Klimt in den Mittelpunkt seiner Arbeiten gestellt, Aggression, Tod und unbewusste Triebe gehören außerdem zu seinen Themen, mit denen sich auch seine Nachfolger Kokoschka und Schiele, wenn auch auf jeweils ganz eigene Art und Weise, auseinandergesetzt haben.

Kokoschka beschrieb sich selbst als psychologischen „Büchsenöffner". Wie Klimt war er von Biologie und Psychoanalyse beeinflusst, hinzu kam die Entdeckung der Röntgenstrahlen, die eine vollendete anatomische Innensicht des Körpers versprachen. Nicht nur die Innensicht der Modelle, auch der Blick des Malers und dessen Emotionen sollten zur Sprache kommen, womit er sich von dekorativen Darstellungsweisen vollständig ab- und dem Expressionismus zuwandte. Kratzer, Daumenabdrücke, unnatürliche Farben, Übertreibung in Form und Farbe, Elemente primitiver Kunst und der Karikatur kennzeichnen seine Malerei, die sich auf Porträts konzentrierte, da diese seiner Meinung nach die Psyche des Modells und die des Malers am besten enthüllen. Dabei wurden auch Gesten als Ausdrucksmittel eingesetzt, die zum Teil mehr verraten als die Gesichtszüge. Schonungslos enthüllte er auch sein eigenes Inneres, wie sein berühmtes, von Radikalität zeugendes Selbstporträt auf dem Plakat, das er 1911 für das Kunstmagazin „Der Sturm" entwarf, zeigt.

An die Stelle des durch Gesten visualisierten tiefenpsychologischen Ausdrucks tritt bei Egon Schiele der des gesamten Körpers. Sein von Existenzangst dominiertes Seelenleben, seine sexuelle Verzweiflung, sein Schwanken zwischen Leidenschaft, Ekstase, Furcht und Entsetzen agiert er in ungewöhnlichen, theatralischen Posen, ja Verrenkungen, aus, die er vor dem Spiegel einstudiert hat. Oft stellt er sexuelle Handlungen an sich selbst oder mit anderen dar. Die stilistischen Merkmale seiner Bilder sind, abgesehen von unheimlichen Verzerrungen und Vergrößerungen einzelner Körperteile (überwiegend Augen und Hände), die düsteren, manchmal gespenstischen Farbtöne sowie die durchgängige Linienführung, eine verfeinerte Form des „blinden Konturenzeichnens", das von Rodin entwickelt wurde. Die expressionistische Ära in Wien geht mit dem frühen Tod Schieles, er starb mit 28 Jahren an einer Lungenentzündung, zu Ende.

7.3 Der Betrachter im Fokus der Kunstgeschichte

Die Einflussnahme der wissenschaftlichen Erkenntnisse in den Bereichen der Biologie und der Psychologie auf die damalige Kunstwelt ist offensichtlich. Dennoch gelang es keinem der Künstler und Wissenschaftler, die ja miteinander kommunizierten, die Korrelationen zwischen Kunst und Wissenschaft als solche zu erkennen. Auch wurde, so Kandel, dieses Phänomen nicht für eine Entwicklung der Kognitionspsychologie fruchtbar gemacht. Erst später sollten die Reaktionen der Betrachter von Kunst und die biologischen Grundlagen unbewusster Gefühle Gegenstand der Forschung werden. Diese setzte in Wien im Jahre 1930 ein und sollte bis heute fortdauern.

Freuds Versuch, einen Dialog zwischen Kunst und Psychologie zu erstellen, war zwar umstritten, gab aber der Wiener Schule der Kunstgeschichte den Anstoß, ein Konzept zu entwickeln, das den Betrachter eines Kunstwerks ins Zentrum stellt. „Die Hineinziehung des betrachtenden Subjekts" erforderte eine Erforschung der visuellen Wahrnehmung und der emotionalen Reaktion. So entstand die Grundlage für eine ganzheitliche kognitive Psychologie der Kunst.

Komplexe Lebenserfahrungen und Konflikte beeinflussen das Entstehen von Bildern, was u. a. auch dazu führt, dass diese mehrdeutig sind. Die Mehrdeutigkeit des Bildes löst, so Kandel, sowohl einen bewussten als auch einen unbewussten Prozess des Wiedererkennens beim Betrachter aus. Dieser durchlaufe demnach zwei Erkenntnisprozesse: den der Einfühlung, um sich in einem Gemälde zu verlieren, und den der Abstraktion, indem er sich von seinem Alltagsleben entfernt, um der Symbolsprache der Formen und Farben zu folgen. Zwei grundlegend neue Vorstellungen durch die Gestaltpsychologie ergänzen diesen Ansatz, nämlich dass das Ganze mehr ist als die Summe seiner Teile und dass unsere Fähigkeit, diese Beziehungen zu erkennen – sensorische Informationen ganzheitlich auszuwerten und ihnen eine Bedeutung zuzuweisen –, großenteils angeboren ist. Wenn wir einen Schwarm Gänse sehen, nehmen wir diese als Einheit wahr und nicht als individuelle Vögel.

Die wichtigen angeborenen Prinzipien der Gestaltpsychologie sind auf die unteren Ebenen der visuellen Wahrnehmung anzuwenden, also auf die Bottom-up-Verarbeitung visueller Reize. Die auf einer höheren Ebene erfolgende Top-down-Wahrnehmung berücksichtigt auch erlerntes Wissen, das Prüfen von Hypothesen sowie Ziele, die nicht von vornherein in das Entwicklungsprogramm des Gehirns integriert sind. Die perzeptuelle Nachbildung eines Bildes durch das Gehirn ist zweigeteilt – in die Projektion, welche die unbewussten, automatischen Regeln reflektiert, die im Gehirn verdrahtet sind und unser Sehen steuern, und die Schlussfolgerung oder unser Wissen, das teilweise auf Schlussfolgerungen beruht und sowohl bewusst als auch unbewusst sein kann [2]. Es besteht also eine erstaunliche Parallelität zwischen der Kreativität wissenschaftlicher Prozesse und der folgernden kreativen Erzeugung von Modellen durch Künstler und die Rezipienten der Kunst. Die Beeinflussung des Betrachters durch einen Top-down-Prozess zeigt, dass es kein „unschuldiges Auge" gibt. Wenn wir sehen, klassifizieren wir Konzepte und interpretieren visuelle Informationen. Würde sich das Gehirn nur auf die Informationen stützen, die es von den Augen erhält, wäre Sehen unmöglich. Der Zugang zur Welt ist daher nur eine Illusion des Gehirns.

Wie geschieht das im Einzelnen? Wie kann das Sehen in einem künstlichen System modelliert werden?

7.4   Bilder im Gehirn und in der KI

Über neuronale Netzwerke und ihre Modellierung in der KI hatten wir ausführlich unter dem Aspekt der Wissensverarbeitung und des Lernens gesprochen. Hier wollen wir uns auf die Verarbeitung visueller Informationen konzentrieren. Wir beginnen dabei mit der Neurobiologie des Sehens, wenden uns dann der Technik in KI-Systemen zu, um schließlich wieder zu der erstaunlichen Leistungsfähigkeit des menschlichen Gehirns zurückzukehren.

Neurobiologische Aspekte der Perzeption   Nehmen wir ein Bild, das betrachtet wird: Dieses Bild strahlt Lichtphotonen aus, die auf die Netzhaut des Auges treffen. Dort befinden sich spezialisierte Nervenzellen, die Fotorezeptoren, die auf Farbe, Intensität und Ort der Lichtquelle reagieren. Hier werden zwei verschiedene Typen von Rezeptoren unterschieden, nämlich Zapfen und Stäbchen. Zapfen sind empfindlich für Kontraste und Farben. Sie sind bei heller Beleuchtung aktiv und können feine Einzelheiten wahrnehmen; sie befinden sich im Zentrum der Netzhaut in großer Dichte und sind für die visuelle Unterscheidung von Gesichtern, Objekten und Farben äußerst relevant. Kandel argumentiert, dass das Farbsehen sehr subjektiv und darüber hinaus sehr eng mit den Gefühlen eines Betrachters gekoppelt ist. Dies könnte einer der Gründe dafür sein, dass ein Gemälde von verschiedenen Betrachtern auf unterschiedliche Weise aufgenommen werden kann. Stäbchenzellen sind vermehrt in den äußeren Regionen der Netzhaut angesiedelt; sie sind sehr lichtempfindlich und damit für das Nachtsehen spezialisiert. Sie sind auch für das Erfassen von ganzheitlichen Elementen eines Bildes zuständig. Kandel veranschaulicht dies sehr schön am Beispiel von Leonardo da Vincis Mona Lisa. Dieses Gemälde gilt gemeinhin als Beispiel für Mehrdeutigkeit in der Malerei: Das Gesicht erscheint manchmal lächelnd und strahlend, im nächsten Augenblick wieder wehmütig und traurig. Eine Erklärung für diese wechselnde Wahrnehmung könnte sein, dass es auf die Art der Betrachtung ankommt. Blickt man direkt auf den Mund, nimmt man diese Gesichtspartie hauptsächlich durch die Zapfen in der Netzhaut wahr; diese fokussieren auf die Details der Mundpartie, wodurch kein Lächeln sichtbar wird. Blickt man dagegen auf Mona Lisas Wangen oder Haare, wird die Mundregion durch die Stäbchen in der Außenregion der Netzhaut erfasst, welche die Einzelheiten nicht erkennen können, dafür aber eine ganzheitliche Analyse ermöglichen. Diese bringt das Lächeln zum Vorschein.

Wie werden nun die Informationen, die durch Stäbchen und Zapfen gewonnen werden, weitergeleitet? Wir haben im Kap. 5 über Wissensrepräsentation beschrieben, wie Informationen innerhalb eines Netzwerks von Nervenzellen übertragen werden. Genauso erfolgt nun die Übermittlung von Bildinformationen an die weiteren Teile des Gehirns durch sogenannte Ganglienzellen. Die Axone aller Ganglienzellen gruppieren sich zum Sehnerv, der den Augapfel verlässt und die Informationen in das Gehirn, genauer, in den seitlichen Kniehöcker, der ein Teil des Thalamus ist, transportiert. Von dort werden sie weiter in den visuellen Cortex geleitet. Hierbei geschieht nun bereits ein wichtiger Verarbeitungsschritt: Das Bild wird nicht einfach reproduziert, vielmehr werden einzelne Linien aus dem Bild extrahiert. Diese Linien können durch starken Kontrastwechsel, also durch die Grenze zwischen hellen und dunklen Bildbereichen, erkannt werden. Aber auch die Orientierung der Linien wird erfasst, wodurch dann einzelne Regionen identifiziert werden können. Hier findet auch eine Vervollständigung von Linien statt, was bei der Objekterkennung sehr hilfreich sein kann, nämlich wenn Objekte teilweise durch andere verdeckt werden.

In einer weiteren Verarbeitungsebene werden nun die einzelnen Linien des Bildes zu Objekten zusammengesetzt. Dabei werden die Objekte vom Hintergrund des Bildes getrennt. Wenn man sich eine komplexe Szene vorstellt, kann man durchaus erahnen, wie aufwendig diese Prozesse werden können – eine

Vielzahl von Linien müssen erkannt, zu Konturen zusammengefügt werden, und schließlich die einzelnen Objekte identifiziert und vom Rest des Bildes isoliert werden. Dieser bisher beschriebene Teil des Sehvorganges geschieht durch die oben bereits erwähnten Bottom-up-Prozesse; Verarbeitungsschritte, die also von unten her, von den einzelnen Bildpunkten kommend, sich bis zur Objekterkennung erstrecken. Dieser Teil der Bildverarbeitung läuft unbewusst ab, wir können diese Verarbeitungsschritte nicht willentlich beobachten oder beeinflussen.

Der weitere Teil des Sehvorganges beruht nun auf Erinnerungen, Wissen und auf Schlussfolgerungen; dies kann unbewusst oder auch bewusst geschehen. Die einzelnen Objekte, die das Resultat der Bottom-up-Bearbeitung sind, werden jetzt im Top-down-Prozess klassifiziert, untereinander in Beziehung gesetzt und mit unseren Erinnerungen verknüpft. Wir erkennen z. B. eine Katze auf dem Bild und können sie sehr gut vom Hund unterscheiden, der sich womöglich in der gleichen Szene befindet.

Bevor wir zur besonderen Bedeutung von Gesichtserkennung in dieser Ebene des Sehvorganges kommen, soll nun das Vorgehen von KI-Systemen geschildert werden. Bildverarbeitung ist eines der Gebiete, das von jeher als zentrale Fragestellung in der KI-Forschung erachtet wurde. Das Vorgehen war traditionell von den Erkenntnissen der Biologie und der Neuroanatomie geleitet; man folgte dem Bottom-up-Prozess, wie er oben beschrieben wurde. Dabei sind die einzelnen Schritte, wie z. B. Linien- und Konturenerkennung durch Algorithmen, die komplexe mathematische Verfahren benutzten, implementiert worden. Bilder, die durch ein KI-System verarbeitet werden sollen, sind als ein Raster von Zahlwerten gegeben. Diese Zahlen drücken Grau- bzw. Farbwerte und Helligkeit aus. So können z. B. die Kanten in einem Bild durch eine mathematische Operation auf diesen Zahlwerten, dem Laplace-Filter, ermittelt werden.[1] Auf solche traditionellen Verfahren der Bildverarbeitung wollen wir hier nicht weiter eingehen; vielmehr schildern wir das Vorgehen mithilfe des sogenannten Deep Learnings.

Bildverarbeitung in der KI Künstliche neuronale Netze, die aus mehreren Schichten von Neuronen bestehen, hatten wir schon im Kapitel über Repräsentation und Reasoning (Kap. 5) kennengelernt. Dabei hatten wir betont, dass die inneren Schichten eines solchen Netzes für das Verarbeiten von Signalen und besonders für den Lernvorgang ausgesprochen wichtig sind, aber andererseits auch die Verfahren sehr aufwendig machen. In den letzten Jahren haben sich Hard- und Software immens weiterentwickelt, sodass mittlerweile Netze mit

---

[1] Hierbei wird das Bild gefiltert, indem die zweite Ableitung der Helligkeitsfunktion berechnet wird und sodann die Nulldurchgänge dieser Ableitung als Kanten aufgefasst werden.

mehreren inneren Schichten von Neuronen effizient trainiert werden können. Das AlphaGo-System (vgl. Kap. 2) benutzt zwei verschiedene Netze mit jeweils dreizehn Schichten von Neuronen. Inzwischen können solche Netze Bilder besser als Menschen klassifizieren. In einem bahnbrechenden Aufsatz zu diesem Thema [4] beschreiben die Autoren ihr neuronales Netz als ein Netz, bestehend aus fünf konvolutorischen Schichten (die wir gleich erläutern werden) und drei konventionellen Schichten, die sich aus insgesamt 650.000 Neuronen zusammensetzen. Die Aufgabe für dieses Netz bestand nun darin, aus Imagenet[2], einer Bilddatenbank, die derzeit ca. 14 Mio. Bilder enthält, Objekte zu klassifizieren. Die Bilder in Imagenet sind bereits klassifiziert, sodass sich sehr gut überprüfen lässt, wie korrekt ein künstliches System gelernt hat, die Objekte auf den Bildern zu erkennen. Die Autoren haben ihr System mit 1,2 Mio. Bildern trainiert, genauso wie wir dies in Kap. 5 beschrieben haben. Dieser Trainingsvorgang dauerte ganze sechs Tage; anschließend konnte mit Bildern, die das System während des Trainings nicht gesehen hatte, das Gelernte überprüft werden. Das neuronale Netzwerk hatte dabei eine Fehlerrate von 17 % erreicht[3]. Die Entwicklung ist seit der Veröffentlichung dieser Ergebnisse rasant weitergegangen: Mittlerweile erreichen Deep Learning Systeme bereits Fehlerraten unter 5 % und sind damit erfolgreicher bei der Klassifikation von Imagenet-Bildern als Menschen.

Weiter oben hatten wir die sogenannten konvolutorischen Schichten des neuronalen Netzes angesprochen. Man kann sich eine solche Schicht als ein kleines Fenster vorstellen, welches über das Bild wandert. Das Bild ist ja als ein Raster aus Zahlenwerten für die Grau- oder Farbwerte gegeben, und nun werden alle Werte in diesem Fenster zu einem einzelnen Wert verrechnet. Wenn nun dieses Fenster über das gesamte Bild geschoben wird und jeweils die Werte zusammenfasst, bekommt man eine Art komprimierte Version des Bildes. Die Art der zusammenfassenden Berechnung eines solchen konvolutorischen Fensters ist nicht fix vorgegeben, sondern wird im gesamten Lernvorgang des neuronalen Netzes mit modifiziert und gelernt. Dabei hat sich gezeigt, dass durch eine konvolutorische Schicht bestimmte Aspekte eines Bildes gelernt werden können; diese gleichen genau den Aspekten des Bottom-up-Prozesses des Sehens beim Menschen, nämlich Linien verschiedener Orientierung oder einzelnen Regionen, die dann zum Beispiel charakteristisch für ein Gesicht sind. Diesen Vorgang nennt man Feature-Extraktion.

Er ist deshalb besonders interessant, weil man üblicherweise beim Lernen mit neuronalen Netzen nichts über das Gelernte weiß: Das System kann zwar

---

[2]http://www.image-net.org aufgerufen am 13.08.2017.
[3]Jedes Bild hat bei Imagenet fünf wahrscheinliche Klassifikationen. Wenn das Bild beispielsweise einen Leoparden zeigt, sind auch Schneeleopard und Jaguar mögliche Klassifikationen. Die Fehlerrate gibt an, wie viele der Bilder mit einer Klasse erkannt wurden, die nicht unter den fünf enthalten war.

ein Objekt nach dem Training mit einer gewissen Fehlerrate erkennen, aber was in den neuronalen Verbindungen gespeichert wurde, ist einer symbolischen Interpretation durch den Menschen nicht zugänglich. Das gelernte Wissen ist verteilt über die Gewichte im gesamten Netzwerk. Durch die konvolutorischen Deep-Learning-Netze kann man nun erstmals in bestimmten Schichten des Netzes einzelne Aspekte, Features, des Bildes erkennen und grafisch darstellen. Bislang gelingt eine solche Identifikation von erlerntem Wissen nur bei Bildverarbeitungsproblemen, aber natürlich ist die Hoffnung groß, dieses Vorgehen auch auf andere Lern- und Klassifizierungsprobleme anwenden zu können.

Wir haben die tiefen neuronalen Netze bisher als äußerst mächtiges Werkzeug zur Bildverarbeitung kennengelernt, aber ihr Siegeszug reicht auch in viele andere Gebiete. Beim Verstehen von gesprochener Sprache, wenn wir also mit unserem Smartphone oder unserem Smart-Home-Device von Amazon oder Google sprechen, spielen Lernverfahren mit neuronalen Netzen eine zentrale Rolle. Das Übersetzen von beliebigen Sprachen in eine andere ist heute über das Internet kostenfrei möglich, auch hier wieder dank neuronaler Netze. Im Kap. 12 werden wir Sprachübersetzung genauer behandeln.

Es scheint also, als sei Deep Learning mit neuronalen Netzen ein sehr universell einsetzbares Werkzeug mit großer Wirkung. Allerdings gibt es da einen kleinen Wermutstropfen: Kehren wir zurück zur Bildverarbeitung; da sprachen wir bei der Klassifikation von Imagenet-Bildern von Erfolgsraten, die den Menschen übertreffen. Anders als beim Menschen kann jedoch die Klassifikation von Deep-Learning-Netzen recht leicht ausgetrickst werden, wie Ahn Nguen mit seinen Co-Autoren kürzlich eindrucksvoll demonstriert hat [5]. Anstatt Bilder aus einer Bilddatenbank dem System zur Klassifikation zu geben, wurden jetzt eigene künstlich erzeugte Bilder klassifiziert. Dazu wurden mit sogenannten genetischen Algorithmen mehr oder weniger zufällige Bilder als Muster von Punkten generiert. Diese Bilder wurden dann dem neuronalen Netz zur Klassifikation vorgelegt. Danach wurden die Bilder mit dem besten Klassifikationswert für irgendein Objekt ausgewählt. Ähnlich wie das die Evolution nach Darwin tut, werden nun aus vorhandenen Bildern neue erzeugt und auch zufällige Veränderungen (Mutationen) vorgenommen. Diese neuen Bilder werden nun wieder klassifiziert und der Vorgang wird so oft wiederholt, bis schließlich Bilder entstanden sind, die mit über 99 % Genauigkeit klassifiziert wurden. In Abb. 7.2 sind einige Beispiele künstlich erzeugter Bilder, die allesamt genau klassifiziert wurden. Man spricht hier von „false positive results"; sehr eindrucksvoll ist dabei das Bild eines Schulbusses (die in den USA meist schwarz und gelb sind) oder eines Monarchen. Natürlich gibt es auch erzeugte

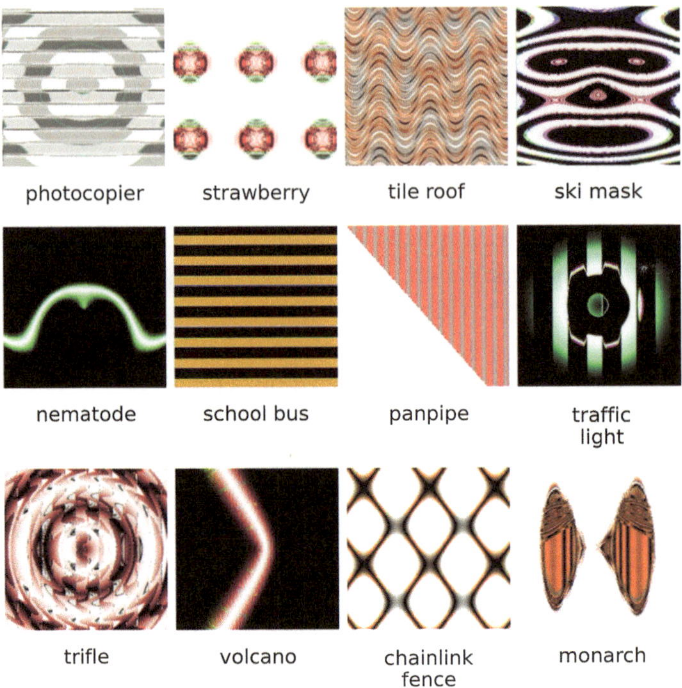

Abb. 7.2 False positives aus [5]

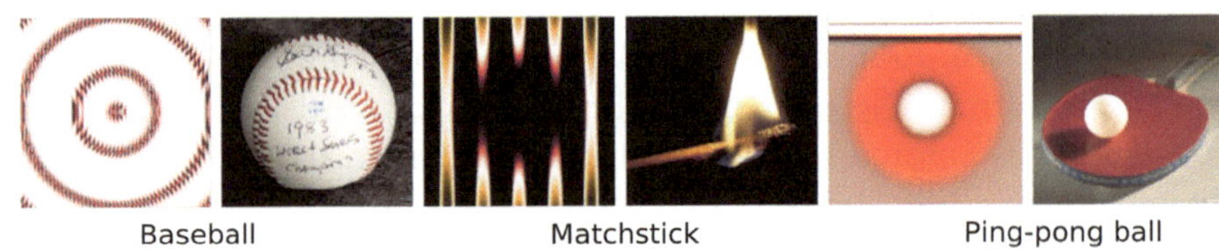

Abb. 7.3 Erzeugte Bilder und reale Objekte aus [5]

Bilder, die wir Menschen genauso wie das neuronale Netz klassifizieren würden; Abb. 7.3 zeigt einige Beispiele.

Die Beispiele mit den falsch klassifizierten Bildern zeigen, dass das neuronale Netz andere Kriterien für die Klassifizierung gelernt hat als diejenigen, die wir Menschen zugrunde legen. Unter diesen Kriterien klassifiziert eben das Netz das gelb-schwarze Streifenmuster mit höchster Sicherheit als einen Schulbus. Natürlich machen auch Menschen Fehler bei dieser Art von Klassifizierungsaufgaben; hier aber hält das System seine Ergebnisse für nahezu absolut korrekt. So manche KI-Forscher kritisieren diesen Ansatz, KI ausschließlich mit maschinellem Lernen und neuronalen Netzen zu realisieren. Vielmehr fordern sie eine Kombination von neuronalen Netzen mit symbolischen und wissensbasierten Methoden, wie wir sie in Kap. 5 über Wissensrepräsentation besprochen haben. Das Ergebnis könnten dann KI-Systeme sein, die ihre Entscheidungen begründen können – man spricht dann auch von „explainable AI".

Was wir vom Gehirn lernen können Auch das menschliche Gehirn wendet verschiedene Methoden zur Bildverarbeitung an; so erfahren zum Beispiel Gesichter und Körperteile gesonderte Behandlungen. Das Erkennen von Gesichtern ist ein Mechanismus, der sich von frühester Kindheit an entwickelt. Kandel schildert in [2], dass Säuglinge sehr viel öfter Gesichter sehen als andere Bilder und auch sehr früh lernen, Gesichtsausdrücke nachzuahmen. Andersherum hat schon Darwin spekuliert, später wurde dies von Konrad Lorenz aufgegriffen, dass die große Gesichtsform von Säuglingen, deren Augen und rundlichen Backen wohl auch die elterliche Fürsorge hervorrufen. Im Zusammenhang mit Gesichtserkennung spielt auch der Gesichtsausdruck eine wichtige Rolle; verschiedene Gemützustände und Emotionen lassen sich an Gesichtern ablesen, sodass die Gesichtserkennung einen wichtigen Aspekt im sozialen Miteinander von Menschen darstellt. Dementsprechend sind verschiedene und recht unterschiedliche Teile des Gehirns beteiligt. Einzelne Teile bzw. Aspekte des Gesichtes, wie etwa Nase, Mund und Augen, werden im Occipitallappen in der sogenannten occipital face area erkannt, in der fusiform face area im Temporallappen werden diese einzelnen Teile zu einer Gesamtsicht des Gesichtes dann zusammengesetzt. Dieses Gebiet im Gehirn ist wohl maßgeblich bei der Gesichtserkennung und Identifikation beteiligt. Dies alles lässt sich durch moderne und leistungsfähige bildgebende Verfahren am aktiven Gehirn messen und darstellen. Dabei konnte festgestellt werden, dass während der Gesichtserkennung auch Teile des Gehirns, die für die Behandlung von Emotionen zuständig sind, aktiviert werden. Die Amygdala, ebenfalls ein Teil des Temporallappens, ist ein, entwicklungsgeschichtlich betrachtet, alter Teil des Gehirns; sie ist Teil des limbischen Systems, das allgemein für Emotionen und Triebverhalten mit zuständig ist. Dass Emotionen bei der Gesichtserkennung eine wichtige Rolle spielen, ist nicht sehr erstaunlich; bedenken Sie, wie schnell Sie beim ersten Blick auf ein Gesicht nicht nur erkennen, ob es Ihnen bekannt vorkommt, sondern Sie erkennen auch sofort, ob das Gesicht einen freundlichen oder abweisenden Ausdruck hat. Als Gegenbeispiel denke man an bestimmte Formen von Autismus, bei denen Gesichtsausdrücke nicht erkannt werden. Natürlich ist die Gesichtserkennung auch mit anderen Gedächtnisleistungen gekoppelt; so folgt nach der ersten Phase der Erkennung, die wir soeben besprochen haben, die Phase der Aktivierung von Erinnerungen, die mit diesem Gesicht verbunden sind, und schließlich fällt einem auch der zum Gesicht gehörende Namen ein.

Das schnelle und oft sehr zuverlässige Erkennen von Gesichtern steht manchmal im krassen Gegensatz zum Suchen des zugehörigen Namens. Wir haben sofort erkannt, dass wir das Gesicht kennen, erinnern uns vielleicht auch an den Kontext, suchen aber mühsam in unserem Gedächtnis nach dem Namen der Person. Solch unterschiedliche Leistungen findet man in verschiedensten kognitiven Aufgaben und erstaunlicherweise spielen dabei Emotion und Intuition eine wichtige Rolle. Und dies sogar bei Aufgaben, die auf den ersten Blick sehr rational aussehen. Ein sehr gut untersuchtes Beispiel ist die Wason-Selection-Task, die der Psychologe Peter Wason 1968 erstmals untersuchte [6]. Der abstrakte Fall der Aufgabe ist in Teil (a) von Abb. 7.4 dargestellt. In der Aufgabe werden einer Testperson vier verschiedene Karten präsentiert. Der Testperson wird gesagt, dass jede Karte auf einer Seite einen Buchstaben und auf der gegenüberliegenden Seite eine Zahl enthält. Weiterhin wird eine Aussage wie „Wenn auf der einen Seite ein Vokal vorhanden ist, enthält die gegenüberliegende Seite eine gerade Zahl" gegeben. Nun wird die Testperson aufgefordert, diese Aussage zu verifizieren oder zu widerlegen, indem sie eine minimale Anzahl von Karten umdreht. Bei dieser abstrakten Aufgabe konnten weniger als 25 % der Probanden die Lösung finden; dieses Ergebnis ist seitdem viele Male mit den unterschiedlichsten Probanden bestätigt worden. Selbst mit Studierenden aus Logikvorlesungen an der Universität erhält man in etwa die gleichen schlechten Ergebnisse. Es sollte (zumindest für einen Logiker) offensichtlich sein, dass die Aussage „Wenn auf der einen Seite ein Vokal vorhanden ist, enthält die gegenüberliegende Seite eine gerade Zahl" als eine materielle Implikation „Wenn P, dann Q" formuliert ist. Nehmen wir an, dass die Eigenschaft P gilt, dann muss Q wahr sein, wenn aber P falsch ist, kann Q beliebig sein. In unserem Fall muss also die Karte mit A gedreht werden – hier ist P wahr, wir müssen also prüfen, ob Q gilt. Ebenso müssen wir die Karte mit der 5 drehen, denn wenn auf der anderen Seite ein Vokal ist, wäre die Implikation falsch. Sehr viele Experimente haben gezeigt, dass Menschen Probleme haben, diese abstrakte, aber doch recht einfache Schlussfolgerung richtig durchzuführen. Die Situation ändert sich drastisch, wenn Kontext zum Problem hinzugefügt wird.

In Abb. 7.4 in Teil (b) ist der Kontext eines sozialen Vertrags gegeben: Auf der einen Seite der Karten ist ein Getränk abgebildet, nämlich Bier oder Limonade, auf der anderen Seite das Alter desjenigen, der dieses Getränk trinkt. Eine Karte steht also für eine Person, die ein Getränk zu sich nimmt. Die Regel lautet nun: „Wenn eine Person unter 21 Jahre alt ist, darf sie kein Bier trinken". Überprüft werden muss wieder, ob die Implikation, diesmal die soziale Regel, eingehalten wird. In diesem Fall finden üblicherweise 75 % der Probanden die richtige Lösung; noch dazu recht schnell und mühelos. Es handelt sich

a Wenn auf einer Seite ein Vokal ist, enthält die andere Seite eine gerade Zahl.

b Personen unter 21 Jahren dürfen kein Bier trinken.

Abb. 7.4 Die Wason-Selection-Task

hierbei, genau wie vorher, um das Überprüfen einer Implikation „Wenn P, dann Q". Allerdings nun nicht mehr abstrakt, sondern in einem konkreten sozialen Kontext, wo es darum geht, eine soziale Norm zu überprüfen. Dies passiert anscheinend in einem anderen Teil des Gehirns, nämlich der oben bereits erwähnten, Amygdala, die für Emotionen zuständig ist. Ein ähnliches Vorgehen ist auch bei einer anderen Klasse von Kontexten, nämlich dann, wenn es um Vorsichtsmaßnahmen des Einzelnen geht; also bei Kontexten der Art „Wenn Du Dich in der gefährlichen Situation X befindest, musst Du auf Y achten." Auch Aufgaben mit solchen Kontexten werden in der Amygdala bearbeitet. Valerie Stone und ihre Co-Autoren beschreiben in [7] Versuche mit einem Patienten, dessen limbisches System verletzt wurde, wodurch auch dessen Amygdala in Mitleidenschaft gezogen war. Dieser Patient war deutlich schlechter beim Lösen von Aufgaben mit sozialen Verträgen als bei Aufgaben, die Vorsichtsmaßnahmen betreffen. Bei letzteren war er ähnlich schlecht wie im abstrakten Fall ohne Kontext. Aus Vergleichen mit gesunden Probanden und mit anderen Probanden mit Hirnverletzungen haben die Autoren klar gefolgert, dass bei Aufgaben mit den angesprochenen Kontexten andere Teile des Gehirns zum Lösen der Aufgabe benutzt werden. Dies geschieht eben nicht rational, sondern mit anderen entwicklungsgeschichtlich sehr alten und hoch effizient arbeitenden Teilen des Gehirns. Wie genau dies funktioniert und wie es in künstlichen Systemen modelliert werden kann, ist unklar und wird in der Kognitionswissenschaft intensiv erforscht.

7.5   Zusammenfassung

Unsere Beobachtungen zeigen, dass der Blick über den Tellerrand der Disziplinen lohnenswert sein kann. Die verschiedenen Wissenschaftsbereiche geben sich oft die Hand, verweisen auf Parallelen, ergänzen einander. Wir haben dies am Beispiel des Sehvorganges diskutiert, insbesondere sind wir von Eric Kandels Darstellung von Malerei und Wissenschaft aus dem Wien des beginnenden 20. Jahrhunderts ausgegangen. Die Maler dieser Epoche kannten durchaus die Ergebnisse der Natur- und Lebenswissenschaften und ließen sie in ihre Werke einfließen. Wir haben bei der Darstellung des Sehvorganges bemerkt, dass es einerseits Gemeinsamkeiten bei Menschen und KI-Systemen gibt, anderseits aber auch sehr viel, was KI vom Menschen noch lernen könnte.

Es wäre daher geradezu absurd, auf die Möglichkeit zu verzichten, sich woanders umzuschauen und inspirieren zu lassen, denn die Komplexität unserer Wahrnehmung hinterlässt ja überall ihre Spuren. Es ist also an uns, die Scheuklappen hin und wieder abzunehmen und den Blick zu öffnen, um neue Wege zu erschließen.

Literatur

1. Cajus Plinius Secundus d. Ä, König R, Winkler G, Hopp J, Glöckner W (n.d.) Naturkunde / Naturalis historia libri XXXVII. Lateinisch-deutsch. De Gruyter, Berlin, Boston. Retrieved 8 Mar. 2019, from https://www.degruyter.com/view/serial/428834
2. Kandel E (2012) Das Zeitalter der Erkenntnis. Siedler, München
3. Kandel E (2006) Auf der Suche nach dem Gedächtnis. Siedler, München
4. Krizhevsky A, Sutskever I, Hinton GE (2012) Imagenet classification with deep convolutional neural networks. In: Pereira F, Burges CJC , Bottou L, Weinberger KQ (Hrsg) Advances in neural information processing systems 25. Curran Associates Inc., New York, S 1097–1105
5. Nguyen A, Yosinski J, Clune, J (2015) Deep neural networks are easily fooled: high confidence predictions for unrecognizable images. In Proceedings of the IEEE conference on computer vision and pattern recognition, 427–436
6. Wason PC (1968) Reasoning about a rule. Q J Exp Psychol 20(3):273–281
7. Stone VE, Cosmides L, Tooby J, Kroll N, Knight RT (2002) Selective impairment of reasoning about social exchange in a patient with bilateral limbic system damage. Proc Natl Acad Sci 99(17):11531–11536

8

Freier Wille

Zusammenfassung Der freie Wille des Menschen ist Voraussetzung für planerisches Vorgehen, Kreativität und Verantwortung für sein Handeln. Vieles ist durch die Vergangenheit, genetische Prägung und soziales Milieu vorgeprägt. Es stellt sich die Frage, ob der Mensch dennoch einen freien Willen hat bzw. ob auch künstliche Systeme verantwortlich sein können. Letzteres spielt eine besondere Rolle im Bereich der autonomen Fahrzeuge. Bergsons Konzept der Intuition und die daraus ableitbare Möglichkeit, frei zwischen verfügbaren Erinnerungen zu entscheiden, wird angesprochen, aber auch Libets Experiment, welches nahelegt, dass Menschen keinen freien Willen haben.

Ein Windhauch bläht die Gardinen in kaum spürbaren sanften Rhythmen auf. Ebenso sanft wippen die Zweige im Baum, als gäben sie allem ihre feierliche Zustimmung. Ein torkelnder Schmetterling mimt ein fallendes Blatt. Oder ist es eines … ? Nein, mich kann er nicht täuschen. Auf mich hat er es auch gar nicht abgesehen, eher auf den im Geäst aufgeregt flatternden Vogel, der den harmonischen Tanz der Äste durchkreuzt. Füttert er seine Jungen? Vertreibt er Rivalen? Kurz verharren die Bäume, als müssten sie sich besinnen, bis der Wind sie wieder in Schwingung versetzt. Eine Wolke dimmt das Licht, trübt schlagartig die Stimmung, setzt sekundenlang einen Accent grave auf das heitere Bild. Unwillkürlich erfasst mich ein leichter Schauder...

Meine Wahrnehmungen flechte ich zu einem Muster, unterlege kausale Zusammenhänge, drücke ihnen meinen humanen Stempel und den meiner momentanen Befindlichkeit auf. Anders kann ich nicht. Baum, Vogel, Schmetterling, Wind, Wolke hätten eine ganz andere Sicht der Dinge.

Viel von dem, was und wie ich sehe, denke, fühle, schreibe, verdanke ich meiner Erziehung, meinen Eltern und den Umständen, die sie zusammenführten

© Springer Fachmedien Wiesbaden GmbH, ein Teil von Springer Nature 2019
U. Barthelmeß und U. Furbach, *Künstliche Intelligenz aus ungewohnten Perspektiven*,
Die blaue Stunde der Informatik, https://doi.org/10.1007/978-3-658-24570-2_8

und dazu brachten, mich zu zeugen, und wiederum deren Eltern und den entsprechenden Umständen und so weiter und so fort, bis zu den Ursprüngen des Lebens überhaupt, dem Urknall. Wenn ich daran denke, wie viele Möglichkeiten im Spiel waren, die meine Existenz hätten verhindern können, wird mir fast schwindlig. Ich brauche mir nur vor Augen zu führen, was gewesen wäre, wäre ich an einem bestimmten Abend nicht ausgegangen, hätte nicht diesen oder jenen kennengelernt, der mich mit einem anderen bekannt machte… Wie viele Abzweigungen gab es auf dem Weg, der letztlich dazu führte, dass ein Mensch entstand! Jetzt rede ich aber nur von einer Generation und nur von mir. Wenn ich auf die Straße gehe und sehe, wie vielen Menschen das gleiche Wunder widerfahren ist, nämlich dass sie da sind, obwohl es x Möglichkeiten gegeben hätte, dass dem nicht so wäre. Was da alles hätte passieren können! Am liebsten würde ich auf jeden zugehen und mit ihm feiern, dass wir da sind. „Ja, du auch, du hast es geschafft. Das war aber knapp! Mann o Mann!" Und schon sind wir dabei, die Weichen für zukünftige Lebewesen zu stellen, nicht ahnend, welcher Schritt welche Konsequenzen haben wird.

Pierre-Simon Laplace beschrieb die Idee des Determinismus mit allen Konsequenzen [1]:

Wir müssen also den gegenwärtigen Zustand des Universums als Folge eines früheren Zustandes ansehen und als Ursache des Zustandes, der danach kommt. Eine Intelligenz, die in einem gegebenen Augenblick alle Kräfte kennt, mit denen die Welt begabt ist, und die gegenwärtige Lage der Gebilde, die sie zusammensetzen, und die überdies umfassend genug wäre, diese Kenntnisse der Analyse zu unterwerfen, würde in der gleichen Formel die Bewegungen der größten Himmelskörper und die des leichtesten Atoms einbegreifen. Nichts wäre für sie ungewiss, Zukunft und Vergangenheit lägen klar vor ihren Augen.

Die Frage nach der Vorherbestimmtheit unseres Lebens ist entscheidend für die Frage nach der Lernfähigkeit des Menschen, seiner Verantwortung für sein Tun und seiner Fähigkeit, Zukunft zu planen und schöpferisch tätig zu sein. Die Infragestellung des freien Willens ist ein äußerst brisantes Thema und wird in verschiedenen Wissenschaftsbereichen sehr kontrovers diskutiert. Wir möchten dazu mit einem Gedankenspiel beitragen: Zugegebenermaßen verdankt sich unsere Gegenwart den zuvor vergangenen Ereignissen und Handlungen. Also lässt sich nachträglich ein kausales Wirken rekonstruieren. Denn die Dinge sind so geschehen, wie sie geschehen sind. Kann man daraus ableiten, dass sie so geschehen mussten, dass nicht Alternativen im Spiel waren? Kann daher die Zukunft vorherbestimmt werden? Erlaubt die Versuchsanordnung „Welt", wie sie jetzt ist, eine präzise Vorherbestimmung, Determinierung, aller zukünftigen Ereignisse? Könnte man nicht erwarten, dass sich aus den kausalen Vorgaben der Jetzt-Zeit ein kleines Stück Zukunft zuverlässig ersehen ließe? Die Ergebnisse der Quantentheorie legen nahe, dass ein durchgängiger Determinismus innerhalb der physikalisch fassbaren Welt nicht haltbar ist. Im Rahmen der Quantenmechanik sind nur Wahrscheinlichkeitsaussagen über künftige Beobachtungen möglich, was heißt, dass das raum-zeitliche Verhalten eines mikrophysikalischen Systems grundsätzlich indeterminiert ist. Auch in der modernen Evolutionstheorie spielt der Zufall eine wesentliche Rolle.

8.1   Der freie Wille in künstlichen Systemen

Nicht nur der Mensch ist von der Frage nach dem freien Willen betroffen. Folgende Überlegungen zeigen, mit welchen Implikationen die Frage nach dem freien Willen verbunden sein kann. Beim Menschen geht man im Allgemeinen und insbesondere in der Rechtssprechung davon aus, dass er über freien Willen verfügt und demnach auch verantwortlich für sein Handeln ist. Im Zusammenhang mit Computern dagegen hört man oft die Meinung, dass die Wirkungsweise eines Computers oder eines Roboters vorbestimmt sei. Vom Menschen programmiert, führt das System genau das aus, was ihm vorgegeben ist. Die Software, das Programm, folge einer riesigen Wenn-dann-Abfolge von Befehlen; alle Eventualitäten sind vorgesehen. Leider – oder besser Gott sei Dank – funktionieren KI-Systeme nicht in dieser Weise; solche Systeme verfügen über die Fähigkeit zu lernen, und damit ist ihr Verhalten nicht vorhersehbar. Zum einen weiß der Programmierer beim Entwerfen des Systems noch nicht, welche äußere Bedingungen, welche Sinneswahrnehmungen das System haben wird, um daraus zu lernen. Zum anderen haben wir in Kap. 5 gesehen, dass die maschinellen Lernverfahren relativ undurchsichtig sind, jedenfalls bezüglich der Frage, wie sie etwas gelernt haben. Darüber hinaus konnte man an den Beispielen aus dem Bereich Bild-Erkennen sehen, wie leicht sich diese Systeme täuschen lassen. Es ist also keineswegs voraussehbar, was und wie etwas gelernt wird. Zwar kann man für jedes Verfahren angeben, dass es unter bestimmten Bedingungen gegen ein ideales Verhalten konvergiert; aber das sind statistische Werte, die für sehr viele Läufe eine hohe Zuverlässigkeit vorhersagen. In einzelnen Fällen können eben doch recht unvorhersehbare Ergebnisse auftreten. Solche Fragestellungen werden derzeit auch von Politikern im Zusammenhang mit den Regulierungen für autonome Fahrzeuge im öffentlichen Straßenverkehr diskutiert. Die Frage ist hier, neben der allgemeinen Sicherheit, ob und wie ein autonomes Fahrzeug das sogenannte Weichenstellerproblem (Trolley Problem) lösen wird. Hierbei handelt es sich um ein ethisch moralisches Dilemma:

> Sie befinden sich am Weichenstellmechanismus einer Gleisanlage. Ein Zug rast auf eine Weiche zu, er droht dabei fünf Personen zu überrollen. Wenn Sie die Weiche betätigen, fährt der Zug auf das andere Gleis, wo er dann aber eine Person überrollt.

Wie soll sich der Weichensteller entscheiden? Wenn er nicht handelt, werden fünf Menschen getötet, wenn er handelt und die Weiche umstellt, wird eine Person getötet. Solche oder ähnliche dilemmatischen Situationen kommen in verschiedensten Bereichen vor, etwa in der Medizin oder der Rechtsprechung. Diskutiert werden solche Fragestellungen seit Langem in der Philosophie und insbesondere finden sich dabei zwei gegensätzliche Auffassungen: eine utilitaristische Auffassung, nach der es vertretbar ist, ein Leben zu opfern, um fünf zu retten, und eine ethische und normenorientierte Auffassung, nach der die Norm, niemanden zu verletzen (also nicht handeln), als stärker angesehen wird als die Norm, andere zu retten (also die Weiche umstellen). Welches Vorgehen soll nun in einem autonomen Fahrzeug in einer dem Weichenstellerproblem vergleichbaren Situation programmiert werden? Der Bundesverkehrsminister Deutschlands hat eine Ethikkommission eingesetzt, die über automatisiertes und vernetztes Fahren im Juni 2017 einen Bericht vorgelegt hat. Darin wird ganz klar formuliert „Technische Systeme müssen auf Unfallvermeidung ausgelegt werden, sind aber auf eine komplexe oder intuitive Unfallfolgenabschätzung nicht so normierbar, dass sie die Entscheidung eines sittlich urteilsfähigen, verantwortlichen Fahrzeugführers ersetzen oder vorwegnehmen könnten" [2]. Tatsächlich scheint es derzeit nicht machbar, ethische Normen so zu formulieren und damit auch zu fixieren, dass sie von einem KI-System in komplexen und verschiedenartigsten Situationen angewendet werden können. Wir hatten bereits in Kap. 5 diskutiert, wie schwer es ist, einfache Aussagen, in denen Alltags- und Allgemeinwissen verwendet wird, zu formalisieren und automatisch zu verarbeiten. Im Falle von gesellschaftlichen Normen ist dies extrem schwierig, und die Grundlagenforschung hierzu steckt noch in den Kinderschuhen.[1] Wie komplex die Fragestellungen im Zusammenhang mit autonomen Systemen sind, zeigt auch ein anderer Teil des Berichts der Ethikkommission, nämlich wenn das Thema selbstlernende Systeme behandelt wird. Diesem Bericht wird eine lange Liste von Forderungen, die von autonomen und vernetzten Fahrzeugen erfüllt werden sollen, vorangestellt. Wenn nun aber ein künstliches System lernt und sich damit weiterentwickelt, könnte es ja durchaus vorkommen, dass es sich dann im Vergleich zu seinem ursprünglichen Zustand, also vor dem Selbstlernen, anders verhält. Die Ethikkommission

---

[1]Die Autoren sind Teil eines Forschungsprojektes Cognitiv Reasoning, welches durch die Deutsche Forschungsgesellschaft gefördert wird: corg.hs-harz.de, aufgerufen am 27. Juli 2018.

umgeht dieses Problem, indem sie erklärt: „Ein Einsatz von selbstlernenden Systemen ist beim gegenwärtigen Stand der Technik daher nur bei nicht unmittelbar sicherheitsrelevanten Funktionen denkbar."

8.2 Bergsons Intuition

Wir kehren zurück zum Menschen und seinen existenziellen Gegebenheiten und fragen uns, was ihn dazu disponiert, selbstbestimmt zu sein. Wir finden einen Wegweiser bei Bergsons Konzept der Intuition. Bergsons intuitive Vorgehensweise stößt möglicherweise aufgrund des Begriffes Intuition auf Ablehnung, da er klingt, als fehlten dem Philosophen Mittel der Erkenntnis und müsse in den Bereich des rational nicht Überprüfbaren ausweichen. Das Vorgehen Bergsons ist aber alles andere als emotional oder unwissenschaftlich. Unter Intuition versteht er ein methodisches Vorgehen, das den Menschen nicht nur als Verstandeswesen, sondern auch als ein lebendiges, in der Natur handelndes Wesen begreift. Eine seiner Prämissen lautet, dass ein Philosoph frei von Vorurteilen einen einfachen und doch tiefen Blick auf den Menschen werfen soll. Das Instrument dieser direkten Schau des Geistes nennt er Intuition. „Die Intuition leistet, was Intelligenz niemals kann: Sie bringt uns in die Welt, wie sie ist, ohne auf utilitaristische Erwägungen Rücksicht zu nehmen." [3] Er will sich dem Leben als Ganzem, vollständig Gegebenem widmen und es nicht – wie andere positivistische, dem szientistischen Weltbild verpflichteten Wissenschaftler, mit deren Erkenntnissen er bestens vertraut war, – in Einzelerfahrungen zerlegen, um es dann wieder zusammenzusetzen: „Philosophieren ist immer ein einfacher Akt. Je mehr wir uns von dieser Wahrheit durchdringen lassen, umso mehr werden wir dazu neigen, die Philosophie aus der Enge der Schulwissenschaft zu befreien, um sie dem Leben wieder anzunähern." [3]

Bergson geht von der Grundannahme aus, dass Lebewesen zwei Instrumente haben, um ihre Aufgabe in der Natur zu erfüllen, den Instinkt (vorwiegend bei den Tieren) und die Intelligenz (vorwiegend bei den Menschen). Grundsätzlich verfügen, so Bergson, alle Lebewesen über Instinkt oder Intelligenz, es gibt diesbezüglich lediglich graduelle Unterschiede, beide Bereiche sind nicht wesensmäßig verschieden, ebenso wie das Gehirn sich nicht wesensmäßig vom vegetativen Nervensystem unterscheidet. Die Intelligenz erlaubt den Menschen, die Materie und ihre Verhältnisse zu erkennen, zu beurteilen und zu vergleichen. Seine Funktion ist es, zu zählen, wägen, messen und berechnen, also mithilfe der Technik das Leben zu erleichtern. Dieses Attribut des Menschen ordnet Bergson dem „Homo Faber" zu. Die Intelligenz ist also bewusst, ihre Werkzeuge sind künstlich, sie ist Kenntnis der Form, während der unbewusste Instinkt Kenntnis von Materie bzw. eines Stoffes bedeutet. Der Hauptgegenstand der Intelligenz ist das anorganische Feste, das Leben in Einzelteilen und das Unbewegte, das sie zergliedern und zusammenfügen kann.

Daher ist sie weniger geeignet, wenn sie Lebendiges erfassen soll. Um die Intelligenz zu ergänzen, bedient sich der Mensch der Intuition. Diese hat ihre Wurzeln im Instinkt, d. h. sie ist aus ihm hervorgegangen. Intuition ist der seiner selbst bewusst gewordene Instinkt, der über seinen Gegenstand reflektiert. Intuition erfasst das Leben als lebendiges Ganzes und die Dauer (durée) des Individuums. Die durch Intuition gewonnenen Erkenntnisse können im Unterschied zu den Erkenntnissen des Intellekts nicht klar und deutlich ausgedrückt werden, sondern nur Beispiel oder Anregung dafür sein, zu ähnlichen intuitiven Einsichten zu gelangen. Dabei schließt das Instrument der Intuition das der Intelligenz nicht aus, denn ein philosophisch ertragreicher Gebrauch der Intuition muss auch einer Prüfung durch die Intelligenz standhalten. Beide Bewusstseinsformen, Intuition und Intellekt, ergänzen sich, eine scharfe Trennung der Bereiche ist nicht möglich.

Ein kleiner Exkurs in die Literatur kann vielleicht zur Verdeutlichung der Begriffe beitragen: Der Protagonist in Max Frischs Roman „Homo Faber" scheitert in seinem Leben daran, dass er nur die rationale Seite des Menschen anerkennt. Er verleugnet seine Kreatürlichkeit und lehnt alles ab, was auf sie zurückzuführen ist. Er glaubt, die Welt nur durch Berechnung und Logik verstehen zu können, und betrügt sich selbst, da er Intuition, die sich durchaus bei ihm manifestiert, nicht wahrhaben will. Auf einem Schiff lernt er seine Tochter kennen, ohne zu wissen, wer sie ist, er verliebt sich in sie, reist mit ihr und schläft mit ihr. Bei einem Ausflug in Griechenland stirbt sie an einem Schlangenbiss. Er führt Tagebuch, um sich Rechenschaft abzulegen, sträubt sich aber, auch nachdem ihm klar geworden ist, dass er – im Sinne der Intuition – hätte wissen müssen, wer die junge Frau ist, seinen Irrtum bzw. sein Fehlverhalten zuzugeben.

Intuition ist also möglicherweise der Schlüssel zu dem, was wir als Freiheit bezeichnen, da sie vom individuellem Ganzen im Sinne der durée heraus operiert und aus dem Fundus der gespeicherten Erfahrungen bzw. Erinnerungen schöpft.

In der Kognitionswissenschaft wird derzeit intensiv daran geforscht zu lernen, warum und wie Menschen manche Aufgaben schnell und ziemlich korrekt lösen, dagegen andere, oft viel einfachere Aufgaben nur langsam und fehlerhaft gelöst werden können. Dabei scheint die Intuition oder das Bauchgefühl eine wichtige Rolle zu spielen. Im Kap. 7 hatten wir ausführlich über dieses Phänomen anhand der Wason-Selektion-Task gesprochen. Interessanterweise werden diese Denkansätze auch aus anderen Wissenschaftszweigen unterstützt. Der Neurobiologe Stefano Mancuso geht zum Beispiel davon aus, dass auch Pflanzen über Intelligenz verfügen [4]; sie haben im Vergleich zum Menschen nur sehr verschiedene Sinnesorgane, und sie kommunizieren auch auf sehr verschiedene Art und Weise miteinander.

8.3   Vom kategorischen Imperativ zur freien Wahl der Erinnerung

Immanuel Kant plädierte schon im Zeitalter der Aufklärung für die individuelle Mündigkeit. Ihren – möglichen – Weg zur individuellen Freiheit per Intuition hat Manuel Clemens in seinen romanischen Studien überzeugend dargelegt [5]. Wir folgen einigen Etappen seiner Überlegungen. Starten wir also in der Aufklärung, der Zeit, die dem Menschen Entscheidungsfreiheit zugesteht, ihm aber auch die Verantwortung für sein Schicksal und damit auch die moralische Ausrichtung seines Handelns abverlangt. Um die moralische Ausrichtung klar zu definieren, formulierte Kant den bekannten Codex, den kategorischen Imperativ: „Handle nur nach derjenigen Maxime, durch die du zugleich wollen kannst, dass sie ein allgemeines Gesetz werde." Alle intelligenten Wesen und somit also alle Menschen sollen ihre Handlungen darauf prüfen, ob sie einer für alle, jederzeit und ohne Ausnahme geltenden Maxime folgen und ob dabei das Recht aller betroffenen Menschen berücksichtigt wird.

Kant möchte nicht, dass man beliebig und dem jeweiligen Einzelfall entsprechend abwägt, was das Gute sein könnte, sondern postuliert, dass stets nach dem gleichen Schema vorgegangen werden müsse: Befinde ich mich in einer Situation, die eine Entscheidung zu einer guten Handlung erfordert, muss ich notwendig immer so handeln, dass diese Handlung nicht nur in diesem Einzelfall gut ist, sondern auch wenn alle Menschen so handeln würden, noch gut wäre und damit die Grundlage für ein allgemein verbindliches Gesetz sein könnte. Die persönlichen Bedürfnisse, Wünsche und Triebe sollen dem Interesse der Allgemeinheit geopfert werden. Wir sollen diesen Codex a priori, also von vornherein, unabhängig von aller Erfahrung, verinnerlichen und anwenden, ohne persönliche Interessen zu berücksichtigen und ohne auf die Besonderheit der jeweiligen Situation einzugehen. Kant will so vermeiden, dass menschliche Leidenschaften und andere subjektive Faktoren das Prinzip des adäquaten moralischen Handelns aushebeln.

Das heißt, der Mensch muss auf seine persönlichen Wünsche und Bedürfnisse verzichten und sich der Pflicht unterordnen. Ein schwieriges Unterfangen, das sich kaum in der Praxis umsetzen lässt. Denn wer wird jegliches

Handeln einer gesonderten Prüfung unterziehen, die diesen strengen Kriterien genügt?

Der klassische Schiller hat deshalb den Weg zur Vernunft etwas modifiziert. Er steht zwar auch hinter den Prinzipien der Aufklärung und will den Menschen dazu bringen, moralisch richtig zu handeln, jedoch glaubt er nicht, dass Kants Codex realisierbar ist, da der Mensch nur ungern auf seine sinnliche Seite verzichten will und dies womöglich auch gar nicht kann. Aber auch das Gefühl der Entfremdung des Einzelnen durch zu einseitige Beanspruchung des rationalen Prinzips, das nicht dem Wesen des ganzen Menschen gerecht wird, führte zu einem Umdenken in der Klassik. Die Harmonie zwischen Vernunft und Gefühl bzw. Sinnlichkeit hatte oberste Priorität.

Wie funktioniert nun also bei Schiller die moralische Erziehung des Einzelnen, wenn er die unbeliebte Bahn der Vernunft, das Kant'sche Postulat, umgehen will? Es gelingt dem Verstand meist nicht, Sinnlichkeit zu unterdrücken, da Triebe häufig mächtiger als die moralische Einsicht sind. Deshalb greift Schiller zu einem Trick, der das Bewusstsein überrumpeln soll: Der Botschaft, also dem Gebot des kategorischen Imperativs, wird ein Deckmantel übergestülpt, nämlich die Form des Kunstwerks, das die Sinne der Menschen anspricht und daher nicht als Zwang oder Druckmittel empfunden wird. Die Botschaft befindet sich somit auf der Bahn der Sinnlichkeit. So wird die vermittelte Moral als lustvoll erfahren und angenommen. Die bittere Medizin der Moral soll auf dem Zuckerstück der Kunst als wohlschmeckend erfahren werden. Schiller nutzt sozusagen die Sinnlichkeit als Instrument, um sie zu kanalisieren. Die Idee des Guten soll im Glanz der Schönheit den Menschen dazu bringen, sie zu integrieren und genauso auszuleben wie seine Wünsche und Lüste. Diese Gedanken entwickelt Schiller in seinen Briefen „Über die ästhetische Erziehung des Menschen", deren Philosophie sich auf die Kernaussage zusammenfassen lässt: „Denn, um es endlich auf einmal herauszusagen, der Mensch spielt nur, wo er in voller Bedeutung des Worts Mensch ist, und er ist nur da ganz Mensch, wo er spielt." [6] Der Bereich der Kunst ist frei, ist Experimentierfeld für mögliche Daseinswesen. Hier kann ausprobiert werden, welche Lebensform, welche Ideologie die richtige ist.

Die Kunst bietet also eine von der Notwendigkeit des Lebens unabhängige Projektionsfläche für die Entfaltung von Idealen, die das Wesen des Menschen in seiner vollen humanen Dimension (Wesen der Vernunft und des Gefühls) erfassen. Das Spiel, genauer das ästhetische Spiel, ist aber auch das, was ihn zu dem macht, was Schiller „ganz Mensch" nennt. Das heißt, dass er, wenn er nicht spielt, nicht ganz Mensch ist, sondern auch in die Kategorie der Wesen fällt, die lediglich dem Gebot der Notwendigkeit – siehe Nietzsches von der materiellen Notdurft gefesselte Tiere [7] – gehorchen.

Wie wir wissen, ist Schillers Experiment, die Menschen auf diese Weise zu erziehen, insgesamt gescheitert, auch wenn es bisweilen zu einer Läuterung der Seelen gekommen sein mag. Der Umweg über die Ästhetik hat die Menschen nicht dauerhaft besser gemacht oder dazu gebracht, sich als ganz zu erfahren. Vielleicht gibt es während des Spiels eine Art Hochgefühl, ein Moment des Erhabenen, das einem vermittelt, wie ein Mensch sein könnte, wenn er sowohl Vernunft und Gefühl walten lässt, wenn er die Freiheit hat, sich über die Last des Augenblicks, der Nöte und Ungewissheit hinwegzusetzen. Doch wie lässt sich die Erfahrung eines solchen Erlebnisses im Alltagsleben fortsetzen, ohne dass innere Überwindung bzw. Druck oder Zwang ausgeübt wird? Wie kann man im täglichen Leben der Richtschnur des klassischen Ideals gerecht werden? Hat man diese ständig im Auge?

Der Umweg über die Kunst, das ästhetische Spiel, bedeutet nur eine Verlagerung des Problems, aber keine Lösung, denn auch der Gegensatz zwischen Kunst und Alltag will – so Clemens – überwunden werden, und so sucht er den Zugang zu dem Bereich, der so etwas wie Ganzheit im Sinne von Ausgewogenheit von Vernunft und Gefühl beherbergt, im Innenraum des Menschen, wie ihn das Bergson'sche Konzept der Dauer beschreibt. Dieses Konzept ermöglicht dem Menschen, einen Raum aufzusuchen, der ihm keine Überwindung abverlangt. Die Freiheit im Handeln sieht Bergson in den zwei quasi gleichzeitig verlaufenden Aktionen bei der Wahrnehmung: Die auf die zukünftige Bewegung ausgerichtete Aktion unterliegt zwar dem Diktat der Notwendigkeit, dem auch die Tiere gehorchten (s. o.). Die zweite Aktion jedoch, die Auswahl der Erinnerung, sei „viel weniger streng als die erste, weil unsere vergangene Erfahrung eine individuelle und nicht mehr eine allgemeine ist, weil wir immer viele verschiedene Erinnerungen haben, welche in gleicher Weise zu einer und derselben gegenwärtigen Lage passen können" [8]. Der Mensch kann die latenten Bilder seiner Wahl evozieren; da er über mehrere verfügt, gibt es keine Notwendigkeit, keinen Zwang – Kombinationen, neue Verknüpfungen sind möglich – er kann damit spielen.

Dieses Moment der Willkür, die von der Intuition geleitet wird, ist für Bergson das Moment der Entscheidungsfreiheit, des Spielraums für Fantasie und Kreativität. Die Dauer steht für ein intuitives Verständnis der inneren Zeit und ist Träger und Kraft von kreativen Veränderungen. Hier liegt der Grundstein für kreatives, von Eigenverantwortung geprägtes Handeln. Dafür wird es im folgenden Kapitel einige Beispiele geben.

Gehen wir nochmals zurück zur KI und zum autonomen Fahren. Die Verkehrsregel „durchgezogene Linien dürfen nicht überfahren werden", ist natürlich leicht in einem KI-System zu realisieren. Das Fahrzeug würde demnach nie überholen und dabei eine durchgezogene Linie überfahren – es würde die Regel immer und genau befolgen und auf diese Weise gemäß dem kategorischen Imperativ handeln. Nun gibt es jedoch viele Situationen, in denen menschliche Autofahrer gegen diese Regel verstoßen. Sie kennen die Situation, die Örtlichkeit, und sie legen die Regel nach ihrem Dafürhalten aus – und überholen z. B. den langsam tuckernden Traktor unter Missachtung der Regel. Und tatsächlich gibt es Ansätze, dieses menschliche Verhalten für KI-Systeme nutzbar zu machen und nachzubilden. Dazu gilt es, Vorgänge, die auf Erinnerung, Intuition und Fantasie beruhen, zu verstehen und zu modellieren, um auf diese Weise einen Rahmen für die manchmal großzügige Auslegung von Regeln zu schaffen.

8.4 Das Libet-Experiment

Die Diskussion nach der Willensfreiheit des Menschen wurde äußerst lebhaft durch ein Experiment des Psychologen Benjamin Libet aus dem Jahre 1979 befeuert [9]. Ihm ging es darum, den Zeitraum zwischen einer bewusst gefassten Entscheidung zum Handeln mit der neuronalen Aktivität, die mit der Handlung einhergeht, zu messen. Dazu bekam eine Versuchsperson die Aufgabe, zu einem beliebigen frei gewählten Zeitpunkt die rechte Hand zu bewegen. Die Person sollte dabei eine Art laufende Stoppuhr beobachten und festhalten, zu welchem Zeitpunkt sie willentlich den Entschluss fasste, die Hand zu bewegen. Parallel dazu wurden mithilfe von EEG die Gehirnstrom-Aktivitäten des motorischen Cortex gemessen, anhand derer man das Bereitschaftspotenzial zum Einleiten der motorischen Handlung ablesen kann. Dabei stellte Libet fest, dass das gemessene Bereitschaftspotenzial deutlich vor dem willentlich gefassten Entschluss, die Hand zu bewegen, vorhanden war. Das bedeutet, dass deutlich vor der bewussten willentlichen Entscheidung der Versuchsperson die Aktivität im Gehirn bereits eingeleitet wurde. Libets Experimente sorgten für Diskussionen in den verschiedensten Disziplinen über die Freiheit des Willens. Sind es unbewusste Vorgänge im Gehirn, die Entscheidungen treffen, die wir erst später wahrnehmen? So könnte man auf der Basis dieses Experiment schließen, dass wir Menschen nicht über freien Willen verfügen und somit sogar die Rechtsprechung überdacht werden müsste, da wir ja nicht vollständig bewusst und damit verantwortlich handeln. Libet selbst neigte zu der Annahme, dass die Rolle des freien Willens nicht sei, eine Handlung einzuleiten, vielmehr kann, nachdem die Handlung eingeleitet wurde, die bewusste Entscheidung getroffen werden, sie abzubrechen oder zuzulassen. Deutlich wird durch dieses Experiment, dass unbewusste Vorgänge in unserem Gehirn eine wichtige Rolle spielen – und dies selbst in scheinbar rational beschreibbaren Handlungen und Aktionen. Hier lässt sich sicherlich auch eine Brücke schlagen zu den Überlegungen von Bergson zur Intuition und zu den Überlegungen, dass Intuition und Emotionen eine wichtige Rolle beim Lösen selbst rationaler Aufgaben wie der Wason-Selection-Task spielen.

8.5   Zusammenfassung

Ausgehend von einem Gedankenexperiment von Laplace haben wir argumentiert, dass die Idee eines vollständigen Determinismus nicht zu halten ist, dass vielmehr in verschiedensten Bereichen des Lebens der Zufall eine wichtige und entscheidende Rolle spielt. In künstlichen Systemen stellt sich ebenfalls die Frage nach der Vorherbestimmtheit des Handelns. Wir haben am Beispiel von autonomen Fahrzeugen gezeigt, dass auch hier ein Determinismus nicht zu halten ist, wodurch allerdings auch ethische und moralische Fragestellungen zu diskutieren sind. Wir haben verschiedene Ansätze gesehen, Kants kategorischen Imperativ für den Menschen lebbar zu machen, und wir haben dies auch bei KI-Systemen diskutiert. Abgeschlossen haben wir das Thema des freien Willens mit einem Experiment, welches es nahelegt, gegen die Willensfreiheit des Menschen zu argumentieren.

Literatur

1. Höfling (1994) Physik. Band II, Teil 1, Mechanik, Wärme. Ferd. Dümmlers Verlag, Bonn
2. BMVI (Hrsg) (2017) Ethik-Kommission. Automatisiertes und Vernetztes Fahren. Bericht des Bundesministeriums für Verkehr und digitale Infrastruktur
3. Bergson, H (1939) Die philosophische Intuition. In: Bergson, H (Hrsg) Denken und schöpferisches Werden. Libri, Hamburg
4. Mancuso, S (2015) Die Intelligenz der Pflanzen. Kunstmann, München
5. Clemens, M (2011) Romanische Studien, Nr. 1 Ästhetische Einsamkeit: Bildung außerhalb des Kanons. De Gruyter, Berlin
6. Schiller, F (1986) Über die ästhetische Erziehung des Menschen. Reclam Universal-Bibliothek, Stuttgart
7. Nietzsche, F (1951) Vom Nutzen und Nachteil der Historie für das Leben. Reclam, Stuttgart
8. Bergson, H (2001) Materie und Gedächtnis. Eine Abhandlung über die Beziehung zwischen Körper und Geist. Verlag Felix Meiner, Hamburg
9. Wikipedia. Libet-Experiment – Wikipedia, Die freie Enzyklopädie, 2018. [Online; Stand 18. Oktober 2018]

9

Erinnern – ein kreativer Akt

Zusammenfassung Erinnerungen sind die Basis von kreativem Gestalten. Der Zugriff auf sie und die Möglichkeit, sie zu modifizieren, ist Thema und Inhalt der Literatur Prousts und Nabokovs, aber auch in der KI. Beim Menschen wird der Prozess des Erinnerns im neuronalen Netz des Gehirns vollzogen. Lernen und Erinnern, also Abruf von Gelerntem, sind auch Gegenstand der Neurowissenschaften. Auch Parallelen zur KI werden in diesem Kapitel aufgezeigt.

Werke und Konzepte zweier Autoren lassen sich Bergsons Gedächtnismodell zuordnen: Proust thematisiert den Prozess des Erinnerns in seinem Romanzyklus „Auf der Suche nach der verlorenen Zeit". Im Zentrum stehen im Unbewussten gelagerte Erinnerungen, die durch ein sinnliches Erlebnis wachgerufen und somit wahrgenommen werden. Dieser Prozess führt zu einer neuen Wahrnehmung, die durch eine künstlerische Umsetzung zur Geltung gebracht wird. Nabokov geht es weniger um den Prozess als um die Struktur von Erinnerungen im Rahmen der Zeit, die auch er nicht als linear versteht. Sie schlägt sich vielmehr in Mustern nieder, die sich stets erweitern und per Assoziation Verknüpfungen flechten, worin sich letztlich das Bewusstsein manifestiert.

Einige erstaunliche Parallelen in den Neurowissenschaften und der KI spiegeln die jeweiligen Vorgehensweisen der Autoren wider.

© Springer Fachmedien Wiesbaden GmbH, ein Teil von Springer Nature 2019
U. Barthelmeß und U. Furbach, *Künstliche Intelligenz aus ungewohnten Perspektiven,*
Die blaue Stunde der Informatik, https://doi.org/10.1007/978-3-658-24570-2_9

9.1 Prousts Erinnerungen als Prozess

Ich sitze im Auto und fahre nach Hause, es ist Abend, viel Verkehr, ich kenne die Strecke gut, fast mechanisch – ohne nachzudenken – lenke ich den Wagen. Hin und wieder verlangen einzelne Manöver, Spurwechsel u. Ä., meine Aufmerksamkeit, die kurzfristig abgerufen wird. Meine Gedanken sind noch bei dem soeben geschriebenen Text über Bergsons Gedächtniskonzept. Kann ich das auf mich selbst anwenden, in meine Lebenspraxis einbeziehen? Bestehen seine Anschauungen die Realitätsprobe? Welche Ereignisse im Leben gibt es, die seine Gedanken über das Gedächtnis, die Erinnerung und den freien Willen veranschaulichen können? Klassentreffen zum Beispiel haben diesbezüglich etwas zu bieten.

Vor ein paar Jahren … Wer sind diese alten Leute? Zuerst erkenne ich sie gar nicht, sie sind unförmig, faltig geworden – älter eben, im Gegensatz zu mir (hoffentlich). Ich versuche, mir meinen Schock nicht anmerken zu lassen, Haltung bewahren, höflich bleiben. Worte werden gewechselt, Stimme, Körperhaltung, bestimmte Eigenheiten rufen die verloren gegangenen Konturen wach, die im Nebel der Zeit versunkenen Gesichtszüge und Körperformen treten nach und nach wieder an die Oberfläche der Erinnerung. Man erkennt sich wieder. Kurz werden die Biografien vervollständigt, man berichtet, was man nach dem Studium gemacht hat, spricht über familiäre, manchmal auch pekuniäre Verhältnisse, die durch bereitgehaltene Handyfotos belegt werden, erkundigt sich nach dem Ergehen des Gesprächspartners. Alles gut gemeint, aber auch ein bisschen steif und peinlich. Die Sedimente der Jahre haben die Bilder der Erinnerung, die mit Erwartungen und Hoffnungen verknüpft waren, begraben: Der Klassenclown wurde Grundschullehrer und kein Komiker oder Kabarettist, der Schreiber von guten Aufsätzen Deutschlehrer und nicht, wie prognostiziert, Schriftsteller, das Mathe-Genie Verkaufsleiter einer Computer-Firma, die Schönheit, für die alle geschwärmt haben, na ja … Man macht gute Miene zur bösen Realität. Im Gespräch werden Anknüpfungspunkte an die Vergangenheit gesucht: „Na, alte Wursthaut, das hätte man auch nicht gedacht, dass wir in unserem Alter noch…" oder „Weißt noch, der Willi …?" und klopft sich auf die Schenkel. Im Verlauf des Abends werden mithilfe von Alkohol und durch gegenseitige Aufstachelung die Sedimente der Zeit aufgebrochen, Erinnerungen, alte Geschichten freigelegt, eine gemeinsame Kumpanei wiederhergestellt, wie sie „pfundiger" nicht sein kann. Die 18/19-Jährigen feiern ihr fröhliches Wiederauferstehen. Meine ehemalige Banknachbarin erzählt mir glucksend, wie ich sie einmal während der Erdkundestunde zum Lachen brachte: Die „Oma" hat gefragt, wo denn die Masurische Seenplatte sei. Ich habe ihr (der Nachbarin) ins Ohr geflüstert: „In deinem (also Omas) Hirnkastel!" – So falsch lag ich mit der Annahme eigentlich gar nicht… – Egal, binnen weniger Stunden war unsere weit zurückliegende „durée" als Pennäler wieder erstrahlt, allerdings im Prisma der gegenwärtigen Gewissheit, sich behaglich zurücklehnen zu können, den Film abspulen zu lassen, dabei einige Szenen zu überspringen, dafür manche in Zeitlupe zu betrachten. Mein irgendwie noch vorhandenes Wesen, das damals schwankte zwischen Schüchternheit und Respektlosigkeit, Ängstlichkeit und Hochmut, dem Gefühl, keiner versteht mich und alle können mir den Buckel herunterrutschen, dieses Wesen ist wieder aufgeflackert, und ich habe ihm zugeblinzelt: Einverstanden, ja wir gehören zusammen. Mit dem Glücksgefühl im Gepäck, solche Momente wiederaufleben lassen zu können, verließ ich am nächsten Morgen frühzeitig das Hotel, bevor die anderen sich blicken ließen. Ich wollte sie in meiner Erinnerung möglichst da lassen, wo sich unsere Wege getrennt hatten. Den anderen ist es wohl ähnlich ergangen.

Allerdings ist jetzt unser Wiedersehen in die aktualisierte Form der „durée“ eingegangen und wird dort gespeichert. Ein weiteres Sediment hat sich in meinem Gedächtnis abgesetzt und wird womöglich bei einer anderen Gelegenheit wiederbelebt. Ich bin also während meiner Autofahrt in die Vergangenheit getaucht, habe dem Impuls meiner Handlung, also einer geistigen Bewegung (Schreiben über Bergson) einige Erinnerungen angeboten (Kindheitserlebnisse, Reisen, Begegnungen …), mein freier Wille hat sich für das Klassentreffen entschieden. Die Bilder der Vergangenheit wurden abgerufen wie Bilder eines Films, das „wahre Ich“ hat sich mit diesen Bildern identifiziert und sie in die Gegenwart, die von der Zukunft (Bergson verstehen wollen) animiert wurde, projiziert und gleichzeitig erneuert aufgrund ihrer aktuellen Aufgabe, das heißt, die Bilder wurden „erinnert“. Die Opernarien, die ich akustisch gleichzeitig aufnahm, unterstützten mein Glücksgefühl über den Reichtum der Geschichten, die mich, meine „durée“, ausmachen, die, wie verschieden sie auch sein mögen, einem einzigen „elan vital“ angehören. Währenddessen hat mein mechanisches Gedächtnis meine Hände, Füße und Augen das Auto steuern lassen. Beim Schreiben dieser Zeilen in diesem Augenblick erfolgt wiederum ein Abrufen der Erinnerung (Autofahrt) an die Erinnerung (Klassentreffen), in der die Schulzeit erinnert wurde.

Es ist leicht zu erkennen, dass wir es hier, strukturell gesehen, mit einer „mise en abyme“ zu tun haben. Der Begriff wird u. a. für Erzählverfahren gebraucht, die der mathematischen Rekursion entsprechen. Ein bekanntes Textbeispiel ist das Kinderlied:

Ein Mops schlich in die Küche und stahl dem Koch ein Ei,
Da nahm der Koch den Löffel und schlug den Mops entzwei.
Da kamen viele Möpse und gruben ihm ein Grab
Und setzten ihm 'nen Grabstein, auf dem geschrieben stand:
Ein Mops schlich in die Küche und stahl dem Koch ein Ei.

Der Begriff „mise en abyme" ist aber nicht auf exakt spiegelbildliche Produktionen zu beschränken, sie erfasst auch Abwandlungen in quantitativer, qualitativer und funktioneller Hinsicht. Diese Struktur haftet vielen Erzählwerken an, die das Erzählverfahren als solches auch thematisieren, und wird uns bei der Untersuchung literarischer Werke noch ein paar Mal begegnen.

Zurück zu den Abwandlungen des Erlebnisses im Schöpfungsprozess. Sie unterliegen bestimmten „Produktionsbedingungen", die mit dem unbewussten Gedächtnis zusammenhängen. Bei Bergson ist es die Handlung selbst, die das unbewusste Gedächtnis, das virtuell zur Verfügung steht, grundsätzlich blockiert bzw. filtert und nach bestimmten Kriterien mithilfe der Intuition gestaltet bzw. kreativ umsetzt. Die Kriterien sind: Eignung des Gedächtnismaterials zur Unterstützung der Handlung, Erfahrung bei der Selektion von passenden Erinnerungen, Übung im Umgang mit dem Prozess der Auswahl. Nur wenn wir träumen, hat das Unbewusste freieren Lauf und kann relativ unbehindert aktiv werden.

Wenn Freud sich mit dem Unbewussten befasst, ist es nicht eine Frage der Ästhetik, die ihn antreibt, sondern die Suche nach einem therapeutischen Weg, um einem Menschen, der krankhafte Symptome zeigt, die auf verdrängte, für das Ich wesentliche Erlebnisse zurückzuführen sind, zu helfen, sein Ich zu rekonstruieren.

Freud greift auf Bergsons Konzept des Unbewussten zurück, modifiziert es aber nach Maßgabe der therapeutischen Zielsetzung. Sein Modell basiert auf der Vorstellung der Verdrängung unangenehmer Gedächtnisinhalte (Erlebnisse, Konflikte), die latent vorhanden sind, aber vom Bewusstsein abgewehrt werden. Sie verschaffen sich u. a. durch Träume einen Weg, deren Enträtselung durch bestimmte Deutungsverfahren, oft unter Zuhilfenahme eines Psychotherapeuten, erfolgt. Bei diesem Verfahren wird ein manifester Trauminhalt eruiert, der einen Zugang zum Bewusstsein gefunden hat. Auf diese Weise werden unerfüllte Wünsche, unausgelebte Situationen kompensiert und kanalisiert.

Beide Konzepte haben gemeinsam, dass sie dem Verstand auf der Oberfläche des Bewusstseins misstrauen, in ihren Augen erfolgt der Schöpfungsprozess an einer Schnittstelle zwischen Unbewusstem und Bewusstem. Allerdings unterscheiden sie sich dadurch, dass bei Bergson das Unbewusste virtuell vorhanden und je nach Bedarf abrufbar ist, während Freud der Dynamik psychischer Kräfte Rechnung trägt, die aus Gründen der Gesundheit (Überleben trotz schädigender und verletzender Erlebnisse, unangenehmer Erinnerungen, verbotener Wünsche usw.) verdrängte unbewusste Inhalte blockieren. Aktuelle neurowissenschaftliche Untersuchungen unterstützen Freuds Konzept, das sich auch insbesondere in der Malerei niedergeschlagen hat (siehe Kap. 7).

Hier interessiert uns, welche Rolle der Prozess des Erinnerns beim Verfassen von literarischen Werken spielen kann. Prousts Romanzyklus „Auf der Suche nach der verlorenen Zeit" [1]. lässt einige Parallelen zu Bergsons Gedächtnismodell erkennen, auch wenn Proust sich stets dagegen verwahrt hat, sich auf Bergson zu beziehen.[1] Es ist – wie Antoine Compagnon in seiner Vorlesung schlüssig darlegt – nicht nur ein Werk, das das Gedächtnis zum Thema hat, sondern das auch selbst wie ein Gedächtnis aufgebaut ist. Zunächst wollen wir kurz auf das ungewöhnliche Leben Marcel Prousts eingehen, dessen Spuren sich im Werk niederschlagen, was aber nicht dazu verleiten soll, den Autor mit dem Ich-Erzähler zu verwechseln.

Marcel Proust wird am 10. Juli 1871 im Pariser Vorort Auteuil geboren. Sein Vater ist ein angesehener Arzt und Medizinprofessor, der sich neben seiner ärztlichen Tätigkeit der Hirnforschung widmet und besonders die Funktion der Gedächtnisprozesse gerne mit seinen Söhnen diskutiert, seine Mutter stammt aus einer vermögenden jüdischen Bankiersfamilie. Als Schüler befasst sich Marcel bereits mit Theater, Lesen und Schreiben, den wichtigsten Tätigkeiten seines späteren Lebens. Nach einem freiwilligen Jahr beim Militär – trotz seiner labilen Gesundheit, denn er leidet seit seiner Kindheit an Asthma – studiert er Jura an der Sorbonne und Diplomatie an der École des Sciences Politiques in Paris, bricht das Studium aber ab und macht in Philosophie und Literatur einen Abschluss. Auf Druck seines Vaters nimmt er 1895 eine unbezahlte Stelle als Bibliothekar an, lässt sich aber bald darauf krankschreiben. In dieser Zeit lernt Proust Henri Bergson kennen, mit dem er weitläufig verwandt ist.

Er führt das Dasein eines müßiggängerischen Lebemannes, betreibt kunsthistorische Studien und verschafft sich Zugang zur bürgerlich-adeligen Salonkultur, aber auch zur Creme der fürstlichen Familien (Prince of Wales oder dem Bayernkönig Ludwig). Ihre Gepflogenheiten beobachtet der junge Dandy mit akribischer Genauigkeit und hält sie in seinen Notizbüchern fest. Der Autor kämpft zeitlebens mit seiner Homosexualität, die sein Vater ihm während seiner Jugend noch durch einen Bordellbesuch hat austreiben wollen. Proust hat zahlreiche Liebhaber, bekennt sich aber nie offen zu seiner sexuellen Orientierung.

Der Tod seines Vaters (1903) und der seiner Mutter (1905), die er abgöttisch liebt, lösen eine schwere Depression bei ihm aus. Gegen die innere Leere, die der Verlust seiner geliebten Eltern hinterlässt, versucht er mithilfe seiner Erinnerung anzukämpfen: Er macht sich auf die Suche nach der verlorenen Zeit. Immer mehr zieht er sich aus dem mondänen Gesellschaftsbetrieb zurück und schreibt im Bett, umgeben von unzähligen Notizbüchern und -zetteln sein Lebenswerk. Sein Schlafzimmer ist mit Korkeiche ausgeschlagen, denn er ist aufgrund seines Asthmas höchst lärm- und geruchsempfindlich. Daher zieht er es auch vor, nachts auszugehen – er putscht sich dazu eigens mit Mokka auf – und tagsüber unter Zuhilfenahme von Veronal zu schlafen.

---

[1] Im Folgenden beziehe ich mich u. a. auf die 2006 am Collège de France gehaltene Vorlesung von Antoine Compagnon mit dem Titel „Proust, La mémoire de la littérature ".

1913 legt er mit „Du côté de chez Swann" den ersten Band seines siebenteiligen Romans unter dem Haupttitel „À la recherche du temps perdu" (1913–1927) vor, den er 1927 mit „Le Temps retrouvé" abschließt. Die sieben Bücher gelten als sein Hauptwerk, das autobiografische Züge trägt und sich mit dem Wesen menschlicher Identität befasst. Bereits der erste Band wird ein Erfolg. Für den nachfolgenden Band erhält er 1917 den Goncourt-Preis. Am 18. November 1922 stirbt er an Lungenentzündung in Paris. Die letzten drei Bände seines Hauptwerkes werden posthum veröffentlicht.

Dem Romanzyklus geht die Studie „Contre Sainte-Beuve" [2] voraus, in der Proust eine intensive poetologische Reflexion über den Prozess des Schreibens und die Eigenschaften des schreibenden Subjekts anstellt, die sich später in seinem Gedächtnis-Epos niederschlägt. Darin setzt er sich u. a. mit dem Werk des englischen Kunstkritikers John Ruskin auseinander, das sich mit der Natur des Lesens und seiner Auswirkung auf den Leser befasst. Proust wendet sich in dieser Abhandlung gegen eine Identifikation von biografischem und literarischem Ich des Schriftstellers. Das Labor des schreibenden Subjekts sei sein „moi profond" im Gegensatz zum „moi social". Die Nähe zu Bergsons Unterscheidung des „moi intérieur" vom „moi conventionnel" ist schwer von der Hand zu weisen! Proust lehnt eine rein biografisch ausgerichtete Interpretation von Dichtung ab. Autor und Werk sind nach seiner Auffassung zwei unabhängige Einheiten, wobei Letzteres als inneres Selbst nicht so sehr den Autor repräsentiert, sondern vielmehr den Leser zu seinem eigenen inneren Selbst führen soll. Das Lesen sei ein Akt der Kommunikation inmitten der Einsamkeit. Der eigentliche Schlüssel zur Wahrheit und Erkenntnis liege demnach nicht in einem Buch, sondern in jedem Individuum, das ein solches Buch liest.

Der Roman hat keine Handlung im eigentlichen Sinn des Wortes, alle Wirklichkeit ist durch die subjektive Wahrnehmung des Ich-Erzählers gefiltert. Es ist ein Roman über die Zeit, das Vergessen und das Wiedererinnern. Der Erzähler entdeckt per Zufall, dass in besonderen Momenten mithilfe sinnlicher Wahrnehmungen vergangene Erlebnisse und Gefühle freigelegt werden, die ihm größtes Glück bedeuten. Trotz des Umfangs (4000 Seiten) und der Spannweite der Sätze, die Lesern einige Mühe abverlangen können, passiert es immer wieder, dass man ihm verfällt und nach dem Bad im Meer der Erinnerungen süchtig wird, vielleicht weil man unwillkürlich (auf diesen Begriff werden wir gleich noch öfter zu sprechen kommen) selbst anfängt, sein Buch zu schreiben, in der Einsamkeit zu kommunizieren …Tauchen wir ein: „Longtemps, je me suis couché de bonne heure." (Lange Zeit bin ich früh schlafen gegangen.) So beginnt das erzählende, an Schlaflosigkeit leidende Erzähler-Ich, das die Erinnerung an seine früheren Schlafzimmer weckt und im

Schlafzimmer seiner Kindheit in Combray landet. Diese Art Erinnerung nennt er „souvenirs volontaires", Erinnerungen des Verstandes, vorsätzliche oder willkürliche Erinnerungen. Das Erzähler-Ich ruft verschiedene Lebensphasen seines Helden(-Ich) auf. Zu einem späteren Zeitpunkt wird der erwachsene Held mit dem berühmten Madeleine-Erlebnis die erste Erfahrung der „mémoire involontaire", also der unwillkürlichen Erinnerung machen, die einen Strudel an weiteren Erinnerungen freisetzt.

Häufig wird das Madeleine-Erlebnis lapidar zusammengefasst, um dann eine Analyse über die Mechanik des Erinnerns anzuknüpfen. Das klingt meist recht simpel: Man esse einen Keks, um die Erinnerung an den Urkeks wachzurufen. Wir lassen hier lieber den Autor selbst sprechen, wenn er vorführt, wie sein Erinnerungssystem funktioniert. Das folgende ausführliche Zitat aus [3], Seite 63–67, erhellt zugleich, wie Proust arbeitet: Er macht den Leser zum Zeugen der einzelnen Etappen des Erinnerungsaktes, der akribisch genau wie ein wissenschaftliches Experiment strukturiert wird, und lässt ihn mitfiebern, sodass er letztlich glaubt, selbst den Schatz zu heben, Hemmnisse und Schwierigkeiten zu überwinden, aber auch die belebende und beglückende Wirkung seiner Bergung zu spüren:

Ebenso ist es mit unserer Vergangenheit. Vergebens versuchen wir sie wieder heraufzubeschwören, unser Geist bemüht sich umsonst. Sie verbirgt sich außerhalb seines Machtbereichs und unerkennbar für ihn in irgendeinem stofflichen Gegenstand (oder der Empfindung, die dieser Gegenstand in uns weckt); in welchem, ahnen wir nicht. Ob wir diesem Gegenstand aber vor unserem Tode begegnen oder nie auf ihn stoßen, hängt einzig vom Zufall ab.

Viele Jahre lang hatte von Combray außer dem, was der Schauplatz und das Drama meines Zubettgehens war, nichts für mich existiert, als meine Mutter an einem Wintertage, an dem ich durchfroren nach Hause kam, mir vorschlug, ich solle entgegen meiner Gewohnheit eine Tasse Tee zu mir nehmen. Ich lehnte erst ab, besann mich dann aber, ich weiß nicht warum, eines anderen. Sie ließ darauf eines jener dicken ovalen Sandtörtchen holen, die man 'Madeleine' nennt und die aussehen, als habe man als Form dafür die gefächerte Schale einer St.-Jakobs-Muschel benutzt. Gleich darauf führte ich, bedrückt durch den trüben Tag und die Aussicht auf den traurigen folgenden, einen Löffel Tee mit dem aufgeweichten kleinen Stück Madeleine darin an die Lippen. In der Sekunde nun, als dieser mit dem Kuchengeschmack gemischte Schluck Tee meinen Gaumen berührte, zuckte ich zusammen und war wie gebannt durch etwas Ungewöhnliches, das sich in mir vollzog. Ein unerhörtes Glücksgefühl, das ganz für sich allein bestand und dessen Grund mir unbekannt blieb, hatte mich durchströmt. Mit einem Schlage waren mir die Wechselfälle des Lebens gleichgültig, seine Katastrophen zu harmlosen Mißgeschicken, seine Kürze zu einem bloßen Trug unsrer Sinne geworden; es vollzog sich damit in mir, was sonst die Liebe vermag, gleichzeitig aber fühlte ich mich von einer köstlichen Substanz erfüllt: oder diese Substanz war vielmehr nicht in mir, sondern ich war sie selbst. Ich hatte aufgehört mich mittelmäßig, zufallsbedingt, sterblich zu fühlen. Woher strömte diese mächtige Freude mir zu? Ich fühlte, daß sie mit dem Geschmack des Tees und des Kuchens in Verbindung stand, aber darüber hinausging und von ganz anderer Wesensart war. Woher kam sie mir? Was bedeutete sie? Wo konnte ich sie fassen? Ich trinke einen zweiten Schluck und finde nichts anderes darin als im ersten, dann einen dritten, der mir sogar etwas weniger davon schenkt als der vorige. Ich muß aufhören, denn die geheime Kraft des Trankes scheint nachzulassen. Es ist ganz offenbar, daß die Wahrheit, die ich suche, nicht in ihm ist, sondern in mir. Er hat sie dort geweckt, aber er kennt sie nicht und kann nur auf unbestimmte Zeit und mit schon schwindender Stärke seine Aussage wiederholen, die ich gleichwohl nicht zu deuten weiß und die ich wenigstens wieder von neuem aus ihm herausfragen und unverfälscht zu meiner Verfügung haben möchte, um entscheidende Erleuchtung daraus zu schöpfen. Ich setze die Tasse nieder und wende mich meinem Geiste zu. Er muss die Wahrheit finden. Doch wie? Eine schwere Ungewissheit tritt ein, so oft der Geist sich überfordert fühlt, wenn er, der Forscher, zugleich die dunkle Landschaft ist, in der er suchen soll und wo das ganze Gepäck, das er mitschleppt, keinen Wert für ihn hat. Suchen? Nicht nur das: Schaffen. Er steht vor einem Etwas, das noch nicht ist, und das doch nur er in seiner Wirklichkeit erfassen und dann in sein eigenes Licht rücken kann.

Wieder frage ich mich, was das für ein unbekannter Zustand sein mag, der keinen logischen Beweis, wohl aber den Augenschein eines Glückes mit sich führte, einer Wirklichkeit, der gegenüber alle andern verblassen. Ich will versuchen, ihn von neuem herbeizuführen. Ich durchlaufe rückwärts im Geiste den Weg bis zu dem Moment, wo ich den ersten Löffel voll Tee an den Mund geführt habe. Ich finde den gleichen Zustand wieder, doch von keinem neuen Licht erhellt. Ich verlange von meinem Geist das Bemühen, die fliehende Empfindung noch einmal wieder heraufzubeschwören. Und damit sein Schwung sich an keinem Hindernis brechen kann, räume ich alles hinweg, jeden fremden Gedanken, ich schirme mein Gehör und meine Aufmerksamkeit gegen alle Geräusche des Nebenzimmers ab. Dann aber, da ich fühle, wie mein Geist sich erfolglos abmattet, zwinge ich ihn umgekehrt zu jener Zerstreuung, die ich ihm vorenthalten wollte, lasse ihn an anderes denken und sich gleichsam erholen, bevor er noch einmal den Anlauf unternimmt. Dann schaffe ich ein zweites Mal völlige Leere um ihn, ich stelle ihm den noch ganz frischen Geschmack jenes ersten Schlucks gegenüber und spüre, wie etwas in mir sich zitternd regt und verschiebt, wie es sich zu erheben versucht, wie es in großer Tiefe den Anker gelichtet hat; ich weiß nicht, was es ist, doch langsam steigt es in mir empor; ich spüre dabei den Widerstand und höre das Rauschen und Raunen der durchmessenen Räume.

Sicherlich muß das, was so in meinem Inneren in Bewegung geraten ist, das Bild, die visuelle Erinnerung sein, die zu diesem Geschmack gehört und die nun versucht, mit jenem bis zu mir zu gelangen. Aber sie müht sich in zu großer Ferne und nur allzu schwach erkennbar ab; kaum nehme ich einen gestaltlosen

Lichtschein wahr, in dem sich der ungreifbare Wirbel der Farben vermischt und verliert; aber ich kann die Form nicht unterscheiden, nicht von ihr als dem einzig möglichen Dragoman erbitten, daß sie mir die Aussage ihres Begleiters, ihres unzertrennlichen Gefährten, des Geschmacks übersetzt, sie nicht fragen, um welche Begebenheit, um welche Epoche der Vergangenheit es sich handeln mag.

Wird sie bis an die Oberfläche meines Bewußtseins gelangen, diese Erinnerung, jener Augenblick von einst, der, angezogen durch einen ihm gleichen Augenblick, von so weit her gekommen ist, um alles in mir zu wecken, in Bewegung zu bringen und wieder heraufzuführen? Ich weiß es nicht. Jetzt fühle ich nichts mehr, er ist zum Stillstand gekommen, vielleicht in die Tiefe geglitten; wer weiß, ob er jemals wieder aus seinem Dunkel emporsteigen wird? Zehnmal muß ich es wieder versuchen, mich zu ihm hinunterzubeugen. Und jedesmal rät mir die Trägheit, die uns von jeder schwierigen Aufgabe, von jeder bedeutenden Leistung fernhalten will, das Ganze auf sich beruhen zu lassen, meinen Tee zu trinken im ausschließlichen Gedanken an meine Kümmernisse von heute und meine Wünsche für morgen, die ich unaufhörlich und mühelos in mir bewegen kann.

Und dann mit einem Male war die Erinnerung da. Der Geschmack war der jener Madeleine, die mir am Sonntagmorgen in Combray (weil ich an diesem Tage vor dem Hochamt nicht aus dem Hause ging) sobald ich ihr in ihrem Zimmer guten Morgen sagte, meine Tante Léonie anbot, nachdem sie sie in ihren schwarzen oder Lindenblütentee getaucht hatte. Der Anblick jener Madeleine hatte mir nichts gesagt, bevor ich davon gekostet hatte; vielleicht kam das daher, daß ich dies Gebäck, ohne davon zu essen, oft auf den Tischen der Bäcker gesehen hatte und daß dadurch sein Bild sich von jenen Tagen in Combray losgelöst und mit anderen, späteren verbunden hatte; vielleicht auch daher, daß von jenen so lange aus dem Gedächtnis entschwundenen Erinnerungen nichts mehr da war, alles sich in nichts aufgelöst hatte: die Formen – darunter auch die dieser kleinen Muschel aus Kuchenteig, die so behäbig und sinnenfroh wirkt unter ihrem strengen, frommen Faltenkleid – waren versunken oder sie hatten, in tiefen Schlummer versenkt, jenen Auftrieb verloren, durch den sie ins Bewusstsein hätten emporsteigen können. Aber wenn von einer früheren Vergangenheit nichts existiert nach dem Ableben der Personen, dem Untergang der Dinge, so werden allein, zerbrechlicher aber lebendiger, immateriell und doch haltbar, beständig und treu Geruch und Geschmack noch lange wie irrende Seelen ihr Leben weiterführen, sich erinnern, warten, hoffen, auf den Trümmern alles übrigen und in einem beinahe unwirklich winzigen Tröpfchen das unermeßliche Gebäude der Erinnerung unfehlbar in sich tragen.

Auch die anderen Erlebnisse des Erzählers mit unwillkürlichen Erinnerungen unterliegen einem Prozess der Erarbeitung, der dem oben beschriebenen gleicht. Sinnesreize wie das Stolpern über ungleichmäßige Pflastersteine oder

der Benzingeruch eines Automobils lösen unwillkürliche Erinnerungsprozesse aus. Sie fungieren als Katalysatoren zum Freisetzen von Erinnerungen, die mit der ursprünglichen in Verbindung stehen, sie wirken wie ein ins Wasser geworfener Stein, der viele Ringe an der Oberfläche hinterlässt. Dank ihrer kann aus der Tiefe der Erinnerung die Vergangenheit ans Tageslicht befördert werden.

Das erinnerte Erlebnis sei – so der Erzähler – wertvoller als das vergangene oder gegenwärtige, „da die Wirklichkeit in dem Moment, als sie erfahren wird, die Vorstellungskraft, das einzige Organ, das Schönheit genießen kann, nicht einsetzen kann, da man sich nur etwas vorstellen kann, das abwesend ist." [4]

Durch das Erinnern wird der Mensch zum Künstler, wie im letzten Band „Le temps retrouvé" (Die wiedergefundene Zeit) [4] verraten wird. Der Erzähler, der schon seit seiner Kindheit Schriftsteller werden wollte, liest eine Passage aus dem „Journal des Goncourt" (in Wahrheit eine Parodie Prousts auf den Stil der Brüder Goncourt) und beschließt, von seinem Berufswunsch Abstand zu nehmen, denn wenn diese mit Adjektiven überladene Beschreibungsorgie, das seelenlose Abkupfern der Wirklichkeit Literatur sein soll – dann glaubt er nicht an seine Begabung. Auf dem Weg zu einem Empfang der Prinzessin von Guermantes (eine alte Bekannte des Helden) grübelt er über seinen vermeintlichen Makel, nicht schreiben zu können. Er wartet in einem Lesesalon auf das Ende eines Musikstückes und vernimmt das Klappern eines Löffels und das Rascheln einer Serviette. Diese Geräusche lösen in ihm ein Gefühl aus, das er einst bei vielen Gelegenheiten empfunden hat. Dieses Mal beschließt er seinen Eindruck zu vertiefen, herauszufinden, warum ihn manche Empfindungen so glücklich machen, und versteht schließlich, dass das unwillkürliche Gedächtnis allein imstande ist, die Vergangenheit wieder aufleben zu lassen, und dass das Kunstwerk einem erlaubt, ein echtes Leben zu führen und die von der Zeit gesetzten Grenzen zu überwinden. Der Held ist schließlich bereit, ein literarisches Werk zu schaffen. Ist das Ergebnis dieser Entscheidung denn der Roman, den wir in der Hand halten? Haben wir es hier mit einer „mise en abyme" zu tun? Es versteht sich, dass der Roman, den der Erzähler schreiben will, mit dem Werk Prousts nicht identisch sein kann. Aber er evoziert eine entsprechende Illusion, die den Staffelstab des Erzählers wie beiläufig in die Hand des Lesers gleiten lässt:

„In Wirklichkeit ist jeder Leser, wenn er liest, ein Leser nur seiner selbst. Das Werk des Schriftstellers ist dabei lediglich eine Art von optischem Instrument, das der Autor dem Leser reicht, damit er erkennen möge, was er in sich selbst vielleicht sonst nicht hätte erschauen können." [4] Diese Einbeziehung des Lesers, ja der Gedanke, dass der Leser sich selbst liest, liegt auf einer Linie mit den Beobachtungen über Kunstrezipienten, die beim Betrachten eines Bildes ähnlich kreative Prozesse durchlaufen wie der Künstler (siehe Kap. 7).

Möglicherweise ist mein eingangs beschriebener Erinnerungsversuch durch die Proust-Lektüre beeinflusst. Wie viel Anteil sie an meiner Wahrnehmung hat, kann ich aus Gründen der Befangenheit nicht ermessen. Ich kann lediglich ausprobieren, ob sich auch bei mir Erinnerungen einstellen, die durch unwillkürliche Erlebnisse hervorgerufen werden. Ich stelle fest: Der Besuch eines längere Zeit nicht gesehenen Ortes kann unwillkürliche Erinnerungen an die Zeit und Erlebnisse, die man an diesem Ort hatte, auslösen: Der modrige Geruch des Kanalwassers in Venedig zum Beispiel, sein Schwappen gegen die Uferbefestigungen, der leichte Schwindel, den die schwankenden Vaporetto-Stationen erzeugen, das Kreischen der Möwen – all das befördert das Wiederaufleben meines Venediggefühls, der Erinnerungen an diese Stadt, die ich schon in meiner Kindheit besuchen durfte. Oder: Steige ich nach stundenlanger Fahrt ins Allgäu aus dem Auto, holt der Duft von Holzfeuer meine vielen langen Wintermonate zurück. Jeder kann an sich selbst überprüfen, ob und wie Sinnesreize Erinnerungsprozesse befördern. Ein Teil des gelebten Lebens, das in einem ruht, wird reanimiert, ein Ton in der Klaviatur des Ich wird angeschlagen und lässt eine von vielen Phasen des Daseins erklingen. Solche Momente können als beglückend wahrgenommen werden, sie zeugen von unserer durée und verraten, dass Vergangenes in uns ruht und abgerufen werden kann. Wir werden dadurch wohl nicht gleich zum Künstler (sofern wir das Erlebnis nicht in ein bleibendes Werk fassen), können aber in unserem Leben lesen.

Wir haben hier vor allem die Erinnerungen angesprochen, die eher der Kategorie unwillkürlich zuzuordnen sind. Proust'sche Erinnerungserlebnisse sind dem puren Zufall überlassen und nicht willentlich herbeizuführen. Die von mir beschriebenen Erinnerungen – Klassentreffen, Reiseerlebnisse – gehören eigentlich nicht dazu, da ich sie ja bewusst hervorgerufen habe, um den Zusammenhang von Sinnesreizung und Erinnerung zu illustrieren. Das schließt natürlich nicht aus, dass auch unwillkürliche Erinnerungsfälle eintreten, die – versteht sich – eher von seltener Natur sind. Proust bediente sich ihrer als Katalysatoren für einen Erinnerungsprozess, die eine Lawine von Erinnerungen auslösten und das Geflecht seines Werkes bestimmten, das den Prozess des Erinnerns selbst zum Thema hat.

9.2   Erinnern in neuronalen Netzen

Sehen wir uns die Prozesse des Lernens und Erinnern aus neurowissenschaftlicher Sicht an: Neuronale Netze und insbesondere das Lernen in solchen Netzen haben wir ausführlich in Kap. 5 besprochen. Wir haben dabei gesehen, dass Lernen und Abspeichern von Wissen durch Verstärken oder Abschwächen von Verbindungen zwischen den Neuronen geschieht. Wird eine Verbindung häufig benutzt, wird sie verstärkt, und somit wird die Netzwerkstruktur verändert – das Netz hat etwas gelernt. In Kap. 7 haben wir dann geschildert, wie solche künstliche neuronale Netze äußerst erfolgreich zur Bild- und Objekterkennung eingesetzt werden können. Über das Wiederfinden der Information, die in dem Netzwerk gespeichert wurde, haben wir bisher wenig gesagt. Wir haben zwar erläutert, wie ein Netz, das gelernt hat zu klassifizieren, also zum Beispiel zu erkennen, ob ein Bild eine Rose darstellt, die Bildpunkte durch das Netz mit den gelernten modifizierten Verbindungen schiebt; am Ausgang des Netzes liegt dann eine Null oder eine Eins, je nachdem ob es sich um eine Rose handelte.

Die ausführliche Proust'sche Darstellung des Prozesses des Erinnerns aus dem vorangegangen Abschnitt beschreibt aber ein anderes Problem: Wie kann eine Erinnerung lebendig gemacht werden? Wie kann das Glücksgefühl, welches das Empfinden der Madeleine ausgelöst hat, wieder erzeugt werden? Wie kann der Sonntagmorgen in Combray wieder empfunden werden? Bei unserem simplen Rosenbeispiel aus Kap. 5 würde das heißen: Wie kann das Bild einer Rose im Gehirn erinnert werden, ohne dass entsprechende Bildpunkte an den Eingabeneuronen des Netzes – also den Zellen der Netzhaut – anliegen?

Eine weitere Eigenheit, die wir bisher in unseren künstlichen neuronalen Netzen nicht beachtet haben, ist, dass das menschliche Gedächtnis aus zahlreichen verschiedenen Gedächtnissystemen besteht. Man kann zwischen implizitem und explizitem Gedächtnis unterscheiden: Wir lernen Wissen über die Welt, über Orte und Dinge, also explizites Wissen, welches wir in uns bei Bedarf bewusst machen können; es kann sodann benutzt und in Form von Sprache und Schrift auch kommuniziert werden. Implizites Wissen umfasst dagegen motorische Fähigkeiten, manchmal auch prozedurales Wissen genannt. So ist es zum Beispiel äußerst schwierig und langwierig, einen guten Aufschlag im Tennis zu lernen – eine explizite oder deklarative Darstellung, wie sie in Büchern zu finden ist, hilft dabei nicht viel weiter; der Bewegungsablauf muss vielfach wiederholt und korrigiert werden. Erst dann „erinnert sich der Körper" und kann den perfekten Aufschlag wiederholen. Im Zusammenhang mit der Behandlung von Zeit und Erinnern bei Henri Bergson aus Kap. 4 hatten wir von prozeduralem Gedächtnis gesprochen; das implizite Wissen steht durch einen Ablauf, eine Prozedur, zur Verfügung.

Eine andere Dimension bietet die Unterscheidung in Kurz- und Langzeitgedächtnis: Im Kurzzeitgedächtnis kann nur eine sehr begrenzte Menge von Informationen gespeichert werden. Wenn man zum Beispiel Wortlisten memorieren möchte, ist eine grobe Richtlinie, dass bis zu sieben Worte problemlos über eine kurze Zeitspanne gemerkt und erinnert werden können. Die genaue

Anzahl streut und ist von der Länge der vorgelegten Worte und von ihrem thematischen oder semantischen Zusammenhang bestimmt. Ohne mehrmaliges gedankliches Wiederholen der aufgenommenen Liste verliert sich die Erinnerung nach ca. 18 s. Durch Üben und Repetieren jedoch geht die Information in das Langzeitgedächtnis über und kann dann auch noch nach sehr langer Zeit erinnert werden – ganz so wie von Proust geschildert. In einzelnen Fällen kann dies auch ohne Wiederholen geschehen, etwa wenn das zu Memorierende von hoher Relevanz ist. Bevor wir auf den Prozess des Erinnerns eingehen, wollen wir den Übergang von Informationen vom Kurz- zum Langzeitgedächtnis näher betrachten.

Eric Kandel, den wir ausführlich in Kap. 7 vorgestellt haben, untersuchte in den 1960er-Jahren das Lernen und Erinnern auf zellulärer Basis. Als Untersuchungsobjekt diente ihm die Meeresschnecke Alypsia, die sich aufgrund ihrer geringen Anzahl von Zellen im sogenannten Abdominalganglion – einem Zellcluster aus ca. 2000 Zellen – auszeichnet. Kandel und seine Kollegen untersuchten dabei den Kiemenrückzug-Mechanismus: Wenn eine bestimmte Region in der Nähe der Kieme berührt wird, zieht die Schnecke die Kieme zurück, um sie zu schützen. Dabei konnten die Forscher feststellen, dass zwei Arten von Lernen bei diesem einfachen Reflex zu beobachten sind – Habituation und Sensitivierung. Bei der Habituation lernt die Alypsia bei wiederholter Reizung, dass die Berührung harmlos ist, und schwächt den Reflex ab. Die Sensitivierung wird hervorgerufen, wenn ein schmerzhafter Reiz in einer anderen Körperregion ausgelöst wird und anschließend der nicht schmerzhafte Kiemenrückzug-Reiz erfolgt. Als Folge des unangenehmen Reizes davor wird aber nun ein heftiges Rückziehen der Kiemen ausgelöst. Beide Lernformen jedoch führen nur zu einer Erinnerung im Kurzzeitgedächtnis. Wiederholt man den Reiz vierzigmal hintereinander, kommt es zu einer Habituation, die einen Tag anhält. Zehn Reize jedoch über mehrere Tage lang führen dazu, dass die Habituation bis zu vier Wochen anhält. Die Pausen zwischen den Reizen erleichtern offenbar den Übergang der Habituation ins Langzeitgedächtnis. Erreicht wird die Habituation durch eine Unterdrückung der synaptischen Verbindungen zwischen den Zellen des neuronalen Systems. Die Sensitivierung dagegen durch eine Verstärkung der Verbindungen, genauso wie wir es bei unseren keinen Beispielen mit künstlichen neuronalen Abschnitten in Kap. 5 durchgespielt haben.

Wie geschieht aber nun der Übergang vom Kurz- ins Langzeitgedächtnis? Aufgrund der relativ einfachen und gut zu vermessenden Zellstruktur der Aplysia erkannte Kandel schon bald, dass es keine verschiedenen Regionen sind, in denen Kurz- und Langzeitgedächtnis angesiedelt sind. Es sind die gleichen Zellen, in denen kurz oder dauerhaft abgespeichert wird. Jedoch kann man deutliche strukturelle Veränderungen bei der Langzeithabituation und der Langzeitsensitivierung feststellen. Die Verästelung der Neuronen nimmt bei der Sensitivierung zu, bei der Habituation dagegen ist ein Verlust von Synapsen zu beobachten.

Kandel beschreibt eindrucksvoll in [5], wie er Jahre später, ab 1980, nicht zuletzt durch die Erfolge der Molekularbiologie, zu der Ansicht kam, dass die dauerhaften Veränderungen der Neuronen, also das Langzeitgedächtnis, auf die Steuerung von Genen im Kern der Neuronen zurückzuführen sind. Ein einzelner Reiz – wie zum Beispiel die Berührung der Kiemenumgebung der Aplysia – führt zu einer Verstärkung der synaptischen Verbindung zwischen Neuronen. Beim Kiemenrückzug-Reflex ist dies die Verbindung von einem Sensor- zu einem Motorneuron, die bei der Sensitivierung verstärkt und bei der Habituation abgeschwächt wird. Wiederholte Stimulation bewirkt, dass zusätzlich bestimmte Enzyme in den Zellkern wandern. Dort aktivieren sie Gene in der Zelle, welche die Proteininformation codiert haben, die für die Synthese des Proteins zur Modifikation der Verbindungen verantwortlich sind. Das entsprechende Protein wird synthetisiert und kann zur dauerhaften Bildung neuer Verbindungen genutzt werden. Dieser Vorgang ist sehr viel komplexer, als er hier angedeutet ist – wichtig jedoch ist, dass Kurz- und Langzeitgedächtnis nicht räumlich getrennt sind und dass das Langzeitgedächtnis im Wesentlichen durch Proteinsynthese zustande kommt. Die Forschung in den letzten Jahrzehnten kennt mittlerweile viele der zellularen Mechanismen beim Lernen bzw. Speichern von Informationen, und es ist auch erwiesen, dass sich die Ergebnisse, die über Jahrzehnte mithilfe einfacher Zellstrukturen, wie der der Aplysia, gewonnen wurden, auch auf komplexe neuronale Strukturen wie denen des Menschen übertragen lassen.

Gängige Lehrbücher der Neurowissenschaften, wie z. B. [6], enthalten heute äußerst detaillierte Erklärungen des Lernens auf molekularbiologischer Basis. Anders ist die Situation, wenn wir Genaueres über das Erinnern lernen wollen. Und das ist schließlich genau der Vorgang, den Proust beschreibt, wenn sein Protagonist darum ringt, den Sonntagmorgen in Combray wieder zu fühlen.

Grundsätzlich kann man zwei verschiedene Arten unterscheiden, wie auf das Gedächtnis zugegriffen werden kann: durch Wiedererkennen und durch Abruf. Beim Wiedererkennen eines Objektes oder eines Ereignisses, welches in der Vergangenheit wahrgenommen oder erlebt wurde, wird dieses mit einem aktuellen Objekt oder Ereignis assoziiert. Dieser Vorgang benötigt offenbar einen Vergleich, einen Prozess also, der neue Information mit denen im

Gedächtnis vergleicht. Dabei kann es durchaus hilfreich sein, wenn die Umgebung, also der sensorische Input, während des Wiedererkennens ähnlich dem des Lernvorganges ist. Für den Spezialfall der Gesichtserkennung verfügen Menschen sogar über ein spezialisiertes Areal im Gehirn, welches uns sehr schnell über die Vertrautheit eines Gesichtes entscheiden lässt. Bei der zweiten Art, dem Abruf, ist das zu Erinnernde nicht physikalisch gegenwärtig, es ist z. B. der Name einer Person oder ein auswendig gelerntes Gedicht – hier muss der Gedächtnisinhalt unmittelbar reproduziert werden.

In beiden Fällen scheinen Oszillationen im neuronalen Netz des Gehirns eine Schlüsselrolle zu spielen. Wir haben bereits besprochen, wie ein Neuron auf die anliegenden Verbindungen zu anderen Neuronen reagiert. Sobald die Summe der eingehenden Reize ein bestimmtes Potenzial erreicht, feuert das Neuron seinerseits über die synaptischen Verbindungen im Netzwerk. Dies ist nun nicht nur ein einzelner Impuls, es werden vielmehr verschiedene Impulse hintereinander in einer bestimmten Taktrate abgesetzt. Vernetzte Neuronen in einer bestimmten Umgebung des feuernden Neurons gleichen sich nun mit ihrer Taktfrequenz an. Dies führt dazu, dass Ansammlungen von Neuronen ihre Taktfrequenz angleichen und gemeinsam oszillieren. Solche Schwingungen können durch Elektroden am Schädel in Form eines sogenannten EEGs aufgezeichnet werden. Analysen von EEGs spielen seit Langem eine wichtige Rolle in der Medizin; dass die neuronale Oszillation auch für das Lernen und Erinnern eine wichtige Rolle spielt, sind Erkenntnisse, die sich erst seit den 1990er-Jahren durchsetzt haben. Wolf Singer und Kollegen hatten damals durch Experimente die sogenannte Binding-by-Synchrony-Hypothese bestätigen können.[2] Damit wurde klar, dass verschiedene Regionen im Gehirn durch Synchronisation ihrer Oszillation verbunden werden können. Dadurch wird es möglich, verschiedene Eigenschaften eines Objektes, die in unterschiedlichen Regionen des Gehirns gespeichert sind, zu verbinden. Blickt man zum Beispiel auf einen Baum, werden die Neuronen, die den Stamm des Baumes repräsentieren, sich mit ihrer Oszillation mit den Neuronen, die die Äste repräsentieren, synchronisieren – beide Regionen oszillieren synchron und sind damit verbunden. Aber auch beim Lernen und Wiedergeben von deklarativem Wissen, wie etwa Wortlisten, ist die neuronale Oszillation von Bedeutung. Dies wird deutlich durch Experimente, die in [7] veröffentlicht sind. Die Autoren benutzen die tACS-Technik (transcranial alternating current stimulation), bei der Personen über Elektroden an der Kopfhaut elektrische Schwingungen einer bestimmten Frequenz angelegt werden können. Diese Schwingungen

---

[2]Ich erinnnere mich gut, während meiner Programmiertätigkeit als Student am Max-Planck-Institut für Psychiatrie in München Wolf Singer im Computerraum auftauchen zu sehen. Oft hatte er eine Katze im Arm, aus derem Schädel Drähte hingen. Katzen mit implantierten Elektroden im Gehirn waren die Basis für diese Experimente.

induzieren nun eine neuronale Oszillation in den Regionen des neuronalen Netzes, die sich in der Nachbarschaft der angelegten Elektroden befinden. Der Versuchsperson werden Wortlisten vorgelegt, die sie memorieren soll, und dabei wird während des Lernens eine bestimmte Frequenz mittels tACS angelegt. Die Rate der korrekt wiedergegebenen Worte verbessert sich signifikant, wenn beim Erinnern dieselbe Frequenz mittels tACS angelegt wird. Ändert man beim Erinnern die Frequenz oder legt nur zum Schein ein tACS an, erhält man die gleiche Korrektheitsrate wie bei der Kontrollgruppe ohne tACS.

Die Synchronisation von neuronalen Oszillatoren ist also anscheinend ein Mechanismus, der verschiedene Teile des Gehirns bei Bedarf miteinander verbinden kann. So können in verschiedenen Kontexten unterschiedliche Informationen miteinander verknüpft werden. Bei Versuchen mit Affen am Max-Planck-Institut für Biologische Kybernetik wurde gezeigt, dass beim Wiedererkennen von Bildern sich verschiedene Gehirnregionen miteinander synchronisieren. Die Oszillationen im präfrontalen Cortex, der für das Kurzzeitgedächtnis wesentlich ist, synchronisiert sich mit den Oszillationen im visuellen Cortex, in dem eben genau die Sehinformation verarbeitet wird. Das Gehirn konstruiert also in gewisser Weise die Erinnerung, indem es die entsprechenden Areale synchronisiert und sie damit in Verbindung bringt. Anscheinend werden also Bindungen zwischen verschiedenen Objekten, Eigenschaften und Bildern, die ein Ereignis für uns ausmachen, im Gehirn verteilt gespeichert; bei Bedarf werden dann durch Synchronisation der Oszillation der entsprechenden Areale die Bindungen wiederhergestellt.

Erinnern wir uns an Prousts Schilderungen: Er versucht, den Zustand wieder herbeizuführen, den er gefühlt hat, als er die Madeleine kostete und mit einem Mal das Glücksgefühl seiner Kindheit wieder erleben konnte. Er beschreibt, wie er alle seine Sinne abschirmt und versucht sich auf den Geschmack zu besinnen. Er beschreibt, wie sich die visuellen Erinnerungen schwach mit dem Geschmack verbinden, wie sich ein Wirbel von Farben damit assoziiert, wie alles plötzlich wieder verschwindet – und dann plötzlich ist die Erinnerung wieder da. Wird hier nicht der Vorgang der Synchronisation der Oszillation in verschiedenen Arealen des Gehirns beschrieben? Die Erinnerung an die Sonntagmorgen wird im Gedächtnis konstruiert; dies ist ein Vorgang, der in der Zeit stattfindet, das Erinnern als gestaltender Prozess! Die Forschungsergebnisse der Neurowissenschaften sind naturgemäß mithilfe sehr viel einfacherer und damit auch besser zu verstehender Experimente erzielt worden. Trotzdem ist es spannend, die Modelle und Erklärungen, die damit entwickelt werden, auch auf Beispiele aus unserem täglichen Erleben anzuwenden. Wenn wir etwa die Loci-Methode (siehe Kap. 6) anwenden, um Zahlenfolgen oder Wortlisten zu memorieren, könnte es durchaus sein, dass wir den oben beschriebenen Binding-by-Synchrony-Mechanismus benutzen, wenn wir durch mentales Ablaufen der räumlichen Merkpunkte die Zahlenfolgen oder Wortlisten rekonstruieren. Sicher ist, dass wir dabei den Prozess des Lernens wiederholen – Erinnern ist ein konstruktiver zeitlicher Prozess. In gewisser Weise ist dieser Prozess auch etwas Kreatives; Erinnerungen werden konstruiert und in den Kontext der Gegenwart gestellt. Wir kommen weiter unten im Detail auf Kreativität zu sprechen.

9.3   Erinnern in künstlichen Systemen

Lernen und Erinnern in künstlichen neuronalen Netzen versucht man ähnlich wie beim lebenden Vorbild zu realisieren. Wenn man aber an klassische symbolische KI-Systeme denkt, die die Mechanismen der Wissensdarstellung und Wissensverarbeitung, wie sie in Kap. 5 besprochen wurden, verwenden, scheint das Problem des Speicherns und Wiederfinden recht einfach. Schließlich ist es ja eine große Stärke von Computern, Daten, Informationen und Wissen in beliebigen Mengen zu speichern. Mit dem Stichwort „big data" verbinden wir die immensen Möglichkeiten, Daten aus allen Lebensbereichen, z. B. aus sozialen Netzen oder über unser Kaufverhalten, zu verarbeiten und Einsichten in unser Verhalten zu bekommen. Dies ist durch die schier unbeschränkte Speicherkapazität unserer Computer oder Rechnernetze möglich geworden.

Das Problem beim Einsatz großer Wissensbasen ist aber nicht das Speichern, sondern das Auffinden von jenen Teilen des Wissens, das zum Lösen einer bestimmten Aufgabe relevant ist. In der Regel sind die zeitlichen Vorgaben so streng, dass das Wissen nicht einfach durchsucht werden kann, bis etwas Relevantes gefunden wird. Denken wir an den Einsatz des Watson-Systems in der Jeopardy!-Quizshow, das hier schon mehrfach erwähnt wurde. Dabei muss die Antwort auf eine Frage in kürzester Zeit gefunden werden, um gegen menschliche Mitkonkurrenten zu bestehen. Wissen steht dazu in ausreichenden Mengen gespeichert zur Verfügung – wie aber wird der relevante Teil davon identifiziert, um dann zum Finden der Antwort ausgewertet werden zu können? Im Kap. 12 über Sprache werden wir sehen, dass dazu auch semantische Beziehungen zwischen Worten eingesetzt werden können. So wissen wir, dass zum Beispiel der Begriff „Axt" sehr viel häufiger im Zusammenhang mit „Holz" benutzt wird als etwa im Zusammenhang mit „Stein". Diese semantische Ähnlichkeit kann nun verwendet werden, um Wissen im Zusammenhang mit einer Frage, die eine Axt betrifft, einzusetzen. Die Beherrschung von großen Wissensbasen zum Finden von relevanten Informationen ist in der KI ein aktuelles Forschungsgebiet; leider sind wir noch weit weg davon zu verstehen, wie Menschen dies bewerkstelligen, oder gar vom Menschen zu lernen.

Ein anderes Beispiel aus dem Bereich der symbolischen KI und Wissensverarbeitung ist das sogenannte Case-based Reasoning (fallbasiertes Schließen). Man geht hier davon aus, dass Schließen im Alltag im Wesentlichen auf vergangenen Erfahrungen beruht. Man erinnert sich an Fälle oder Situationen, in denen man ein ähnliches Problem gelöst hat; nun versucht man die Lösung des erinnerten Problems auf das neue anzupassen. Wir kennen dieses Vorgehen sehr gut aus der Rechtswissenschaft, wo man häufig schon gelöste Präzedenzfälle heranzieht, um einen gegeben Fall zu bearbeiten. Die Herausforderung beim Case-Based Reasoning ist das Finden eines geeigneten Ähnlichkeitsmaßes, mit dem die Fälle in der Fall-Datenbank mit dem vorgelegten verglichen werden können. Aber auch hier kann die Aufgabe, einen geeigneten Fall zu finden, recht aufwendig werden, wenn es sehr viele Fälle in der Fall-Datenbank gibt. Auch hier würden wir gerne lernen, wie Menschen dies so schnell und relativ zuverlässig bewerkstelligen.

Wir werden später, wenn wir das Thema Bewusstsein behandeln, sehen, dass Aufmerksamkeit und Bewusstsein eine wichtige Rolle genau bei diesen Problematiken spielen.

9.4 Kreativität in der KI

Wir haben gesehen, dass Erinnern als Konstruktion, als Prozess aufgefasst werden kann und dies eben auch eine Form der Kreativität darstellt. Die Kognitionswissenschaftlerin Margret Boden ist eine der wenigen, die sich sehr früh in der Entwicklung der KI-Forschung mit Kreativität auseinandergesetzt hat. Sie definiert Kreativität als die Fähigkeit, Ideen oder Artefakte zu entwickeln, die neu, überraschend und wertvoll sind. In ihrem viel zitierten Werk „The Creative Mind. Myths and Mechanisms" [8] unterscheidet sie zwei Arten der Kreativität: P-Kreativität und H-Kreativität. Bei der P-Kreativität (P wie psychologisch) wird etwas erzeugt, das für die Person, die es schafft, neu und überraschend ist. Unabhängig davon, wie oft dasselbe schon von anderen geschaffen wurde, für die Person, die es gerade erzeugt, ist es kreativ. Anderes bei der H-Kreativität (H wie historisch), hier gehen wir davon aus, dass noch niemand diese Idee formuliert hat, sie ist so das erste Mal in der Geschichte aufgetaucht. Natürlich spielt H-Kreativität in der Kunst oder der Wissenschaft eine herausragende Rolle; hier ist es wichtig, wer zuerst die Idee hatte. Für die Erforschung der Kreativität, so merkt Boden an, spielt es keine Rolle, ob die Idee schon von jemand anderem entwickelt wurde, hier braucht nicht zwischen P- und H-Kreativität unterschieden zu werden, die zugrunde liegenden Mechanismen sind in beiden Arten gleich.

Boden schildert einige Beispiele von kreativen Menschen, die mit ihren Entdeckungen in die Geschichte eingegangen sind: von Archimedes über den Mathematiker Poincaré bis hin zu Marcel Proust. Sehr gut dokumentiert ist auch die Entdeckung des Chemikers Kekulé aus dem 19. Jahrhundert. Damals galt die Theorie (die Kekulé selbst mitbegründet hatte), dass organische Moleküle durch lineare Ketten von Kohlenstoffatomen gebildet werden. Dies wurde für viele organische Verbindungen bereits demonstriert, lediglich für Benzol schien diese Theorie nicht anwendbar. Experimente zeigten, dass sich Benzol aus sechs Kohlenstoff- und sechs Wasserstoffatomen zusammensetzen. Jedoch konnten diese Bausteine nicht im gängigen linearen Kettenmodell zusammengesetzt werden. Kekulé arbeitete viele Monate an dem Problem, und es schien keine Lösung möglich. Kekulé selbst beschreibt den Durchbruch: Er saß eines Abends im Lehnstuhl vor einem offenen Feuer und döste. Vor seinem inneren Auge sah er verschiedene Atome tanzen, lange Reihen von Atomen bildeten Ketten und tanzten schlangenartig miteinander. Plötzlich bekam eine dieser Schlangen ihren Schwanz zu fassen und die kreisförmige Form wirbelte vor Kekulés innerem Auge. Er erwachte blitzartig – die Idee des Benzolrings war da: Die Atome konnten nicht in linearen Ketten, aber wohl in Form eines Ringes angeordnet werden! Boden argumentiert nun, dass es nicht nur die schlängelnden Feuerzungen alleine gewesen sein können, die ihn an einen Ring denken ließen. Vielmehr könnte Kekulé durchaus das mathematische Konzept von offenen Kurven im Kopf gehabt haben; die Frage ist dann, wie dieses Konzept im Zusammenhang mit Molekülketten angewendet wurde, und darüber hinaus, was ihn veranlasste, die offenen Kurven zu schließen?

Boden unterscheidet verschiedene Formen von Kreativität. Zentral ist dabei der Begriff des „konzeptuellen Raumes"; sie meint damit eine strukturierte Art zu denken und zu schaffen. Dies kann ein Stil in der Malerei oder der Dichtung sein, es kann eine Moderichtung oder eben auch eine Theorie einer naturwissenschaftlichen Disziplin sein. Ein solcher konzeptueller Raum kann nun exploriert werden und allerlei Neues entdeckt oder verschiedene Aspekte auf ungewöhnliche Weise kombiniert werden. Oder aber die Grenzen des konzeptuellen Raumes werden verändert, er wird transformiert oder verlassen. Ganz so, wie es Kekulé am Beispiele der anorganischen Chemie schilderte.

Wenn wir zurückgehen zur Beschreibung des Erinnerns im menschlichen Gedächtnis, finden wir durchaus Parallelen. Dort hatten wir die Synchronisation von Oszillatoren in verschiedenen Regionen des Gehirns für die Kombination verschiedener Konzepte verantwortlich gemacht. Ist nun die Kombination verschiedenartiger Konzepte bei einem kreativen Prozess nicht verwandt zum Prozess des Erinnerns? Warum sollten solche Prozesse nicht auch in künstlichen Systemen stattfinden können? Im folgenden Kap. 10 werden wir untersuchen, wie Humor beziehungsweise Witz durch Verlassen eines bestimmtem Rahmens zustande kommt. Dieser ist dem konzeptuellen Raum, dessen Verändern oder Verlassen Kreativität entstehen lässt, nicht unähnlich. Doch zunächst lassen wir uns von Nabokov zeigen, wie aus Erinnerungen durch Metamorphose Kunst entsteht.

9.5 Nabokovs Erinnerungsmuster

Es gibt wohl nur wenige Autoren, die in solchem Maße auf ihre Erinnerungen angewiesen waren und sie schöpferisch zu nutzen wussten, wie Vladimir Nabokov. Nabokov kannte Marcel Prousts Gesamtwerk und würdigte dessen Anschauung vom Kunstschaffen :„Proust ist ein Prisma, dessen einziges Ziel darin besteht, das Geschehene optisch zu brechen und damit im Blick zurück eine Welt wieder zu erschaffen, die, wie auch die Menschen darin, von keiner gesellschaftlichen oder geschichtlichen Bedeutung ist." [9] Das heißt, nicht die politische oder moralische Botschaft ist von Bedeutung, sondern die Welt als wieder zu erschaffende. Nabokovs Motivation, sich zu erinnern und das Erinnerte festzuhalten, insbesondere in seiner Autobiografie „Erinnerung sprich" [10] erklärt sich u. a. auch aus seinem ungewöhnlich bewegten und bewegenden Leben.

Während Proust sich aus der äußeren Welt zurückzog und auf einen Punkt, das heißt sein Bett, fixiert die innere Welt Revue passieren ließ, ist Nabokov aufgrund seines Migrantenschicksals ständig in Bewegung, ohne in der äußeren Welt einen Fixpunkt zu finden, und daher bestrebt, seine innere Welt, die ihren Ursprung in seiner Kindheit und Jugend hat, zu bewahren.

Am 23.4.1899 wird Vladimir Nabokov als das älteste von fünf Kindern in St. Petersburg geboren. Er wächst in einer Aristokratenfamilie auf, die ihm eine glückliche Kindheit und Jugend bietet. Die Eltern sind westlich orientiert, stellen englisch- und französischsprachige Gouvernanten und Privatlehrer ein und unternehmen ausgedehnte Reisen nach Europa. Vladimir begeistert sich früh für Schmetterlinge und Literatur. Beide Ambitionen wird er mit Leidenschaft bis an sein Lebensende verfolgen. Sein Vater, ein führender Politiker der Konstitutionellen Demokraten, muss wegen antizaristischer Aktivitäten eine Haftstrafe von drei Monaten verbüßen. Als später die Bolschewisten auf den Plan treten, muss die Familie über Jalta nach England fliehen, später nach Berlin. Die Oktober-

Revolution katapultiert den 18-jährigen Vladimir mit einem Schlag aus dem Paradies seiner Kindheit und macht den potenziellen Erben eines riesigen Vermögens zu einem mittellosen Flüchtling.

Vladimir studiert in Cambridge russische und französische Literatur. Im Gegensatz zu vielen emigrierten russischen Kommilitonen, die vor allem unter dem Verlust ihrer materiellen Ressourcen und Privilegien leiden, macht Nabokov zu schaffen, dass die Sowjet-Russen seine Heimat und die Hoffnung auf humane demokratische Lebensbedingungen in Russland zerstören. Ein weiteres einschneidendes Ereignis muss Vladimir verkraften: Im März 1922 kommt sein Vater in der Berliner Philharmonie bei einem rechtsextremistischen Anschlag ums Leben.

Einige Monate später übersiedelt Nabokov junior nach Berlin. Er schreibt Liebesgedichte und Erzählungen für die russische Exilgemeinde. Nebenher arbeitet er als Tennis- und Boxtrainer und als Komparse in den Babelsberger Studios. Obwohl Paris immer bedeutender für die russischen Emigranten wird, bleibt Nabokov in Berlin – und der russischen Sprache treu. 1925 heiratet er die russische Jüdin Vera Slonima, neun Jahre später kommt sein Sohn Dimitri auf die Welt. Mit den Romanen „Maschenka" und „König, Bube, Dame" erzielt Nabokov erste Erfolge.

1937 verlässt die Familie das Nazideutschland, lebt an der Côte d'Azur, dann in Paris. Mit dem dort begonnenen Roman „The Real Life of Sebastian Knight" (1938) beginnt Nabokov auf englisch zu schreiben, eine Entscheidung, die ihm nicht leicht fällt, aber unabdingbar ist für seine Zukunft als Schriftsteller. 1940 übersiedelt die Familie in die USA, wo Nabokov zunächst am American Museum of Natural History in New York als Schmetterlingsexperte arbeitet. Als Literaturdozent unterrichtet er an verschiedenen renommierten Universitäten.

Zwischen 1943 und 1951 schreibt er die erste Fassung seiner Lebenserinnerungen über den Zeitraum von 1899 bis 1940 unter dem Titel „Conclusive Evidence", (… „schlüssige Beweise dafür, dass es mich wirklich gegeben hat…"), 1967 publiziert er die zweite erweiterte Fassung in Amerika, 1984 wird sie unter dem Titel „Erinnerung sprich" veröffentlicht.

1955 erscheint sein Roman „Lolita" in Paris. Er wird ein Bestseller und macht seinen Autor mit einem Schlag weltberühmt und reich. Seine Frau hat zum Glück den skandalumwitterten Roman über die Obsession eines 37-Jährigen für ein 12-jähriges Mädchen vor seiner Vernichtung – ihr Mann wollte das Manuskript verbrennen! – bewahrt.

1961 übersiedeln Vladimir und Vera Nabokov nach Montreux in der Schweiz, wo sie eine Suite im Palace Hotel bewohnen. Dort erscheint 1969 der als schwer zugänglich geltende Roman „Ada oder das Verlangen. Aus den Annalen einer Familie". Er vereint darin zwei anfängliche Projekte, „Die Textur der Zeit" und „Briefe aus Terra". Am 2. Juli 1977 stirbt Nabokov in Lausanne.

Über die Quelle seiner Kreativität äußert sich Nabokov in den Memoiren „Erinnerung sprich", als er über seine frühesten Eindrücke seiner Kindheit schreibt, die „… ein wahres Paradies der Augen- und Tasteindrücke" darstellten:

Ich erinnere mich, wie ich eines Nachts im Herbst 1903 während einer Reise ins Ausland auf dem (ziemlich flachen) Kissen am Fenster eines Schlafwagens kniete

(…) und mit einem unerklärlichen stechenden Schmerz eine Handvoll sagenhafter Lichter sah, die mir von den Falten eines entfernten Hügels her zuwinkten und dann in einer Tasche von schwarzem Samt verschwanden: Diamanten, die ich später an meine Figuren verschenkte, um die Bürde meines Reichtums zu erleichtern. Wahrscheinlich hatte ich das festsitzende geprägte Rouleau am Kopfende meines Bettes losgemacht, und meine Fersen waren kalt und ich spähte weiter.

Diese Eindrücke gehörten „der harmonischen Welt einer vollkommenen Kindheit an" [10].

Die Diamanten, die er zu verschenken hat, sind beispielsweise Buntstifte, die Nabokov beschwört und in Aktion versetzt, um die Lust am Malen und die entsprechend in Schwung gebrachte Vorstellungskraft des kleinen Vladimirs zu vergegenwärtigen. Diese Stifte wurden an fiktive Kinder in seinen Büchern verteilt, um sie zu beschäftigen, ein Verlust, den der Dichter bedauert! Die Weitergabe einer persönlichen Erinnerung an die Sphäre der Kunst empfindet er als eine Art Enteignung: „Immer wieder habe ich die Feststellung machen müssen, daß jeder teure Bestandteil meiner Vergangenheit, mit dem ich die Figuren meiner Romane ausgestattet hatte, in der künstlichen Welt, der er sich so unvermittelt ausgesetzt fand, unweigerlich verkümmerte. Obwohl er in meinem Geist fortlebte, hatte er seine persönliche Wärme, seinen retrospektiven Charme eingebüßt, und fortan war er meinem Roman enger zugehörig als meinem früheren Selbst, wo er dennoch einst vor der Zudringlichkeit des Künstlers so sicher schien." Die kreative Umsetzung eines Erlebnisses bedeutet für Nabokov stets eine Art Entfremdung des Erlebten, das dessen ursprüngliche Bedeutung ent- oder umwertet.

Nabokov räumt ein, dass geschichtliche und genetische Faktoren mit zum Handwerk des Memoirenschreibers gehören, verwahrt sich aber dagegen, darin „[…] mit Sicherheit das Werkzeug zu sehen, das mich formte, jene anonyme Walze, die meinem Leben ein bestimmtes kunstvolles Wasserzeichen aufdrückte, dessen einzigartiges Muster zum Vorschein kommt, wenn man das Schreibpapier des Lebens mit der Lampe der Kunst durchleuchtet." Als Künstler will Nabokov die Muster des individuellen Geheimnisses sichtbar machen. Wie diese zustande kommen, welche Bedeutung sie für seine Existenz und Weltsicht haben, beschreibt Nabokov mit folgenden Worten, die sich durchaus mit den Beobachtungen von Bergson und Proust vertragen:

Ich gestehe, ich glaube nicht an die Zeit. Es macht mir Vergnügen, meinen Zauberteppich nach dem Gebrauch so zusammenzulegen, daß ein Teil des Musters über den anderen zu liegen kommt. […] Und am meisten genieße ich die Zeitlosigkeit, wenn ich […] unter seltenen Schmetterlingen und ihren Futterpflanzen stehe. Das ist Ekstase, und hinter der Ekstase ist etwas anderes, schwer

Erklärbares. Es ist wie ein kurzes Vakuum, in das alles strömt, was ich liebe. Ein Gefühl der Einheit mit Sonne und Stein. Ein Schauer der Dankbarkeit, wem sie auch zu gelten hat – dem kontrapunktischen Genius menschlichen Schicksals oder den freundlichen Geistern, die einem glücklichen Sterblichen zu Willen sind.

Eine Art Magie entdeckt Nabokov auch in der Mimikry der Schmetterlinge, deren Ausgeprägtheit weit über das hinausgehe, was die Natur bzw. ihr eigentlicher Zweck fordere. Das imitierte Aussehen und Verhalten könne durch natürliche Auslese im Darwin'schen Sinne nicht erklärt werden, die Theorie des Kampfes ums Dasein sei unzureichend, „ [...] wenn eine Schutzmaßnahme bis zu einem Grad der Feinheit, der Extravaganz, der Aufwendigkeit getrieben war, der das Unterscheidungsvermögen des Freßfeindes bei weitem überforderte." Auch in der Literatur hat das Magische einen hohen Stellenwert. Ein guter Schriftsteller ist, so Nabokov, vor allem ein Zauberer! [9]

Auch wenn Nabokov sich insbesondere in seiner Biografie – aus verständlichen Gründen – in hohem Maße auf seine soziale Herkunft und persönliche und zeitgeschichtliche Erlebnisse stützt, sieht er künstlerisches Schaffen als Ausdruck „zweckfreier Wonne", die er auch in der Natur vorfindet. Von einer Reduktion des Lebens und insbesondere der Kunst auf deterministische Faktoren ist er weit entfernt. Die Quelle der Kreativität ist für Nabokov die Erinnerung; er konstruiert die Erinnerung jedes Mal neu. Die Zeit spielt eine Rolle, wird aber ständig verfälscht und verändert. Ganz wie wir es bei Proust beobachtet und bei der neurowissenschaftlichen Beschreibung des Erinnerns beschrieben haben: Erinnern als ein kreativer und schöpferischer Prozess!

Ein anderes nichtbiografisches Werk, „Ada oder Das Verlangen" [11], ist wie Prousts Romanzyklus rekursiv gestaltet, das heißt, wir befinden uns am Ende des Romans am Anfang seiner Niederschrift, nämlich der Memoiren des Protagonisten Van, die von seiner Geliebten Ada kommentiert werden. „Ada" ist die Geschichte der inzestuösen Liebe zwischen den Geschwistern Van und Ada, die sich auf dem Familienlandsitz Ardis zum ersten Mal begegnen und sich dann nach vier Jahren wiedersehen, wobei bereits Anflüge von Eifersucht zu Spannungen führen. Jahrzehntelang werden die beiden versuchen, sich aus dem Weg zu gehen, sich zu suchen, sich zu begegnen und letztlich finden sich – im Alter von etwa 50 Jahren – wieder, um sich zu vereinen und eine mehr als vierzig Jahre während Beziehung zu führen. Der neunzigjährige Van schreibt die „Familienchronik", eine komplexe Demonstration seiner Theorie über das Wesen der Zeit. Diese wird in Form einer Vorlesung über „Die Textur der Zeit " erläutert, die Van als Dozent der Psychologie und Philosophie transkribiert. Sie besagt im Wesentlichen, dass die Zeit nicht linear ist und in eine Richtung läuft, sondern dass sie sprunghaft ist und auch rückwärts laufen kann. – Bezeichnenderweise finden sich in dieser Abhandlung auch ironisch verbrämte Hinweise auf Bergson und Proust. – Der „Zeitpfeil" als Symbol der linearen Zeit erfährt eine eklatante Inversion, da Van, der über 90-Jährige, die weit zurückliegende Jugend plastisch genau in allen Details heraufbeschwört. Der Leser erlebt die erotischen Avancen der Jugendlichen mit ihren Erwartungen dessen, was noch kommt, also des „Noch nicht", und spürt gleichzeitig den Hauch des „Nicht mehr", den das reife Paar verströmt. Es ist also kein Rückblick, sondern ein gegenwärtiges Bewusstsein, das von der Vergangenheit geprägt ist. Van präzisiert dies mit dem Hinweis darauf, dass Gegenwart nur ein „imaginärer Punkt" sei, jedoch dass das, was „[…] uns als Gegenwart bewusst ist, ein beständiges Aufbauen der Vergangenheit, ihres glatten und unablässig steigenden Pegels ist." Bergson lässt grüßen!

An der Schnittstelle des Romans, als Van die Vorlesung zur „Die Textur der Zeit" transkribiert, also die Linearität der Zeit infrage stellt, befindet er sich auf einer Reise in die Schweiz, um Ada, die er seit 17 Jahren nicht mehr gesehen hat, wiederzutreffen. Als sie sich im Hotel telefonisch meldet, nimmt er euphorisch ihre ihm bis dahin unbekannte Telephonstimme wahr: „Indem jene Telephonstimme die Vergangenheit wiederauferstehen ließ und mit der Gegenwart verknüpfte, […] bildete sie das Kernstück in seiner tiefsten Wahrnehmung fühlbarer Zeit, das glitzernde Jetzt, das die einzige Wirklichkeit in der Textur von Zeit war." Doch, wie um sein Konzept der Zeit Lügen zu strafen, wird er grausam mit der Vergänglichkeit konfrontiert: „Nach der Glorie des Gipfels kam der schwierige Abstieg." Es folgt eine minutiöse Beschreibung der Verwüstungen, die die Zeit Adas Körper angetan hat. Allerdings bleiben auch ihr die Alterserscheinungen des Geliebten nicht verborgen. Der erwartete Überschwang der Wiedersehensfreude weicht peinlicher Befangenheit. Es scheint, als ob die Vergänglichkeit, der Zeitpfeil, Recht bekommen sollte, das Paar geht verlegen auseinander. Ada gibt vor, nach Genf reisen zu müssen, Van betäubt sich mit einem Schlafmittel.

Als ihm aber am nächsten Morgen klar wird, dass er schnell handeln müsse, um Ada nicht zu verlieren, und aus dem Balkon blickt, sieht er, wie sie, einen Stock tiefer in die Aussicht vertieft, „… wollüstig den Schenkel unterhalb der rechten Gesäßbacke [kratzte]." Der Bann ist gebrochen, als er ihre Hände küsst „[…] dem Tode sehr zum Trotz", „[…] das schlimme Schicksal [war] in die Flucht geschlagen […]".

Vans Aufzeichnungen zur Vorlesung beginnen mit einer Absage an den Determinismus. Ein Student erinnert den Vortragenden daran, dass er doch sterben werde, was hieße, dass die Zukunft ein Faktor der Zeit sei. Van stellt die Gegenfrage: „Wer hat gesagt, ich (im Original hervorgehoben) werde sterben?" und erläutert, dass Vergangenheit und Gegenwart von Unbewusstheit umhüllt sei. Lediglich eine kurze Bewusstseinsspanne, die Gegenwart, sage ihm, dass er so etwas wie Vergangenheit durchlaufen habe, die Zukunft sei bestenfalls „[…] die Idee einer hypothetischen Gegenwart, die auf unserer Erfahrung von Abfolge, auf unserem Glauben an Logik und Gewohnheit basiert. […] In jedem Augenblick ist sie eine Unendlichkeit sich verzweigender Möglichkeiten."

Es überrascht nicht, dass der Tod am Ende durch einen erzählerischen Trick weggezaubert wird. Vans und Adas Tod wird im Roman nicht geschildert, der Erzähler spekuliert lediglich: „Man kann sogar vermuten, dass unser Paar, auf dem Rücken hingestreckte Märtyrer der Dauer [sic], falls es je zu sterben gedachte, sozusagen in das vollendete Buch hineinsterben würde, hinein in Eden oder Hades, in die Prosa des Werks oder die Poesie seines Waschzettels."

Die ganze Romanhandlung ist auf der „Antiterra" angesiedelt. Sie ähnelt der Erde in vielen geografischen und historischen Einzelheiten und bietet eine luxuriöse Traumszenerie aus altem Russland, modernem Amerika und antiquiertem Europa, ein künstliches Paradies. Es ist märchenhaft und nicht, wie es scheinen könnte, Science-Fiction, die der Autor verabscheut. Es geht Nabokov darum, einen fiktionalen Kosmos zu schaffen, in dem die „Textur" der Zeit, also ihre Beschaffenheit für das menschliche Bewusstsein, zur Anschauung kommt. Antiterra soll also gar nicht so besonders anders sein als unsere Welt, sondern nur von unserer Welt ablenken, die Botschaft von der Schwerkraft der Realität befreien und zugänglicher zu machen.

Brian Boyd, ein neuseeländischer Literaturwissenschaftler, der sich intensiv mit „Ada" auseinandergesetzt hat, entdeckt in Nabokovs Werk Hinweise darauf, dass „das Muster unseres Lebens womöglich direkt vor unseren Augen liegt, aber keinerlei Sinn ergibt, solange wir innerhalb der menschlichen Zeit gefangen sind. „Der Leser soll […] sowohl die Grenzen des sterblichen Lebens als auch die Freiheiten sehen, die vielleicht jenseits des Lebens liegen." [12] Boyd erinnert dabei an Nabokovs Bemerkung (in dessen Werk über Gogol), dass „nur ein einziger Buchstabe das Komische vom Kosmischen trennt", und mutmaßt, dass das Werk „Ada" die Frage stelle, ob es „hinter dem Leben nicht etwas Spielerisches gibt – nicht in dem Sinn, der das Leben zu einem bedeutungslosen Spiel reduziert, sondern etwas, das es um soviel reicher macht […]. Nabokov, der sich als Schmetterlingskundler eingehend mit den Begriffen von Gattung (Idee der Gleichartigkeit) und Spezies (Idee des Unterschieds) beschäftigt habe, habe – so Boyd – mit „Ada" einen Mikrokosmos geschaffen, der zeigt, wie das Bewusstsein die Welt begreift, nämlich durch zunehmende Wahrnehmung von Unterschieden und Gleichartigkeiten. Es sei eine Welt aus Mustern, die aus „Klängen und Worten, Farben und Umrissen, Dingen und Charakteren, Daten und Ereignissen" zusammengeflochten sind, eine Nachahmung unserer Terra.

Auch wenn sie unterschiedlich mit den Faktoren Zeit, Erinnerung und Kreativität umgehen, verbindet die Autoren Bergson, Proust und Nabokov ein gemeinsamer Ansatz. Es erstaunt auch nicht, dass Proust Bergsons Schriften kannte und Nabokov von Bergson und Proust angetan war. In dem Band „Deutliche Worte" [13], einer Sammlung von Interviews, Aufsätzen und Leserbriefen, äußert Nabokov seine neidlose Bewunderung für die großen Erzähler des Jahrhunderts, Proust und Kafka und ganz oben James Joyce, dem Autor des „Ulysses", und den Philosophen Bergson – ihnen fühlt er sich geistesverwandt.

Ihr kreatives Schaffen ist gekoppelt an die Frage, wie Wahrnehmung, wie Erinnerung funktionieren. Dabei spielt der Faktor Zeit eine wesentliche Rolle. Nabokov verwahrt sich – wie Bergson und Proust – dagegen, den Erinnerungsvorgang auf eine Wiederholung der zeitlichen linearen Abfolge eines Ereignisses reduzieren zu können. Die Komplexität des Prozesses des Erinnerns bzw. der Vermittlung des Erinnerten ist in den Akt des Schaffens eingebunden. Die Persönlichkeit des Autors setzt sich aus vielen Komponenten zusammen und geht über deterministische Faktoren, wie soziale Bedingungen, Erbanlagen, moralische und politische Zielsetzung hinaus, da sie in der Lage ist, unterschiedliche individuelle Werke zu schaffen, die sich dem Ursache-Wirkung-Mechanismus entziehen. Für Nabokov ist dieses Moment, die Freiheit von deterministischen Implikationen und die Freiheit von missionarischen Bestrebungen (politischer oder religiöser Art), eines seiner Kriterien für die Qualität eines Kunstwerks. Ein weiteres Kriterium ist die adäquate Handhabung der Sprache und Kenntnis der Welt: „Der Schriftsteller muß sorgfältig die Werke seiner Rivalen studieren, eingeschlossen die des Allmächtigen. Er muß die angeborene Fähigkeit besitzen, die vorgefundene Welt nicht nur neu zu kombinieren, sondern neu zu erfinden. Um dies angemessen zu tun und keine doppelte Arbeit zu machen, sollte der Künstler die vorgefundene Welt kennen." [13] Die Neuerschaffung der Welt ist also kein vages, von der Wirklichkeit abgehobenes Fabulieren, sondern bedarf des Instruments exakter Wahrnehmung und pedantisch genauer Darstellung. Auch darin stimmt er mit Bergson und Proust überein. Dem Leser bleibt überlassen, sich in der neuerschaffenen Welt wiederzufinden und bzw. oder seinerseits eine zu kreieren.

9.6   Zusammenfassung

Ausgegangen sind wir von der Beschreibung des Erinnerungsprozesses von Marcel Proust in der „Suche nach der verlorenen Zeit". Dort wurde deutlich, dass Erinnerungen durch einen Prozess erzeugt werden. Das Auslösen dieses Prozesses geschieht dabei nicht immer bewusst. Die Proust'sche Beschreibung deckt sich erstaunlich gut mit den Erkenntnissen der Neurowissenschaften über das Lernen und Erinnern. Dabei haben wir uns im Wesentlichen auf die Arbeiten des Neurowissenschaftlers Eric Kandel gestützt und einige neuere Aspekte über die Synchronisation von Oszillatoren im Gehirn herangezogen. Verglichen haben wir dieses Lernen und Erinnern in neuronalen Netzen mit dem Speichern und Abrufen von Informationen in symbolischen KI-Systemen. Dabei wurde deutlich, dass in symbolischen Systemen das Wissen greifbar ist, es kann extrahiert und weiterverarbeitet werden. In neuronalen Netzen liegt Erlerntes in Form von Gewichten an den Verbindungen im gesamten Netzwerk vor; hier ist es (derzeit) noch unmöglich, einzelne Aspekte des Erlernten zu extrahieren oder zu kommunizieren.

Wir haben Erinnern als kreativen Vorgang gedeutet und konnten daher auch Margret Bodens Konzept des konzeptuellen Raumes darauf anwenden. Nabokovs Vergangenheit bildet einen Rahmen, darin kombiniert er Fakten neu, geht auch darüber hinaus und erfindet neu.

Literatur

1. Proust M (1950) Auf der Suche nach der verlorenen Zeit. Suhrkamp, Frankfurt
2. Proust M (1954) Contre Sainte-Beuve. Gallimard, Paris
3. Proust M (1981) Auf der Suche nach der verlorenen Zeit, Bd 1. Suhrkamp, Frankfurt
4. Proust, M (1964) Auf der Suche nach der verlorenen Zeit, Bd 7. Suhrkamp, Frankfurt
5. Kandel E (2006) Auf der Suche nach dem Gedächtnis. Siedler, München
6. Kandel E, Schwartz JH, Jessell TM et al (2000) Principles of neural science, Bd 4. McGraw-Hill, New York
7. Javadi A-H et al (2017) Oscillatory reinstatement enhances declarative memory. J Neurosci 37(4):9939–9944
8. Boden MA (2004) The creative mnd. Myths and mechanisms. Routledge, London
9. Nabokov V (2014) Vorlesungen über westeuropäische Literatur. Rowohlt, Hamburg
10. Nabokov V (1991) Erinnerung sprich. Rowohlt, Hamburg
11. Nabokov V (2010) Ada oder das Verlangen. Eine Familienchronik. Rowohlt, Hamburg
12. Boyd B (2005) Vladimir Nabokov. Die amerikanischen Jahre 1940–1977. Rowohlt, Hamburg
13. Nabokov V (1973) Deutliche Worte. Rowohlt, Hamburg

10

Rahmen und Struktur

Zusammenfassung Erinnerte Inhalte werden emotional unterschiedlich erfahren. Woran liegt es, dass uns etwas erheitert, beängstigt, verunsichert? Die Faktoren, die uns beeinflussen, gehorchen dem Gebot des Lebendigseins und werden durch Konventionen geregelt. Um Orientierung zwischen Wissensbasen zu ermöglichen, verwendet die KI entsprechende abgegrenzte Bereiche beziehungsweise Rahmen.

Wir sind im Zirkus: Zwei Clowns präsentieren ihre Nummer. Sie stolpern tölpelhaft in der Manege herum, rempeln sich an, fallen hin, stehen wieder auf, verpassen sich Fußtritte, drücken sich Torten ins Gesicht usw. Das Publikum reagiert unterschiedlich: Die Erwachsenen lächeln bemüht, größere Kinder kreischen erfreut, kleinere drücken sich heulend an ihre Eltern, die Vorführung macht ihnen Angst.

Eine Party unter Teenagern: gelangweilte Stimmung. Wir, ein Freund und ich, schauen aus dem Fenster, folgen dem Verkehr und fangen an, über die Autos zu lachen. Wie sie heimlich einander folgen, sich Zeichen geben, miteinander kommunizieren! Ein unerschöpfliches Schauspiel mit vielfältigen Varianten. Wir lachen uns krumm, während die anderen meinen, wir seien nicht „ganz dicht", hätten gar „etwas genommen". Gar nicht wahr, wir haben einfach einen Code gefunden, der den mechanischen Geräten eine Art Willen oder Absicht unterstellt. Wer das nicht weiß, findet das nicht lustig, fühlt sich ausgesperrt.

Eine Ausstellung mit Werken von Jean Tinguely in München: Der Künstler hat eine Altarszene nachgebaut. Betende Figuren, die die Rituale in der Kirche absolvieren, sich kreuzigen, verneigen, hinknien, die Hände falten usw., können per Knopfdruck in Aktion versetzt werden. Ein Besucher schüttelt pikiert ob dieser vermeintlichen Blasphemie den Kopf. Als ich zufällig noch einmal in seine Richtung blicke, sehe ich, wie er – sich allein wähnend – den Knopf bedient, lächelt.

Unser Bewusstsein ist ständig in Bewegung, es muss Situationen einschätzen, Verhaltensweisen abwägen, bewerten, gewandt reagieren können, einfallsreich, geistesgegenwärtig sein. Gleichzeitig bedarf es aber auch einer gewissen Routine durch wiederholte Übung und eingelernter Verfahren, die man mehr oder weniger unbewusst anwendet, um den Alltag zu meistern (siehe prozedurales Gedächtnis). Es ist nicht immer leicht, den Einsatz beider Haltungen angemessen auszutarieren, sich im Rahmen dessen zu bewegen, was vernünftig und adäquat erscheint, wodurch es zu einem störenden Ungleichgewicht kommen kann.

Besteht so ein Missverhältnis, gibt es eine Störung bezüglich des „Rahmens" – auf den Begriff werden wir noch näher eingehen – kommt es zu gefühlsmäßigen Reaktionen wie Heiterkeit, Angst, Grauen, Irritation u. Ä., die auch gemischt auftreten können. Wie funktioniert das? Was dient uns als Orientierung für den angemessenen Einsatz der beiden Tendenzen, d. h. des wachen und des routinemäßigen Reagierens? Was bedeutet Rahmen?

Bergsons Ausführungen über das Lachen [1] geben uns wertvolle Hinweise auf den Rahmen, was den Bereich des Komischen angeht. Der französische Geisteswissenschaftler Jean Luc Giribone entdeckt Parallelen zum Unheimlichen bei Sigmund Freud und führt beide theoretischen Ansätze zusammen in seiner Arbeit über das Komische und Unheimliche [2]. Dabei erkennt er, dass beide Bereiche, der des Komischen und der des Unheimlichen, derselben Kategorie angehören. Dies wird auch durch psychoanalytische Untersuchungen, nämlich anhand des „Journal d'une schizophréne de la psychanalyste" von Marguerite-Albert Séchehaye untermauert. Es gelingt ihm, den Begriff Rahmen auf weitere Lebensbereiche zu übertragen und liefert somit Erklärungsansätze, wie unsere Verhaltensweisen und gefühlsmäßigen Reaktionen möglicherweise gesteuert werden.

Zunächst zu Bergson. Das Lachen bzw. das Komische eignet sich für ihn bestens, um die Grundzüge seiner sich am Leben orientierenden Philosophie zu erläutern. Er sieht im Lachen etwas Lebendiges, dem Leben Zuträgliches und das Komische als etwas, das auf seine Weise vernünftig und wie der Traum in seiner „Regelwidrigkeit methodisch" ist und Aufschluss über die menschliche Fantasie, ihr Wirken im Leben und der Kunst geben kann [1]. Er sucht nicht nach der Formel des Komischen, sondern beobachtet, wie Komik entsteht oder hergestellt wird, prüft, ob sich ihr Herstellungsverfahren auf ähnliche Fälle übertragen lässt, und gelangt so zu einem Gesamtblick auf das Komische.

Drei grundlegende Beobachtungen stellt er an den Anfang, nämlich erstens, dass Komik nur im Bereich des Menschlichen auftritt[1], da die Natur als solche nicht komisch ist (das Tier nur, wenn man ihm menschliche Züge unterlegt), zweitens, dass sie Gefühllosigkeit, also eine gewisse seelische Kälte, wenn nicht gar den reinen Intellekt voraussetzt, denn Mitleid oder Liebe verhindern die notwendige Distanz zum Geschehen, und drittens, dass dieser Intellekt mit fremden Intellekten kommuniziert, also dass Lachen ein Gefühl der Gemeinsamkeit mit anderen Lachern (wirklichen oder nur vorgestellten) voraussetzt. Letzteres sei ein Indikator für die soziale Funktion des Lachens als Korrektur von Fehlverhalten.

Das Parade-Beispiel Bergsons: Ein Mann läuft auf der Straße, stolpert über einen Stein, fällt zu Boden, die Passanten lachen. Sie würden es nicht tun, wenn sie wüssten, dass er sich absichtlich hingesetzt hat. Sie lachen, weil er es unfreiwillig tat, weil er ungeschickt war und seinen Lauf nicht geändert hat. Sie lachen über seine mangelnde Gelenkigkeit, Zerstreutheit, fehlende Anpassungsfähigkeit, also darüber, dass nach dem Gesetz der Trägheit die Muskeln ihre Bewegungstätigkeit fortgesetzt haben. Sicher hatte Bergson eine Art Slapstick-Szene im Kopf, denn nicht zwangsläufig ist es erheiternd, wenn jemand hinfällt. Ich denke da an den Butler aus dem Sketch „Dinner for one", er ist betrunken und stolpert über den Schädel eines Löwenfell-Teppichs. Sein waches Bewusstsein ist gelähmt, er geht stur geradeaus, ohne auf die Tücken seiner Wegstrecke zu achten. Der Zuschauer lacht über sein Fehlverhalten. Der Butler lernt nicht dazu, denn er stolpert immer wieder. Der Zuschauer lacht weiter, gewöhnt sich jedoch irgendwann an das Verhalten des Betrunkenen, bis derselbe völlig unerwartet (und noch betrunkener als vorher!) vor dem Löwenkopf stehen bleibt und darüberhüpft. Nun brüllt das Publikum, denn es hat sich dabei ertappt, dass es selbst träge geworden, eingeschlafen ist und die Bewegung zur Routine hat werden lassen. Es lacht im Grunde über seine Fehleinschätzung bezüglich des Kandidaten (dieser war doch lernfähig!) und letztlich über sich selbst.

Diese Szenerie lässt sich auf viele Slapstick-Nummern übertragen. Wo immer Starrheit und Unbeweglichkeit auftritt, entsteht Komik: Menschen mit einer fixen Idee, wie z. B. Don Quichotte, der sich für einen Ritter hält, fallen ständig auf die Nase und bekommen Prügel; das Leben stellt ihnen ein Bein, und sie werden deshalb der Lächerlichkeit preisgegeben. Charaktermängel, eine Form von Seelenlähmung, wie z. B. starres Beharren auf bestimmten Prinzipien, sind seit jeher Gegenstand von Komödien. Molières „Geizhals", der reich gewordene, aber geizig und engstirnig gebliebene Harpagon ruiniert beinahe die Zukunft seiner Kinder, die das Leben genießen wollen, handelt

---

[1]Bergson konnte damals den Ansatz der künstlichen Intelligenz nicht kennen.

somit gegen den „bon sens", den gesunden Menschenverstand, und wird ausgelacht. Orgon fällt auf einen frömmelnden Heuchler namens Tartuffe herein, der ihn zur Marionette macht und dazu bringt, Tartuffes Wohlergehen über das seiner Familie zu stellen. Als seine Frau ihm buchstäblich vor Augen führt, wie Tartuffe ihn hintergeht, – Orgon wird Augen- und Ohrenzeuge, wie der lüsterne Tartuffe seiner Frau an die Wäsche geht – ist es beinahe zu spät.

Denken wir an die erfolgreiche US-amerikanische Sitcom „The Big Bang Theory", die von hochintelligenten jungen Physikern handelt, deren WG gegenüber der Wohnung der hübschen Kellnerin Penny liegt. Die beiden Nerds und Computerfreaks ecken aufgrund ihrer Naivität und sozialen Inkompetenz ständig an, ihre fehlende Flexibilität, aber auch der daraus erwachsende Automatismus ihres Verhaltens stehen im Kontrast zum gesunden Menschenverstand ihrer lebenstüchtigen Nachbarin. Das Lachen erregende Moment ist ihr Automatismus, ihre fehlende Kompetenz, in ihrem alltäglichen Umfeld sinnvoll zu kommunizieren.

Das Leben verlangt ununterbrochene Anpassung, wer sich widersetzt und der Erstarrung des Charakters, des Verstandes und des Körpers verdächtig macht, wird verlacht: „Diese Trägheit ist das Komische, und das Lachen ist ihre Strafe."

An vielen weiteren Beispielen illustriert Bergson seine berühmte Formel: „Le comique, c'est du mécanique plaqué sur du vivant.", zu Deutsch „Das Komische ist Mechanisches, das Lebendigem übergestülpt ist." oder „Das Komische ist Mechanisches als Kruste über Lebendigem." Mechanisches manifestiert sich in der Wiederholung: Ein Redner macht eine bestimmte Geste, die an sich nicht lustig ist; jedoch wenn die Geste als Tick wiederkommt und man den Eindruck gewinnt, dass sie sich unabhängig vom Willen des Redners wiederholt, wird die Situation komisch. Wiederholung und Imitation wirken komisch, denn „[...] das Leben sollte sich nicht wiederholen." Wiederholung ist eine Vorstufe der Starre, des Leblosen, Materiellen. Materialität ist daher Kennzeichen des Komischen und wird aus dem Tragischen verbannt: Ein Redner, der niest, wirkt lächerlich – das Geistige wird vom Physischen gestört. In der Tragödie sind Verrichtungen wie Essen, Trinken oder die Befriedigung anderer menschlicher Bedürfnisse tabu, sie erinnern daran, dass der Mensch (auch) Materie ist, lenken von Konflikten geistiger Natur ab, reduzieren ihn, überspitzt formuliert, auf eine Sache. Eine solche ist per se als extreme Form der Trägheit der absolute Gegenpol des Lebendigen.

Bei der Klassifizierung komischer Szenen hat Bergson drei Urszenen ausgemacht: den Springteufel, die Marionette und den Schneeball. Diese Mechanismen sind die Ahnen einer Vielzahl anderer komischer Arrangements.

Der Springteufel springt aus seinem Kasten heraus, sooft man ihn auch herunterdrücken mag. Der Mechanismus des beliebten Kinderspielzeugs wird in vielen Szenen in unterschiedlicher Ausprägung aufgegriffen: Der Polizist, der im Kasperltheater durch einen Schlag auf den Kopf niedergestreckt wird, wieder aufsteht, noch einmal einen Schlag bekommt usw. Die Verfolgungsjagden in den Stummfilmen: Charly Chaplin wird von Polizisten verfolgt, ändert die Richtung, schon kommt ihm die nächste Hundertschaft entgegen usw. oder Rededuelle, die durch eine Art Abschießen von aufeinander abgestimmten Repliken erfolgen, wie in den Komödien Molières.

Den Mechanismus der Marionette, Bergsons zweite Urszene, verkörpern Personen, die glauben frei zu handeln, in Wirklichkeit aber das Spielzeug einer Leidenschaft oder Opfer einer Gewohnheit sind. Bergson erzählt von einer wahren Begebenheit: „Ein Passagierschiff erlitt Schiffbruch in der Nähe von Dieppe. Einige Passagiere retteten sich mit Mühe auf ein Boot. Zöllner, die ihnen tapfer zu Hilfe gekommen waren, fingen an sie zu fragen, ob sie nichts zu verzollen hätten." [1]. Das Zöllnerische hat die tapferen Männer fest im Griff. Sie können sich ihm nicht entziehen, auch wenn die Umstände ihre routinemäßige Vorgehensweise ad absurdum führen. Die Déformation professionnelle ist immer wieder ein beliebtes Thema in komischen Szenen. Man denke an Loriots „Papa ante portas": Der in den Vorruhestand versetzte Heinrich Lohse, Einkaufsdirektor bei der Deutsche Röhren AG, agiert zum Leidwesen seiner Frau im Haushalt als ein Betriebswirt und richtet dabei allerlei Unheil an.

Und schließlich der Schneeball, er rollt und rollt und wird beim Rollen immer dicker. Ein angestoßener Zinnsoldat löst das Umstürzen einer Reihe von Zinnsoldaten aus. Ein Missgeschick im Haushalt ist mit weiteren verkettet: Im Sketch „Das Bild hängt schief" versucht Loriot ein schief hängendes Bild gerade zu richten, was aber zu weiterer Unordnung im Raum führt (umgekippte Tische, Entleerung der Regale...). Jede Bemühung, dem Chaos entgegenzuwirken, führt nur zu weiterem Schlamassel, bis schließlich das Zimmer total verwüstet ist.

Die Urszenen des Lachens haben ihre Wurzeln in der frühen Kindheit und Bergson schließt daraus, dass wir bei unseren Vergnügungen eine Erinnerung an Vergangenes vergegenwärtigen: „Wie viele gegenwärtige Vergnügungen würden sich, wenn wir sie näher betrachten würden, darauf reduzieren, Erinnerungen an vergangene Vergnügungen zu sein. Was würde von vielen unserer Emotionen bleiben, wenn wir sie auf das zurückführen würden, was sie an streng genommen Gefühltem haben, wenn wir davon alles abzögen, was einfach wiedererinnert ist?" [1].

Diese Urszenen, die auf den ersten Blick komisch erscheinen, können aber auch aus einer ganz anderen Perspektive gesehen werden. Diesem Phänomen geht Giribone nach. Er nimmt einen Hinweis Bergsons über Teilnehmer an ernsten und feierlichen Zeremonien auf. Diese würden uns an Marionetten erinnern, sobald wir den Gegenstand der ernsten Feierlichkeit vergäßen [1].

Diese Vorstellung dreht Giribone um: Sobald wir die Komik eines Sketches vergessen, können die Marionetten, die daran teilnehmen, auf uns wirken, als würden sie an einer Zeremonie teilnehmen, einer ernsten Feierlichkeit, deren Gegenstand wir nicht kennen. Damit schlägt er eine Brücke zum Unheimlichen von Sigmund Freud und stellt fest, dass mit dem Instrument der Wiederholung sowohl eine heitere als auch eine unheimliche Stimmung erzeugt werden kann.

Er spielt beispielsweise mit der Idee, ein unheimliches Erlebnis Freuds umzupolen. Freud erzählt von folgender Begebenheit:

Ich stieß zufällig in einen Bezirk, an dessen Charakter ich nicht lange zu zweifeln hatte. An den Fenstern der kleinen Häuser konnte man nur geschminkte Frauen sehen und ich beeilte mich, die Gasse bei der ersten Kreuzung zu verlassen. Aber nachdem ich einige Zeit führerlos herumgeirrt war, fand ich mich plötzlich in der gleichen Straße wieder, wo ich anfing etwas Neugier zu erregen, und mein hastiges Davonlaufen hatte einzig die Wirkung, dass ich ein drittes Mal durch einen neuen Umweg dort hingeführt wurde. Aber ich wurde dann von einem Gefühl des Unheimlichen ergriffen und war glücklich, als ich, nachdem ich meine Erkundungen aufgegeben hatte, mich wieder auf dem Weg zur Piazza fand, den ich kurz zuvor verlassen hatte [3].

Giribone kann sich eine satirische Version dieses Erlebnisses denken: Der zugeknöpfte Wiener Wissenschaftler, der zum Entsetzen bürgerlicher Moralapostel die Allgegenwart des Sexuellen betont, fühlt sich in der Gegenwart von Prostituierten unwohl, versucht ihnen zu entkommen und gerät immer wieder in den Strudel ihrer Lockungen.

Aus der möglichen Kongruenz von Komischem und Unheimlichem schließt Giribone, dass beide Bereiche der gleichen Region zuzuordnen sind, diese werde nur „[...] unterschiedlich beschrieben, unterschiedlich gesehen, als wäre das eine die negative Photographie des anderen [...]".

Um diese Identität und die Umkehrbarkeit der Bereiche zu verstehen, verwendet er den Begriff des Rahmens, den Bergson selbst des Öfteren gebraucht. Zum Beispiel wenn wir die Ähnlichkeit einer realen Person mit einer Romanfigur komisch finden, liegt das nicht am Charakter der Romanfigur, welche nicht unbedingt lächerlich sein muss, aber „[...] es ist komisch, ihr zu ähneln [...]. Es ist komisch, sich sozusagen in einen fertigen Rahmen einfügen zu lassen. Und was vor allem komisch ist: Wenn man selbst zum Rahmen wird, in den sich andere bequem einfügen lassen, wenn man selbst zu einem Charakter erstarrt" [1]. Bergson gibt weitere anschauliche Beispiele für Rahmen. Handwerke und Berufe sind zum Beispiel solche: Sie sind Ursachen für Gewohnheiten, Sprechweisen, bestimmte Verhaltensweisen. Bergson spricht von „beruflicher Verhärtung" (die berühmte „déformation professionnelle") oder „beruflicher Verstocktheit". Man kann diese Betrachtung auch auf soziale Klassen, Epochen, geografische Herkunft u. Ä. ausdehnen. Es sind alles mögliche Rahmen, aber ihre Eigenheiten sind als solche nicht lächerlich, sie werden es erst, wenn sie einer bestimmten Handlung oder einer Situation einen Rahmen geben, der ihr nicht angemessen ist. Das Komische ist also keine intrinsische Qualität; es ist ein Werkzeug.

Dem von Bergson nicht weiter definierten Begriff Rahmen spürt Giribone nach und wird bei Gregory Bateson, einem Anthropologen und Lerntheoretiker, [4] fündig. Seine Forschung beginnt mit der Beobachtung von zwei jungen Affen, die miteinander spielten, indem sie einen Kampf mimten. Die Verhaltensweisen schienen denen zu gleichen, die in einem wirklichen, mit Aggressivität aufgeladenen Kampf auftreten, aber es war ihnen und dem Beobachter klar, dass der Kampf in Wirklichkeit eine Art Nicht-Kampf war. Es gab also die irgendwie geäußerte Botschaft: Das ist ein Spiel.

Der Rahmen hier ist eine Art allgemeiner Meta-Botschaft, die alle Botschaften und Signale berühren, die innerhalb ihres Standortes stattfinden. Dieser Rahmen wird begrifflich erfasst, zum Beispiel Film, Spiel, Interview, Arbeit, manchmal gibt es keinen verbalen Bezug zum Rahmen und man ist sich dessen nicht bewusst. Jeder dieser Rahmen bestimmt den Wert der in ihm enthaltenen Elemente.

Rahmen bilden oft symmetrisch auftretende Gegensatzpaare, wie Spiel und Ernst, Arbeit und Freizeit usw. Sie bestimmen den Inhalt des Erlebten und können ihn sogar umkehren: Aggressivität kann Neckerei, Schmerz Vergnügen, Angst Genuss werden. Wie kann man sich mit Vergnügen einen Horrorfilm ansehen? Giribone erklärt dieses Paradox mit dem Rahmen, den die Angst bekommt, nämlich den eines Freizeitvergnügens. Denn die Angst als solche verschwindet ja nicht. Der Rahmen Freizeitvergnügen oder Ferienaktivität polt Schmerzen beim Sporttreiben oder andere strapaziöse Tätigkeiten zu attraktiven Beschäftigungen um, die sonst – im Rahmen von Arbeit oder einer Pflicht – als unzumutbare Folter empfunden würden.

Auch wenn bei o. g. Beispielen die Beziehung des Rahmens zu seinen Elementen paradox erscheinen mag, funktioniert sie. Anders sieht es aber aus, wenn die Verbindung zwischen Rahmen und Gerahmtem gestört ist und im Sinne der Logik nicht mehr zu brauchen ist. Wenn sich der Rahmen von dem, was er umrahmen soll, entfernt, löst sich die Verbindung und es entsteht ein Spalt. Der Rahmen verselbstständigt sich, bis er nichts mehr mit dem Inhalt zu tun hat. Man betritt hier, so Giribone, das Universum der fantastischen Erzählung, in der alle Elemente auf einen Rahmen bezogen sind, der nicht genannt wird, sie aber in gewissem Sinne überlagert und genau durch diese

Überlagerung seine verstörende Gegenwart manifestiert: Wir sind im Universum von Kafka. Im Romanfragment „Der Prozess" [5] passen der Prozess selbst mit seinen Verfolgungen, Anklagen und Zwängen nicht mit dem Erzählten zusammen – K., der Protagonist des Romans, hat nichts getan, was zu einem Prozess führen könnte, der Rahmen wird ihm auferlegt, fällt regelrecht über ihn her; dieser fehlende Zusammenhang, die Abwesenheit einer sinnvollen Verbindung, diese Überlagerung macht die Originalität und die Kraft des Universums Kafkas aus. Giribone spricht hier von einer „Pathologie" des Rahmens. Während beim „Prozess" der Rahmen außerhalb der Figur liegt und über sie herfällt, sitzt er im Romanfragment „Das Schloss" innerhalb der Figur: Es handelt sich um eine Person, die um jeden Preis versucht, in ein Schloss hineinzukommen, ohne dass man versteht, warum. Die am Anfang vorgebrachten Gründe, Vermessungen usw., verflüchtigen sich und sind nie wirklich glaubwürdig; sie weichen einer hektischen Suche, die sich auf kein psychologisches Moment, auf keine Wahrscheinlichkeit im Innern der fiktionalen Koordinaten stützt. Das Rätsel sitzt in der Person selbst – und gibt der Fiktion den Rahmen.

Eine andere Beeinträchtigung des Rahmens passiert, wenn ein Fremdkörper sich in das Material des Gerahmten einnistet. Etwas, das der Rahmen eigentlich nicht umspannen kann, dringt in ihn ein und durchbohrt ihn. Giribone erinnert an einen Sketch von Raymond Devos zum Thema „Brot und Bäcker". Als er beiläufig die Frage nach dem Welthunger erwähnt, verstummt das Lachen. Der Komiker kommentiert: „Man lacht nicht mehr!", verweilt kurz bei diesem tragischen Thema, wie um die Grenzen des Komischen abzugehen, und kehrt dann wieder in das Innere des ursprünglichen Rahmens zurück. Etwas Vergleichbares habe ich bei einem Kabarett erlebt: Ein Komiker befasst sich mit der Situation der Gastarbeiter und ihrer Beziehung zu den Einheimischen. Die Lacher verstummen aber, als er in einer Zukunftsvision den Zuhörern prognostiziert, dass sie einmal nach Australien auswandern müssten, um sich dort als Arbeitskraft zu verdingen. Eine ganze Kategorie von fantastischen Geschichten beruht auf dem Auftauchen von Anzeichen, die den Rahmen der anfänglichen Wahrscheinlichkeit schwächen und dann schließlich sprengen. Man glaubt, man habe es mit einer Erzählung zu tun, und merkt schließlich, dass es sich um einen Traum handelt, wie am Ende von „Alice im Wunderland". In diesen Fällen ist der Rahmen nicht selbstständig; er steht in Bezug zum Erzählstoff, aber wird durch Elemente dieses Stoffes widerlegt, entfernt sich möglicherweise, bis er verschwindet. Er wird entweder durch einen anderen Rahmen ersetzt (eines fantastischen anstatt eines wahrscheinlichen, zum Beispiel) oder wir bleiben in einer rahmenlosen Gegend hängen. Und diese rahmenlose Gegend ist die des Unheimlichen schlechthin. Wenn diese Fremdartigkeit beunruhigend wirkt, so liegt das daran, dass eine

Situation sich ohne ihre Gebrauchsanweisung, ohne Hinweise auf die Art, wie sie zu verstehen sei, ohne das allgemeine Ganze, dem es angehört, präsentiert. Der Rahmen ist nicht mehr nur brüchig, entstellt oder infrage gestellt, denn all diese Operationen würden mehr oder weniger seinen Fortbestand implizieren. Entzieht sich der Rahmen aber ganz dem Blickfeld, entsteht das Gefühl des Unheimlichen: Neue Elemente, die nach und nach auftauchen, durchbrechen die anfänglichen narrativen Koordinaten und lassen einen Aspekt erscheinen, der sich jeglicher beruhigenden Logik entzieht. Einerseits beschädigt man den Rahmen, dessen Funktion es war, eine Vielfalt von Elementen zu sammeln und zu klassifizieren; anderseits ist das, was durch das Loch erscheint, kein anderer oder umgestalteter Rahmen, sondern er ist vollständig ausgelagert. Der „gesunde" Rahmen des Komischen dagegen wird, selbst wenn er deformiert und versteift ist, als Bezugspunkt bewahrt; er ist gegenwärtig wie ein Maßstab, anhand dessen man Exzess, Wahnsinn oder den absurden Automatismus in einer Situation beurteilen kann. Die lächerlichen Zöllner sind Super-Zöllner, sie tun zu viel des Guten; die lächerlichen Philosophen der Komödien sind mit ihrem unverständlichen Kauderwelsch zu philosophisch; die an sich völlig akzeptable Geste eines Redners wiederholt sich im Übermaß und wird komisch. Wir treten hier nicht in ein anderes Universum, bleiben in unserem, auch wenn es sich verdunkelt oder verformt, zeigt es indirekt auf das, wovon es sich entfernt.

Dieser fundamentale Unterschied lässt sich auch mit der Distanz des Ich zum Rahmen ausdrücken. In der Komik betrachten wir ein Schauspiel, das uns nicht einschließt. Die Wirkung der Komik basiert darauf, dass wir uns nicht mit der Situation oder der Person identifizieren. Das Unheimliche dagegen durchbohrt den Rahmen, erreicht den Beobachter und bezieht ihn in das Schauspiel mit ein. Wir fragen uns mit dem Protagonisten, wir sind mit ihm sprachlos, beunruhigt, wir haben mit ihm Angst. Diese Durchbohrung des Rahmens greift auch unser Ich an. – Das ist im Grunde auch nicht überraschend, denn der Begriff Rahmen bedeutet in der Familientherapie beinahe das Gleiche wie das Ich in der Psychoanalyse. Es sind zwei Instanzen von Systemen.

Giribone geht schließlich der Frage nach, was sich im Rahmen befindet. Was umrahmt der Rahmen eigentlich? Die Antwort findet er bei Bergson: Es ist das Leben – in seiner unvorhersehbaren Entfaltungsfreiheit, das, fern unserer Automatismen und unserer Versteifungen, seinen Elan und seine Anmut verwirklicht. Die Sprache versucht von dieser Entfaltung zu leben, aber es gelingt ihr nur auf unvollkommene Weise:

Wir spüren an ihr, dass sie von unserem Leben lebt; und wenn das Leben der Sprache vollständig und vollkommen wäre, wenn es in ihr nichts Starres gäbe, wenn die Sprache schließlich ein einheitlicher Organismus wäre, unfähig sich in selbstständige Organismen zu spalten, so würde sie der Komik entkommen, so wie ihr eine Seele entkommen würde, die mit dem Leben harmonisch verschmolzen ist, ein Ganzes bildet wie eine ganz ruhige Wasseroberfläche. Aber es gibt keinen Teich, der kein Laub an seiner Oberfläche treiben lässt [1].

Bergsons Auffassung beruht auf einer Sicht auf das Leben als Entfaltung schlechthin, die anders als alles ist, was versucht, dies bewusst zu machen, z. B. Sprache und Denken. Das Denken erfolgt angesichts der Bewegung des Lebens und ist in Bezug auf sie grobschlächtig, nicht detailliert, nicht spezifisch genug: „Was der Philosophie am meisten gefehlt hat, ist die Genauigkeit", schreibt Bergson [6], „Wenn die Flüsse nach oben flössen, wenn es keine Pflanzen und Tiere gäbe, wenn wir nichts zu essen und trinken bräuchten, ja dann würden die Philosophen sich nicht anders ausdrücken".

Der Mensch muss leben, und das Leben verlangt, dass wir die Dinge in dem Bezuge sehen, den sie zu unsern Bedürfnissen haben. Leben heißt, von den Dingen nur den nützlichen Eindruck aufnehmen und durch geeignete Reaktionen darauf antworten: die anderen Eindrücke müssen sich verdunkeln, oder sie dürfen uns nur verworren treffen. Ich sehe, und ich glaube zu erkennen, ich höre hin, und ich glaube zu verstehen, ich studiere mich, und ich glaube in meinem tiefsten Herzensgrunde zu lesen. Aber was ich von der äußeren Welt sehe und höre, ist nichts, als was meine Sinne aus ihr herausnehmen, um mein Handeln zu leiten; und von mir selber kenne ich nur das, was die Oberfläche kräuselt, was teil hat an meinem Tun. Meine Sinne und mein Bewusstsein geben mir also die Wirklichkeit nur in einer praktischen Vereinfachung. In dem, was Sinne und Bewusstsein uns von den Dingen sehen lassen, sind die dem Menschen unnützen Unterschiede ausgelöscht, die dem Menschen nützlichen Ähnlichkeiten betont, gewisse Bahnen sind meinem Tun von vornherein vorgezeichnet. Diese Bahnen sind die, welche die ganze Menschheit vor mir gegangen ist. Die Dinge sind mit Rücksicht auf den Nutzen, den ich aus ihnen ziehen kann, klassifiziert worden [1].

Der Mensch sei dem Tier in diesem Punkte sicher überlegen, der Wolf würde keinen Unterschied zwischen einer Zicke und einem Lamm machen, wir würden eine Ziege von einem Hammel unterscheiden, jedoch kaum eine Ziege von einer anderen Ziege. Das heißt, die Individualität der Dinge entgeht uns dann, wenn es für uns nicht von praktischem Nutzen ist, sie zu bemerken. „Wir sehen nicht die Dinge selbst; wir beschränken uns meistens darauf, die ihnen aufgeklebten Etiketten zu lesen." Diese Tendenz habe sich unter dem Einfluss der Sprache verstärkt: „Das Wort [...] schiebt sich zwischen diese Sache und uns und würde uns ihre eigentümliche Gestalt verhüllen, wenn diese Gestalt nicht schon hinter den Bedürfnissen hätte zurücktreten müssen".

Dann und wann hebt ein Künstler den Schleier, der sich zwischen den Dingen und uns befindet, auf, macht uns von den Vorurteilen frei, die sich zwischen unsere Wahrnehmung und die Wirklichkeit geschoben haben. Diese „Seelen", gemeint sind die unbefangenen, also von Vorurteilen freien Künstler, verdanken sich einer Art „Zerstreutheit" (sic!) der Natur. Das hieße also, auch die Natur ist nicht immer wachsam, wird träge…, was den Menschen verhilft, ihr näher zu kommen. Bergsons Blick auf den Rahmeninhalt, im Grunde die Welt, offenbart, wie reich und komplex sie ist, sodass wir sie nur unvollkommen beschreiben können. Jedoch kann sie inspirieren und beleben, wie Künstler aller Bereiche offenbaren. Dieser Weltsicht hält Giribone eine ganz andere und weniger beruhigende Version entgegen. Die noch annehmbarste sei vielleicht das Absurde von Camus, „diese zerstörte, hirnlose Welt, in der sich der Protagonist der Erzählung ‚Der Fremde' bewegt, Handlungen auslöst, die fast autonom geworden sind, ohne in Verbindung zueinander zu stehen". Sartres Vision von dieser Gegend sei noch härter: Im Roman „Der Ekel" werde den Objekten ihr Konzept, ihre Definition, aberkannt, „monströs und in sich zusammengefallen wie die weichen Uhren von Dali" lägen sie herum [2]. Bei beiden, Camus und Sartre, gibt es nichts mehr, das die Welt organisieren oder konstruieren könnte, das heißt, sie hat keinen Sinn.

Giribone vermutet, dass die schwer zugängliche und chaotische Welt, die sich vor dem Sinn befindet, die sich entfaltet, bevor der Sinn hinzukommt, dem archaischen Universum des noch nicht sprechenden Kindes oder des Wahnsinnigen entspricht. Unsichtbar und latent gegenwärtig wird sie als potenzielle Bedrohung empfunden. Erst die Kartografie der Sprache schaffe so etwas wie Beruhigung. Es gibt für ihn zwei Sichtweisen ein und desselben Bereiches: Wenn die Dinge ihre Vertrautheit verlieren, löst sich die Welt auf. Das Gefühl des Unheimlichen kommt auf. Es ist verbunden mit der Angst vor dem Verlust von Sinnhaftigkeit. Der Sinn ist nicht dauerhaft den Dingen eingeschrieben, der Sinn ist nicht das Ding als solches, er ist eigentlich nur ein Rahmen. Der Sinn ist im Grunde das, was einen Sinn ergibt, und kann in dieser Eigenschaft durchlöchert, aufgehoben werden, verschwinden.

Aber, so Giribone, es gibt eine andere, zuversichtlicher stimmende Version dieses Verschwindens. In dieser anderen Konstellation wird der Mensch nicht mitgerissen, denn er bleibt außerhalb des potenziell beängstigenden Spektakels – das ist die komische Szene. Der Rahmen versteift sich, der Sinn, den er trägt, verschwindet durch übermäßige Materialisierung, aber er bleibt als Horizont. Er wird nicht in seiner Funktion, in seinem Wesen infrage gestellt, wenn denn die großen Instanzen, die unsere Wahrnehmung gestalten, gewahrt werden: die Beständigkeit des beobachtenden Menschen, die von ihm konstruierte Welt und der Sinn, den die Sprache ihr gibt. Diese Instanzen könnten jedoch ins Wanken kommen, womit sie sich als zerbrechlich erweisen. Das Lachen und das Unheimliche zeigen uns die gleichen Figuren, beziehen sich auf die gleiche Gegend, nur schlagen sie verschiedene Sichtweisen vor: Das eine bringt uns dazu, Tränen zu lachen, das andere zeigt uns seine bedrohliche Fratze.

10.1   Rahmen in der KI

Verschiedene Sichtweisen auf die Welt, Rahmen, die Kontexte nahelegen, spielen auch in der KI eine wichtige Rolle. Über die Repräsentation von Wissen haben wir unter verschiedenen Gesichtspunkten in Kap. 5 gesprochen. Dabei hatten wir verschiedene Formalismen diskutiert, mit deren Hilfe Wissen formal und logisch dargestellt werden konnte. In einem kleinen Beispiel in Abb. 5.1 wurde ein winziger Ausschnitt von Wissen über verschiedene Arten von Lebewesen dargestellt. Will man solches Wissen in einem KI-System nutzen, müssen sehr große Wissensbasen konsultiert werden. Dies kann man sich wie in unserem kleinen Beispiel vorstellen, nur dass Anzahl der Konzepte und der Relationen dazwischen immens sind. So enthält z. B. der *Knowledge Graph* von Google derzeit ca. 70 Mrd. Fakten; eine andere kommerziell verfügbare Wissensbasis von Cyc[2] enthält zwar deutlich weniger Fakten und Aussagen – etwa 7 Mio. – ist jedoch sorgfältig, teilweise auch von Hand zusammengestellt. Ein Problem bei der automatischen Verarbeitung von solch riesigen Wissensmengen ist das Finden von geeigneter Information. Cyc hat dazu die Wissensbasis in sogenannte Mikrotheorien eingeteilt, die zu einzelnen Domänen oder Teilgebieten gehören; die Verarbeitung des Wissens soll innerhalb dieser Mikrotheorien bleiben – die Mikrotheorie bildet einen Rahmen. Solche Rahmen für die Repräsentation von Wissen wurden bereits vom Marvin Minsky, einem der Doyens des Gebietes, eingeführt. In [7] schlägt Minsky vor, Wissen in *Frames* zu organisieren. Ein solches Frame definiert nicht nur die Bedeutung eines Sachverhalts, vielmehr wird eine Art Szenario definiert. Minsky gibt als Beispiel eine kleine Geschichte vor:

Jane was invited to Jack's Birthday Party.
She wondered if he would like a kite.
She went to her room and shook her piggy bank.
It made no sound.

---

[2]www.cyc.com, abgerufen am 2.11.2018.

Um diesen Text zu verstehen, könnte man nun in einem Lexikon nach der Bedeutung von Kindergeburtstag nachschlagen. Man findet dann zum Beispiel im Duden[3] „Substantiv, maskulin – für Kinder veranstaltete Geburtstagsfeier anlässlich des Geburtstags eines Kindes." Um aber den zweiten Satz der Geschichte zu verstehen, genügt diese Definition nicht. Man muss wissen, dass man zu einer Geburtstagsfeier ein Geschenk mitbringt – und dieses könnte eben ein Drachen sein. Minsky schlägt nun ein Frame für eine Kindergeburtstagsparty vor, welches sogenannte *slots* enthält, wie z. B. DRESS, PRESENT, GAMES usw. Diese Slots können dann mit konkreten Angaben aus der Geschichte gefüllt werden; für PRESENT könnte eben Drachen eingetragen werden und für GAMES wäre etwa Topfschlagen ein geeigneter Füller. Sein ähnliches Vorgehen wurde beim Verstehen von Geschichten von Roger Shank [8] vorgeschlagen. Hier ist die Idee, prototypische Vorgehen in bestimmten Situation durch ein *Script* vorzugeben. Betritt zum Beispiel eine Person ein Restaurant, wird das zugehörige Skript aktiviert. Hier sind nun sogenannte Rollen vorgesehen, also etwa der Kellner, der Koch oder der Kassierer. Ebenso sind typische Abläufe vorgegeben, das Warten, bis man einen Tisch zugewiesen bekommt, das Bestellen und das Warten auf das Essen, und so weiter bis zum Bezahlen und Verlassen des Restaurants. Ein solcher typischer Ablauf kann nun zum Textverstehen benutzt werden, indem im Text versucht wird, die notwendigen Rollen und Aktionen zu finden und Text und Skript soweit in Deckung zu bringen wie möglich. Ein Problem bei der Verwendung dieses Ansatzes ist allerdings das Auffinden eines möglichst geeigneten Skripts. Die einzelnen Skripts enthalten eine Art Kopfzeile mit Angaben über notwendige Voraussetzung für ihre Verwendung. So kann beim Restaurant-Skript beispielsweise gefordert sein, dass der Protagonist hungrig ist (oder aber eine Verabredung hat) und dass er über genügend Geld verfügt. In der Praxis wird es sehr oft der Fall sein, sodass viele Skripts auf ihre Anwendbarkeit überprüft werden müssen, sodass sich hieraus ein großer Suchraum ergibt.

Wenn wir hier über typische und wiederkehrende Abläufe sprechen, ist die Idee eines Planes naheliegend. In der KI-Forschung mussten Formalismen zum Planen entwickelt werden, als man versuchte autonome Roboter zu entwerfen. Eines der ersten Robotersysteme war Shakey [9], den wir schon in Kap. 3 erwähnt haben. Seine Entwicklung gilt deshalb als Meilenstein in der KI-Geschichte, weil hier zum ersten Mal ein Formalismus zur Definition und zum Abarbeiten von Plänen eingesetzt wurde. Wer schon einmal nach einem Rezept gekocht hat, kennt das Konzept eines Planes – als ein solches kann ein Kochrezept sehr gut aufgefasst werden. Dort wird eine Folge von Aktionen festgelegt, die der Koch der Reihe nach abarbeitet. So kann eine

---

[3] www.duden.de, abgerufen am 23.10.2018.

Aktion sein „Wasser kochen", gefolgt von der Aktion „Reis in das Wasser geben" und schließlich „15 Minuten leicht köcheln lassen". Der Autor des Rezeptes geht davon aus, dass der Koch die einzelnen Aktionen ausführen kann und sich ihrer Wirkung bewusst ist. Damit ein Roboter die einzelnen Aktionen ausführen kann, muss allerdings sehr genau formuliert werden, welches die notwendigen Voraussetzungen sind. So muss bei „Wasser kochen" ein Topf mit Wasser verfügbar sein, eine Herdflamme muss frei und eingeschaltet sein, und der Topf muss darauf gestellt werden. Diese Aktion[4] hat aber auch Wirkung, nämlich, dass die Herdflamme nicht mehr frei ist und dass das Wasser heiß ist. All das muss formalisiert werden; für Shakey wurde dazu der Planungsformalismus Strips entwickelt. Man hat eine Beschreibung der Welt, in unserem Küchenszenarium z. B. müssen die Position der Gerätschaften, des Herdes, des Kühlschranks, aber auch die verfügbaren Lebensmittel zusammen mit ihrem Aufbewahrungsort beschrieben werden. Dazu kann man genau die logischen Wissensrepräsentationsformalismen benutzen, wie sie in Kap. 5 eingeführt wurden. Bei der Beschreibung der Aktionen kann nun nicht direkt ein Logik-Formalismus benutzt werden – der Grund dafür liegt am sogenannten Frame-Problem. Wie im Küchenbeispiel angedeutet, muss die Wirkung einer Aktion beschrieben werden, dazu muss festgelegt werden, welche Eigenschaften der Umgebung verändert werden, z. B. dass die Flamme des Herdes, auf dem der Topf zum Kochen des Wassers steht, nicht mehr frei ist. In Logik müsste aber auch beschrieben werden, welche Eigenschaften in der ganzen Küche unverändert bleiben, z. B. dass die Butter danach immer noch im Kühlschrank ist, der Tisch immer noch an der gleichen Stelle steht und das Fenster immer noch geschlossen ist und so weiter und so fort. Wir finden hier also genau das Rahmenproblem dieses Kapitels: Der Rahmen, in dem einzelne Aktionen anwendbar sind und Wirkung zeigen, muss abgesteckt werden. In Strips wird dies durch eine Verabredung gelöst: Man hat für jede Aktion eine „Delete-List" und eine „Add-List". Erstere enthält die Eigenschaften, die nach Ausführung der Aktion nicht mehr gelten, Letztere die Eigenschaften, die danach neu gelten. Alles was nicht in den beiden Listen enthalten ist, bleibt unverändert. – Die beiden Listen zusammen mit der Verabredung spannen also den Rahmen für die Aktion auf.

Haben wir bisher Rahmen in der Wissensverarbeitung und beim Planen diskutiert, soll nun auch die Verwendung von Rahmen beim Modellieren von Humor angesprochen werden. In der Tat gibt es Ansätze, Humor und Witze durch KI-Systeme verstehen oder erzeugen zu lassen; für diese Arbeiten hat sich der Begriff „computational humor" durchgesetzt. Man versucht hier, auf

---

[4]Tatsächlich handelt es sich wiederum um eine Folge von Aktionen, nämlich „Topf greifen", „mit Wasser füllen" und „auf freie Herdflamme stellen". Hier sei das vereinfacht als eine Aktion zusammengefasst.

der Basis psychologischer und linguistischer Theorien den Mechanismus des Humors zu modellieren bzw. zu formalisieren. Den meisten dieser Ansätze ist gemeinsam, dass sie davon ausgehen, dass Humor durch Deplatziertheit entsteht, indem zwei entgegengesetzte oder nur überlappende Skripte als Interpretation eines Textes zum Tragen kommen. Wenn also zum Beispiel eine Person, die die Rolle eines Kellners in einem Restaurant-Skript hat und dort dafür vorgesehen ist, Plätze anzuweisen, die Bestellung entgegenzunehmen, das Essen zu bringen oder abzukassieren, in einem Text sich setzt und selbst das eben gebrachte Essen verspeist, könnte dies ein Hinweis auf einen Witz sein. Zwei unvereinbare Rollen, die des Kellners und die des essenden Gastes, werden gleichzeitig in einem Skript eingesetzt.

Man kann zwei verschiedene Richtungen der Forschung in diesem Bereich unterscheiden: die Erkennung von Witz oder Humor in einem Text und die Generierung von Witz. Zu Ersterem können klassische Ansätze des maschinellen Lernens, wie wir sie in Kap. 5 über künstliche neuronale Netze beschrieben haben, verwendet werden. Man trainiert das System mit einer großen Anzahl von Texten, indem man bei jedem Text angibt, ob er einen Witz darstellt oder nicht. Das so trainierte System wird schließlich erkennen, ob es sich bei einem neuen vorgelegten Text um einen Witz handelt – es hat eine Klassifikationsaufgabe gelöst. Warum ein Text aber witzig ist, weiß das System nicht. Deshalb lohnt es sich wohl auch beim Erkennen von Witzen oder Humor, „tiefe" linguistische Methoden anzuwenden. Hier versucht man die Bedeutung des Textes mithilfe von linguistischen Formalismen zu erfassen, um dadurch verschiedene Interpretationsmöglichkeiten aufzuzeigen; wenn diese sehr gegensätzlich sind, ist dies ein Hinweis auf einen Witz. Die Herausforderung hierbei ist, dass die linguistische Analyse alleine nicht ausreichend ist – zum Verständnis des Textes muss auch sehr viel Wissen hinzugezogen werden, ähnlich wie wir das bei der Verarbeitung von Alltagswissen beim Cognitive Computing in Kap. 5 diskutiert haben. Ausführlich werden wir linguistische Methoden später in Kap. 12 besprechen.

Anders kann man bei der Generierung von Witzen vorgehen. Hierzu kann man bestimmte Witz-Muster vorgeben, die dann mit verschiedenen Personen und Objekten instanziiert werden.

Wir haben gesehen, dass die Prinzipien dieser KI-Ansätze mit denen der Autoren, die in diesem Kapitel behandelt wurden, verwandt sind.

10.2   Zusammenfassung

In diesem Kapitel wurde diskutiert, dass ein Rahmen um einen bestimmten Kontext, ein Ereignis oder einen Teil des Wissens existiert; verlässt eine Geschichte, eine Beschreibung oder ein Ereignis diesen Rahmen, erfahren wir das Geschehen als komisch. Verlieren wir den Bezug zum Rahmen oder ist er beschädigt, sind wir verunsichert oder verängstigt. Bei Bergson haben wir gesehen, dass Automatisches oder unnatürlich Mechanisches in bestimmten Situationen den Rahmen des erwarteten natürlichen Verhaltens sprengt und damit komisch wird. Giribone zeigte, dass das Eindringen eines Fremdkörpers in den Rahmen oder eine Verfremdung des Rahmens verstörend wirken kann. In der KI dagegen wurden Rahmen verwendet, um Wissen zu organisieren; die „Frames" von Minsky oder die „Scripts" von Shank haben wir hier als Beispiel benutzt. Diese Rahmen werden im Gegensatz zu den zitierten philosophischen Theorien hauptsächlich dazu benutzt, um beim Verwenden des Wissens und nach der Suche von geeigneten Zusammenhängen nicht ins Uferlose zu laufen, also sozusagen eine Hilfe bei der Suche zu bekommen.

Beim Planen allerdings ist die Situation konträr; hier muss der Rahmen für jede Aktion eines Roboters explizit formuliert werden. Der Rahmen, auf den die Aktion Auswirkungen hat, muss hier explizit definiert werden, und führt daher eher zu einer Komplizierung des Planes als zu einer Vereinfachung.

Unter dem Schlagwort „computational humor" gibt es jedoch auch in der KI Forschungen, Komisches oder Unheimliches zu modellieren. Zum Beispiel indem bei der Verwendung eines Skripts neue Objekte oder Personen eingeführt werden, die dort nicht vorgesehen sind. Oder aber man verwendet Objekte oder Personen eines Skripts à la Sartre oder Dali in einer Weise, die der Skript-Definition entgegenlaufen.

Sollten die Vorhersagen der Transhumanisten (siehe Kap. 3) eintreten und wir vor der Singularität stehen, wenn also die KI sich eine eigene Welt erschaffen hat und die Menschheit keine Rolle mehr auf diesem Planeten spielt, werden sich die KI-Systeme auch an künstlichem Humor erfreuen.

Literatur

1. Bergson H (2011) Das Lachen: Le rire. Ein Essay über die Bedeutung des Komischen, Bd 622. Meiner Verlag, Hamburg
2. Giribone J-L (2007) Le comique et l'inquiétante étrangeté: Bergson et Freud. Cahiers critiques de thérapie familiale et de pratiques de réseaux 2:17–37
3. Freud S (1948) Das Unheimliche: Aufsätze zur Literatur, Bd 4. Fischer, Frankfurt
4. Bateson G (1983) Ökologie des Geistes, Bd 6. Suhrkamp, Frankfurt

5. Kafka F (1998) Der Process. Reclam Universal-Bibliothek, Stuttgart
6. Bergson H (1934) Denken und schöpferisches Werden. Libri, Hamburg
7. Minsky M (1981) A framework for representing knowledge. In: Haugeland J (Hrsg) Mind design: philosophy, psychology, artificial intelligence. MIT Press, Cambridge, S 95–128
8. Schank RC, Abelson R (1977) Scripts, goals, plans, and understanding. Erlbaum, Hillsdale
9. Nilsson NJ (1984) Shakey the robot. Technical report, SRI International Menlo Park CA

11

Bewusstsein

Zusammenfassung Wir gehen der Frage nach, was das Bewusstsein ausmacht, und werden bei den Phänomenologen fündig. Sie stellen den Leib, der die Dinge um sich herum wahrnimmt, ins Zentrum ihrer Betrachtungen. Die Lokalisierung des Bewusstseins wird durch die Theatermetapher veranschaulicht. Die Modellierung von Bewusstsein in der KI könnte dazu beitragen, mit den Mengen an Informationen effizienter umzugehen.

… und hab ihn so weit gebracht dass er mich gebeten hat ja zu sagen und zuerst hab ich gar keine Antwort gegeben hab bloß rausgeschaut aufs Meer und über den Himmel ich musste an so viele Sachen denken von denen er gar nichts wusste (…) ja und die ganzen komischen kleinen Straßen und Gässchen und rosa und blauen und gelben Häuser und die Rosengärten und der Jasmin und die Geranien und Kaktusse und Gibraltar als kleines Mädchen wo ich eine Blume des Berges war ja wie ich mir die Rose ins Haar gesteckt hab wie die andalusischen Mädchen immer machten oder soll ich eine rote tragen ja und wie er mich hat unter der maurischen Mauer und ich habe gedacht na schön er so gut wie jeder andere und hab ihn mit den Augen gebeten er soll doch noch mal fragen ja und dann hat er mich gefragt ob ich will ja sag ja meine Bergblume und ich hab ihm zuerst die Arme um den Hals gelegt und ihn zu mir niedergezogen dass er meine Brüste fühlen konnte wie sie dufteten ja und das Herz ging mir wie verrückt ich hab ja gesagt ja ich will Ja [1].

Der Roman „Ulysses" von James Joyce (1882–1941) gilt als Paradebeispiel für den Einsatz der Erzähltechnik des Bewusstseinsstroms (stream of consciousness). Er umfasst den Ablauf eines einzigen Tages des Protagonisten

© Springer Fachmedien Wiesbaden GmbH, ein Teil von Springer Nature 2019
U. Barthelmeß und U. Furbach, *Künstliche Intelligenz aus ungewohnten Perspektiven,*
Die blaue Stunde der Informatik, https://doi.org/10.1007/978-3-658-24570-2_11

Leopold Bloom. Der Erzähler schildert, was ihm an diesem Tag widerfährt bzw. durch den Kopf geht. In der hier zitierten Stelle des Schlusskapitels erinnert sich die Ich-Erzählerin Molly Bloom in einer Art Halbschlaf an den Tag, an dem ihr Leopold Bloom einen Heiratsantrag gemacht hat.

Bei dieser Technik geht es darum, das Figurenbewusstsein selbst sprechen zu lassen, ohne dass der strukturierende Eingriff einer Erzählinstanz sichtbar wird, um eine protokollhafte Wiedergabe von Bewusstseinsinhalten zu schaffen, das Bewusstsein unzensiert im Original abzubilden. Nicht nur James Joyce versuchte, die „Wahrheit" unseres Seins, das unablässige „Rauschen" im Gehirn, möglichst authentisch abzubilden.

Um das Wirken des Bewusstseinstroms an sich selbst zu beobachten, denke man an die Versuche, dieses Rauschen abzuschütteln, wenn man einschlafen will. Wie aus dem Nichts tauchen Gedankenfetzen auf, arbeiten sich in das Bewusstsein vor, auch wenn wir sie abweisen, weil wir uns nicht damit beschäftigen wollen: Themen des Alltags, To-do-Listen, liegen gebliebene Gedanken, belastende Gefühle, Sorgen… Der Körper windet sich unter ihrer Last, will durch Änderung der Lage Abhilfe schaffen – meist vergeblich. Listige Paraden, wie etwa das berühmte Schafezählen oder das gedankliche Abgehen bestimmter Räume, Wohnungen, Laufstrecken etc., werden meist vom Rauschen durchschaut, es lässt sich nicht so einfach abwimmeln. Irgendwann wacht man auf und wundert sich: Es hat also doch geklappt, das Rauschen abzudrängen und in das Reich des Schlafes und Träumens einzutreten. Die Schwelle zwischen Wachsein und Schlafen, den Grenzübergang, haben wir verpasst. Etwas in uns hatte den Willen einzuschlafen, in die Sphäre des Unbewussten abzutauchen, und die Müdigkeit unseres Fleisches ignoriert. Es ließ uns nicht abschalten, hielt uns wach und zwang uns, wach und mit der Welt verbunden zu bleiben. Wir versuchen hier, der Natur des Bewusstseins auf die Spur zu kommen.

11.1 Qualia

Im Zusammenhang mit der Diskussion um Körper und Geist in Kap. 3 haben wir einen wichtigen Aspekt ausgeklammert, nämlich das Fühlen und das Erfahren der Umwelt durch unsere Sensoren, die ja Teil des Körpers sind. Wenn wir mit den Fingerkuppen eine Oberfläche ertasten, haben wir ein ganz bestimmtes Gefühl, welches durch die Sensoren in der Haut ausgelöst wird; wenn wir eine farbige Fläche betrachten, wird ein ganz bestimmtes Gefühl in uns ausgelöst, dieser innere Zustand kann sich bei einem satten Rot anders als bei einem kühlen Blau anfühlen. Wichtig ist, dass dieses „Sich-Anfühlen" subjektiv ist –

wir erfahren es, ohne zu wissen, ob es bei unserem Gegenüber sich in gleicher Weise anfühlt.

In der Philosophie wird diese Wirkung, das Sich-Anfühlen eines mentalen Zustandes, als „Qualia" bezeichnet. Die Diskussion um Qualia ist zentral für die Frage nach der Natur des Bewusstseins. Qualia bedingt die Introspektion in bestimmten mentalen Zuständen; die Frage ist, ob Qualia und Bewusstsein materiell, also physikalisch greifbar sind. Dazu hat schon Leibniz ein Gedankenexperiment geschildert: Stellen wir uns vor, wir inspizieren ein Modell eines Gehirns, wir können darin die Weiterleitung und Verarbeitung von Reizen erkennen, ganz ähnlich wie wir dies in den Abschnitten über künstliche neuronale Netze geschildert haben. Wir wissen, wie die Reizverarbeitung im Auge und weitergehend bis zu den verschiedenen Regionen im Gehirn funktioniert; wir haben dies ausführlich im Kap. 7 geschildert. Wir können aber nirgends im Gehirn lokalisieren, wie es sich anfühlt, die Farbe Rot zu sehen. Bei all dem Wissen über die neurobiologische Beschaffenheit des Gehirns finden wir keine Spur von Qualia oder Bewusstsein. Ähnliches hat schon Henri Bergson in [2] formuliert. Er beschreibt die Verarbeitung von Reizen in unserem Nervensystem und benutzt dabei eine neuro-biologische Argumentation, um zu begründen, dass es im Gehirn keiner besonderen Instanz – also des Bewusstseins – bedarf. Bergson beschreibt das Gehirn und den Aufbau des Nervensystems als ein reizverarbeitendes System. Ein sensorisches Organ empfängt einen Reiz und kann diesen sofort an Muskeln weiterleiten, um dort eine Handlung auszulösen. In anderen Fällen wird das Reizsignal vom Sensor erst in das Gehirn gesendet, von wo es dann an Muskeln weitergeleitet werden kann. „Ich verstehe nicht und werde nie verstehen, dass sie (die periphere Reizung) dort die wundersame Kraft schöpfen soll, sich in eine Vorstellung von Dingen zu verwandeln; …" argumentiert Bergson. Vielmehr fasst er das Gehirn als eine Art Telefonzentrale auf (man beachte den Bezug auf den technologischen Fortschritt seiner Zeit), dessen Aufgabe es ist, Verbindungen herzustellen oder auch zu lösen.

11.2 Die Rolle des Leibes

Der Frage nach dem Phänomen des Bewusstseins ist in ganz besonderer Weise der Philosoph Merleau-Ponty in seinem Werk „Phénoménologie de la perception", Phänomenologie der Wahrnehmung (1945), nachgegangen [3].

Maurice Merleau-Ponty wird am 14. März 1908 in Rochefort-sur-Mer, einer südwestfranzösischen Kleinstadt, geboren. Da man über sein Privatleben relativ wenig weiß, wie Gerhard Danzer in seinem Buch über den Philosophen [4] bedauert, wollen wir uns hier auf seinen Werdegang als Wissenschaftler beschränken.

In Paris besucht er nach dem Gymnasium die Ecole Normale Supérieure, eine Elite-Schule, an der er mit Claude Levi-Strauss, Jean-Paul Sartre und Simone de Beauvoir Bekanntschaft macht. Mit beiden Letzteren verbindet ihn eine fast lebenslange Freundschaft. Er befasst sich vorwiegend mit Philosophie. Seine Lehrer und Vorbilder sind u. a. Bergson und – nach einigen Jahren der Tätigkeit als Gymnasiallehrer für Philosophie – Husserl, dem Begründer der philosophischen Strömung der Phänomenologie, der an der Sorbonne Vorlesungen hält. Wie die beiden philosophischen Vorbilder, die ihre philosophischen Theorien mit anderen Wissenschaften und den Künsten verknüpfen, bewegt sich Merleau-Ponty auch auf nicht-philosophischem Terrain wie der Gestalt- und Entwicklungspsychologie, Medizin, Sprachwissenschaft, Malerei und Literatur.

Er emanzipiert sich erst vom christlichen Existenzialismus, indem er sich kommunistischen Ideen zuwendet, und distanziert sich schließlich vom Kommunismus, da er sich parteipolitisch nicht binden will und totalitäre Systeme ablehnt, was unter anderem zum Bruch mit Sartre führt, der dem Kommunismus nahesteht.

Die Promotion mit dem Werk „Phänomenologie der Wahrnehmung" leitet seine Universitätskarriere ein. Zunächst ist er Professor für Kinderpsychologie in Lyon, dann doziert er Pädagogik an der Sorbonne. Schließlich bekleidet er – wie vor ihm Henri Bergson – den renommierten Philosophie-Lehrstuhl am Collège de France, an dem er bis zu seinem plötzlichen Tod 1961 forscht und lehrt.

In seiner Antrittsvorlesung „Eloge de la Philosophie" (Lob der Philosophie) setzt er sich mit der Rolle des Philosophen auseinander, wobei er sich insbesondere an Bergsons Haltung anlehnt: „Die Beziehung zwischen dem Philosophen und dem Sein ist nicht eine frontale Beziehung zwischen einem Zuschauer und einem Schauspiel; sie ist vielmehr die einer Mittäterschaft." [5]. Hier steckt schon seine Kernthese, dass der Philosoph als Mensch in seine philosophischen Reflexionen einzubeziehen ist.

„Philosophie heißt in Wahrheit, von Neuem lernen, die Welt zu sehen." [3] Merleau-Ponty setzt sich über die traditionellen philosophischen Theorien hinweg und sucht eine neue Sichtweise auf die Welt. Er blickt um sich und stellt – scheinbar naiv – fest, dass die Welt vor der philosophischen Reflexion bereits existiert und dass diese Wahrnehmung über das lebende Subjekt erfolgt. Ein Standpunkt außerhalb des lebenden Subjekts wäre nur einem absoluten Gott zugänglich.

Merleau-Ponty befreit sich von der Descartes'schen Unterscheidung zwischen dem Bereich des Sinns und der Zeichen (der Sprache und der Ideen) und dem Bereich der physikalischen Objekte (dem Raum der Dinge und dem Körper) und knüpft die menschliche Erfahrung und Erkenntnis selbst an den Raum und die Raumerfahrung. Eine reine Beobachtung sei ebenso wie reines Bewusstsein oder reine Kommunikation vor dem Hintergrund der leiblichen Verflochtenheit aller Lebensäußerungen mit der Welt abstrakt und praxisfern. Den Umstand der leiblichen Präsenz in der Welt könne man nicht einfach verleugnen. Die Wirklichkeit lässt sich also nicht erstellen, sondern nur beschreiben.

Das lebende Subjekt, der Leib, der sich in der Welt erfährt, nimmt wahr, und in dieser Wahrnehmung nimmt das Bewusstsein seinen Ausgang. Die Wahrnehmung und mit ihr die Handlung, die sie auslöst, nimmt daher eine vorrangige Stellung ein. Die Welt sei nicht das, „was ich denke, sondern das, was ich lebe." [3]. Merleau-Ponty spricht vom „Zur-Welt-Sein" (être au monde) des Leibes. Der Leib wird nicht auf seine bio-physiologischen Phänomene reduziert, sondern er bildet eine Einheit mit der von ihm wahrgenommenen Welt. Der Philosoph, der seine eigene Perspektive ausschaltet, sich als selbst wahrnehmendes Subjekt ignoriert, verdeckt dadurch die Einsicht, dass gerade diese Perspektive Erkenntnis ermöglicht. Er verliert den Bezug zu seinem Ursprung, dem natürlichen, faktischen Leben und Handeln. Als Mensch setzt er sich mit der strukturierten Welt auseinander, indem sich Reiz und Reaktion, die nie vollständig getrennt werden können, stets von Neuem bilden.

Dabei reagiert der Mensch nicht auf isolierte Reize oder konstruiert dieselben in seinem Bewusstsein, sondern bildet in seinem Körper Strukturen von aufgenommenen und umgeformten Gebilden komplexer Natur, die ihn beeinflussen und an denen er teil hat [6]. Merleau-Ponty demonstriert dies an der einfachen Wahrnehmung eines Fußballplatzes:

Der Fußballplatz ist für den Spieler in Aktion kein ‚Objekt‘, d. h. der ideelle Zielpunkt, der eine unendliche Mannigfaltigkeit perspektivischer Ansichten zuläßt und in all seinen erscheinungsmäßigen Umformungen den gleichen Wert behauptet. Er ist von Kraftlinien durchzogen (‚Seitenlinien‘, Linien, die den ‚Strafraum‘ abgrenzen) – in Abschnitte gegliedert (z. B. die ‚Lücken‘ zwischen den Gegnern), die eine Aktion von ganz bestimmter Art herbeirufen, sie auslösen und tragen, gleichsam ohne Wissen des Spielers. Der Spielplatz ist ihm nicht gegeben, sondern er ist gegenwärtig als der immanente Zielpunkt seiner praktischen Intentionen; der Spieler bezieht ihn in seinen Körper mit ein und spürt beispielsweise die Richtung des ‚Tores‘ ebenso unmittelbar wie die Vertikale und Horizontale seines eigenen Leibes [7].

Merleau-Pontys neue Sicht besteht darin, dass er ein „Zwischenreich" [6] sucht zwischen den empirischen Wissenschaften, die nur der Kraft des Sinnlichen vertrauen, und den idealistischen Philosophien, die lediglich ein sinngebendes Bewusstsein sehen. Sein „Zwischenreich" konkretisiert beides: Sinnliches, also empirisch Wahrgenommenes, und Sinn, Bedeutung Schaffendes. Es ist auch der Schlüssel bei kunst- und sprachtheoretischen Überlegungen (auf Letztere werden wir im Kap. 12 über Sprache noch eingehen), wenn es um die Beziehung von Ausdrückendem, Künstler bzw. Sprecher, und Ausgedrücktem, Kunstwerk bzw. Sprache, geht.

Merleau-Ponty hat sich zwar von diversen traditionellen philosophischen Schulen distanziert, jedoch einige Instrumente als Fundamente für seine Philosophie genutzt. Vier methodische Schlüsselbegriffe prägen seine Lebensphilosophie: Dialektik, Ambiguität, Phänomenologie, Psychologie.

In Anlehnung an Hegels Dialektik sieht er den Menschen als Natur- und Kulturwesen in einem dialektischen Spannungsfeld: Der Mensch ist mit seinem Leib Teil der materiellen Welt und mit seinem Bewusstsein zugleich ihr Betrachter. Die Welt und die Menschen sind durch Gegensätze geprägt. Die Welt, das Sein, ist nur erfahrbar über das subjektive Bewusstsein des Menschen. Dieser setzt immer wieder von Neuem an, die Wahrheit zu suchen, die er nie ganz verinnerlichen kann: „Das Ende einer Philosophie ist die Erzählung ihres Anfangs." [8]

In unmittelbarer Nachbarschaft zur Dialektik steht der Begriff Ambiguität. Er prägt maßgeblich Merleau-Pontys philosophische Haltung. Er bedeutet Doppeldeutigkeit und verweist darauf, dass Phänomene wie Leib, Geist, Kunst, Leben etwas Doppeldeutiges an sich haben. Der Leib ist einerseits ein Ding und andererseits Träger des Ich. Ein Beispiel für diese Ambiguität ist das der sich selbst berührenden Hände, die Erfahrung des „Berührens des Berührten". Wie bei einem Vexierbild gibt es keine einseitige Auflösung, sondern das Aushalten des Offenen. Durch diesen Akt des In-der-Schwebe-Haltens wird man der Vieldeutigkeit der Welt gerecht. Daher muss ein Forscher sich zu dieser Vieldeutigkeit bekennen und verschiedene Forschungs- und Beobachtungsstandpunkte einnehmen. Gerhard Danzer nennt als Beispiel die Psychosomatik, bei dem „zwei ungleiche Wesenheiten 'Soma' und 'Psyche' vor einen gemeinsamen Karren gespannt sind." [9] Patienten litten sowohl an körperlichen als auch an psychischen Störungen, und Therapeuten sollten in der Lage sein, beiden Aspekten Rechnung zu tragen (siehe auch Kap. 3).

Der Sicht des Menschen, der im ambigen Sinne Teil der Welt und Bewusstsein von ihr zugleich ist, entspricht die Vorstellung von einem Bewusstsein, das immer ein Bewusstsein von etwas ist und nicht ein leerer Behälter, der mit Dingen der Welt gefüllt wird. Es manifestiert sich nur im Kontakt des Menschen mit der Welt. Diese Vorstellung basiert auf dem von Husserl geprägten Terminus der „Intentionalität".[1]

Ist das Bewusstsein immer Bewusstsein von etwas, stellt sich die Frage nach dem Etwas. Es ist die Erscheinung einer Sache, das Phänomen (phainomenon). Nach Platon beschreibt diese aber nur die Oberfläche und vergängliche Seite der Sache, das Beständige an ihr ist das Wesen oder die Idee der Sache. Während die konkrete Welt so zugunsten der Ideenwelt abgewertet wird, geht Husserl den entgegengesetzten Weg. Er will „Zu den Sachen selbst!" vordringen, so sein Motto. Unter Sachen versteht er die Welt mit allen Phänomenen, wie klein und unbedeutend sie erscheinen mögen. Man sollte ihnen so vorurteilsfrei wie möglich begegnen und sie unverfälscht beschreiben. Um ein Objekt zu erkennen, muss daher alles eingeklammert werden, was die Erkenntnis des Wesens des Objektes behindern könnte. Dies wurde von Husserl „phänomenologische Reduktion" oder „epoché" (Zurückhaltung des Urteils in der stoischen Philosophie) genannt. Auch das betrachtende Ich soll sich reinigen von jeglichen Urteilen und das konkrete Ich außer Kraft setzen, um ein absolutes Ich zu werden. Man sieht, die Prämissen für die Annäherung an das Wesen der Sachen sind nur schwer zu erfüllen. Angesichts der Schwierigkeit eines solchen Unterfangens – kann man denn eine absolut klare Sicht auf die Welt ermöglichen? – sah man Phänomenologie eher als Stil oder Haltung gegenüber den Sachen. Wir werden im Zusammenhang mit dieser Beobachtung weiter unten über den sogenannten Priming Effekt sprechen.

Merleau-Ponty folgert: „Die wichtigste Lehre der Reduktion ist so die der Unmöglichkeit der vollständigen Reduktion" [3]. Der Philosoph ist auch immer Teil der Welt, die er erforscht und reflektiert. Diese Beziehung zur Welt nennt er, wie bereits oben erwähnt, „être-au-monde", „Zur-Welt-Sein". Daher wandelt er die „Epoché" ab und fordert lediglich eine Haltung des Staunens des Philosophen über den Menschen und die Welt. Das Staunen impliziert Zurückhaltung bei der reflektierenden Betrachtung und einen Bruch mit der gewohnheitsbedingten Vertrautheit mit der Welt. Das Erkennen eines Wesens, die sogenannte Wesensschau, verlagert er vom Faktischen auf das Qualitative, vom Dass auf das Wie. So steht im Vorwort der Phänomenologie der Wahrnehmung: „Zur Welt seiend, sind wir verurteilt zum Sinn, und nichts können wir tun oder sagen, was in der Geschichte nicht seinen Namen fände." Wir

---

[1]Wir finden diesen Gedanken im Theatermodell des Psychologen Bernard Baars wieder, auf das wir weiter unten eingehen.

existieren im Leben und ringen von dieser Position aus um Wahrheit. Der Prozess des Verstehens vollzieht sich daher in einer ständigen Interaktion zwischen Untersucher und untersuchtem Objekt. Der Betrachter und insbesondere sein Leib stehen in Wechselwirkung mit der Welt. Analog dazu ist in der Nouvelle AI von „Situiertheit" die Rede.

Der Leib ist der Vermittler von Geist und Körper, der Begriff für den Ort der Fundierung des Menschen in der Welt. Bewusstsein und Körper lassen sich nicht auseinandernehmen, sondern vereinigen sich im Leib.[2] Er ist Medium zur Welt und Verankerung in der Welt. Auch die Gestalt- und Tiefenpsychologie erfassen den Menschen als Ganzheit. Freud verfährt wie ein Hermeneutiker, wenn er die Mitteilungen seiner Patienten vom Blatt, d. h. von ihrem Körper, abliest. Die Körper enthalten Erinnerungsspuren, also Zeichen der Vergangenheit, die ihre Verfasser nicht ohne Hilfe entschlüsseln können.

Der Mensch ist Teil der Natur und Teil des Sinnes, der in ihr liegt. Unsere Haltung ihr gegenüber ist sowohl natürlich, insofern unser Leib der Natur entstammt, als auch kulturell, insofern wir etwas aus der Natur schöpfen. Für Merleau-Pontys Naturbegriff ist Schellings Naturphilosophie maßgeblich: Dessen Kernidee war, dass nicht nur der Geist, sondern auch die Natur fähig ist, sich autonom zu entwickeln, und es so ermöglicht hat, dass der Mensch sich von ihr emanzipiert. Ihre Geschichte ist die der Entwicklung zu immer höheren autonomen Stufen. In der anorganischen Natur sind es die Kristallisationen, die eine Selbststrukturierung aufweisen; die organische Natur hat einen höheren Grad der Freiheit aufgrund ihrer Selbstproduktion, und im Menschen kommt die schöpferische Produktivität zu sich selbst. Danzer verweist in dem Zusammenhang auch auf den „élan vital" Bergsons (siehe Kap. 4), den wir über Intuition zu erfassen suchen.

Es besteht eine Wechselbeziehung zwischen dem Menschen, der zum Denken und Fühlen den Resonanzboden der Welt benötigt, und der Welt, die durch das Bewusstsein des Menschen einen Zusammenhang und Bedeutung bekommt. Seine individuelle biografische und soziale Ausstattung bedingt das Ausmaß seiner Weltoffenheit. So wie es den geometrischen Raum der Dinge gibt, gibt es den „anthropologischen Raum" des Menschen, der sich stets neu konstituiert, da er von der jeweiligen Kultur, dem sozialen Umfeld, der individuellen Perspektive, der psychischen Befindlichkeit moduliert wird. Danzer erwähnt Patienten, deren Raumempfinden stark beeinträchtigt ist und deren

---

[2]Der Körper („corps comme objet") ist das, was objektiv erfasst werden kann, während der Leib „corps propre" solchen Objektivierungsverfahren nicht zugänglich ist. Einen Körper hat man, während man Leib ist.

subjektiver Raum durch „Unheimlichkeit, Einsamkeit, emotionale Kälte und Leblosigkeit charakterisiert ist." [4][3]

Analog zum anthropologischen Raum gibt es die anthropologische Zeit: „Neben den zwischen mir und allen Dingen bestehenden physischen und geometrischen Abstand verbindet ein erlebter Abstand mich den Dingen, die für mich zählen und existieren, und verbindet sie untereinander. Dieser Abstand ist von Augenblick zu Augenblick das Maß und die Weite meines Lebens." [3]: Jeder lebt in seiner individuellen subjektiven Zeit, die man mit der durée Bergsons (siehe Kap. 4) gleichsetzen kann. Die Zeit ist kein Strom, sondern die Art und Weise, wie wir unser Dasein leben. Der Leib ist die ordnungstiftende Basis für alles, was wir tun, für unsere Wahrnehmungen, Kontakte und Verhältnisse zu anderen Menschen.

11.3 Das Theatermodell

Folgen wir also den Phänomenologen und einigen uns darauf, dass es kein materielles Bewusstsein gibt. Wie aber ist dann Bewusstsein zu erklären oder zu lokalisieren? Eine in der Psychologie gut akzeptierte Erklärung stammt von Bernard J. Baars in Form eines sogenannten „Theatermodells" [10]. Solche Theatermodelle haben lange Tradition in der Philosophie und der Psychologie. Schon Plato behandelt in seinem Höhlengleichnis eine Art Theater: Gefangene in einer Höhle nehmen Gegenstände aus der Welt außerhalb der Höhle nur als Schatten auf einer Wand wahr; diese Wand ist das Einzige, was die Personen in der Höhle wahrnehmen können, die Stimmen von außerhalb werden in der Höhle reflektiert, sodass es für die Höhlenbewohner den Anschein hat, dass die Schatten sprechen können. Der Philosoph und Kognitionswissenschaftler Daniel Dennett hat den Begriff des Kartesischen Theaters geprägt; wir stellen uns im Gehirn einen Ort vor, der etwas von einer mentalen Leinwand oder einer Bühne hat, dort werden meinem geistigen Auge Bilder präsentiert. Alles was in diesem Kartesischen Theater passiert, ist uns bewusst – in der Tat gibt es aus der Kognitionsforschung Experimente, die belegen, dass wir in bestimmten Situationen mentale Objekte manipulieren. So können wir uns Gegenstände vorstellen und diese mental im Raum rotieren lassen, z. B. um einen Vergleich mit einem anderen Gegenstand vorzunehmen. Oder aber wir bewegen uns in einem vorgestellten Raum, wie wir das bei unserem kleinen Experiment über räumliches Vorstellen in Kap. 5 getan haben. Allerdings gibt es keinen Ort im Gehirn, wo diese Bühne oder dieser Bildschirm festzustellen ist.

---

[3] Hier ließen sich Parallelen zu Giribones Rahmen-Hypothese bezüglich des Unheimlichen (siehe Kap. 10) ziehen.

Das Theatermodell von Baars, welches die sogenannte Global Workspace Theorie anschaulich macht, modelliert auch diesen Aspekt.

Nach Baars haben wir folgende Teile des Theaters:

Die Bühne Sie kann als das Arbeitsgedächtnis aufgefasst werden. Es enthält propositionales und bildhaftes Wissen und ist für eine begrenzte Zeit zugreifbar; nach einiger Zeit verschwindet es und bleibt im Dunkel. Die „aktiven" Elemente auf der Bühne sind präsent, so z. B. sensorischer Input, auswendig Gelerntes (z. B. Telefonnummern), Bilder, die wir uns vorstellen, oder Gegenstände, die wir gerade verwenden oder planen sie zu verwenden – all das ist uns bewusst.

Der Scheinwerfer Er richtet die Aufmerksamkeit auf das Bühnengeschehen, auf einen Teil der Bühne. Diese Aufmerksamkeit kann willkürlich oder unwillkürlich geleitet werden. Wir können uns auf dem Heimweg von der Arbeit den Supermarkt zusammen mit den geplanten Einkäufen vorstellen und sie „beleuchten".

Die Schauspieler Die einzelnen Elemente des Arbeitsgedächtnisses, also die Akteure auf der Bühne, stehen meist im Wettbewerb zueinander. Sie versuchen die Aufmerksamkeit zu bekommen, in den Lichtkreis des Scheinwerfers zu gelangen.

Der Kontext hinter den Szenen Die Ereignisse auf der Bühne werden natürlich auch von Akteuren hinter der Bühne bestimmt, so wie unsere Erfahrungen durch unbewusste Kontexte beeinflusst werden. Das Richten der Aufmerksamkeit geschieht zumeist spontan und unbewusst, als ob Kommandos aus dem Off den Scheinwerfer steuern. Wir haben schon bei der Besprechung des Sehvorganges diskutiert, dass ein wichtiger Teil der visuellen Perzeption unbewusst abläuft, dabei spielen Kontexte eine bedeutende Rolle. Denn wenn Objekte erkannt und klassifiziert werden sollen, dann kommen Erinnerungen und Erfahrungen ins Spiel.

Die Zuschauer Die riesige Menge von Zuschauern stellt das Langzeitgedächtnis dar, eine Menge von spezialisiertem Wissen, das nicht bewusst ist. Die Arbeit, in diesem Langzeitgedächtnis zu navigieren, ist zumeist unbewusst und vermutlich stark parallelisiert.

Diese Theatermetapher kann auch einige Aspekte des Lernens modellieren. Das Bewusstsein öffnet sozusagen den Zugang zu einem riesigen Gedächtnis, wobei hier auch der Prozess des Lernens eine Rolle spielt. Das Bewusstsein zeigt auf einen bestimmten Aspekt, der gelernt werden soll, und schon dadurch werden Regeln und Verfahren angestoßen, die uns erlauben zu lernen. Im Theater ist es die Bühne mit ihrem Scheinwerfer, die ein bestimmtes Geschehen in den Vordergrund rückt – das Lernen passiert dann im dunklen Zuschauerraum, dort befinden sich all die unbewussten Lernverfahren. Wir haben uns bereits mehrfach mit solchen Lernverfahren in Form von neuronalen Netzen beschäftigt; hier ist das Triggern des Verfahrens, das Bereitstellen der Eingaben in das Verfahren, von Interesse. So scheint es unmöglich zu sein, diese von Ihnen gerade gelesene Worte aufzunehmen, ohne dass bestimmte Erinnerungen oder Wissensstücke in den Scheinwerfer der Aufmerksamkeit kommen. Hier spielt auch der sogenannte „Priming Effect" eine wichtige Rolle: Zeigt man Versuchspersonen für sehr kurze Zeit Bilder von Objekten, z. B. einem Brotlaib oder einem Briefkasten, werden diese in 40 % aller Fälle korrekt klassifiziert. Sieht die Person jedoch vorher das Bild einer Küche, steigt die Korrektheit des Brotlaibes auf 80 % aller Fälle. Alle Gegenstände, die nicht zur Küche passen, werden nach wie vor nur mit 40 % Wahrscheinlichkeit korrekt erkannt.

An diesem Priming Effect sieht man auch deutlich, dass unser Bewusstsein ein wichtiges Hilfsmittel ist, durch die riesige Menge von Wissen, Bildern und Erfahrungen, über die wir jederzeit verfügen, zu navigieren. Unser Kurzzeitgedächtnis kann nur wenige Wissenshäppchen gleichzeitig verfügbar machen, der Rest muss aus dem Unbewussten hervorgeholt werden. Dort laufen viele unbewusste Prozesse parallel ab, die unsere Körperfunktionen steuern, die den sensorischen Input aufnehmen, verarbeiten und den Bewegungsapparat des Körpers steuern. Unser Gehirn wird damit fertig, indem es nur den relevanten Teil beleuchtet und auf die Bühne holt. Wir haben im Abschnitt über Wissensrepräsentation darüber gesprochen, wie schwer es ist, Allgemeinwissen so effizient zu verarbeiten, wie wir Menschen es können. In Kap. 5 hatten wir ein Beispiel aus dem Bereich natürlichsprachliche Frage- und Antwortsysteme angeführt. Die richtige Antwort zu finden, war hier für den Menschen schlichtweg trivial, ein künstliches System tut sich dabei außerordentlich schwer, eben weil es aus der riesigen Wissensbasis die richtigen, relevanten Teile selektieren muss. Dies ist Gegenstand der aktuellen Forschung auf diesem Gebiet – die Problematik ist ausführlich beschrieben in [11]. Das oben beschriebene Theatermodell wurde auch benutzt, um „die Gedanken eines KI-Systems herumschweifen zu lassen" – so wie wir manchmal unseren Gedanken freien Lauf lassen und beispielsweise beim Nachdenken über einen Schneesturm auf das Thema Kühlschrank kommen und sofort in einem weiteren Schritt bei unserem nächsten Wocheneinkauf gelandet sind. In dieser Art wurde ein KI-System, das für rationales und logisches Schließen entwickelt wurde, in die Lage versetzt, seine „Gedanken", ähnlich wie der Scheinwerfer in Baars' Theatermodell, frei über eine große Wissensbasis wandern zu lassen. Dabei haben sich bereits in ersten Experimenten äußerst kreative Kombinationen von Wissen ergeben. Die Schwierigkeit dabei ist allerdings, zu bewerten, welche Zusammenhänge so interessant sind, dass es sich lohnt, sie weiterzuverfolgen. Diese Bewertung soll schließlich das KI-System selbst vornehmen und so eine Art kreativen Schritt in den Verlauf eines Problemlösungsvorganges einbringen [12].

11.4 Das Bewusstsein in der KI

Die Betonung des Bewusstseins kann man immer wieder in der philosophischen Diskussion über künstliche Intelligenz finden. Wir hatten in Kap. 2 über KI ausführlich über den Turing-Test als Kriterium für KI gesprochen. Der Philosoph Thomas Metzinger formuliert sogar den Turing-Test mithilfe des Bewusstseins neu [13]. Dieses von ihm Metzinger-Test genannte Kriterium besagt, dass wir ein System erst dann als eigenständiges Objekt behandeln sollten, wenn „es eine eigene Theorie des Bewusstseins vertritt, d. h. wenn es mit eigenen Argumenten in die Diskussion um künstliches Bewusstsein einzugreifen beginnt". Metzinger führt zwar eine Reihe von Kriterien an, die für die Entwicklung von Bewusstsein notwendig sind – dazu gehören zum Beispiel Situiertheit in einer dynamischen Umwelt und erlebte Gegenwart – einen Test im Sinne von Turings Imitationsspiel gibt Metzinger nicht an. Sein Anliegen ist es vielmehr zu betonen, dass wir gar nicht erst versuchen sollten, ein „postbiotisches Bewusstsein" zu erzeugen. Grob gesagt, würde ein solches System auch Leid fühlen, wir hätten also zusätzliches Leid geschaffen, was nach Metzinger in der akademischen Forschung unbedingt vermieden werden sollte.

Andererseits ist eine gewisse Form des Bewusstseins – oder nennen wir es an dieser Stelle Selbsteinschätzung – sicherlich notwendig, um Systeme intelligent handeln zu lassen. Nehmen wir als Beispiel das mehrmals erwähnte Cognitive Computing System Watson. Watson hatte Anfang 2011 in der in den USA sehr beliebten Quizshow Jeopardy! die zwei Rekordchampions Ken Jennings und Brad Rutter in einem dreitägigen Turnier zu besiegen. Watson muss dazu über sehr gutes Allgemeinwissen verfügen, denn schließlich können die Fragen aus vielerlei Wissensgebieten kommen. Watson muss auch die natürlichsprachlichen Fragen verstehen, die bei Jeopardy! häufig Wortspiele und Andeutungen enthalten.[4] Es war ein erstaunlicher Wettkampf – zumal Watson ja auch schnell sein musste, da die Spieler hier unter starkem Zeitdruck stehen. In den Videoaufzeichnungen des Ratespiels kann man nach jeder Frage die Antwortkandidaten von Watson zusammen mit einem Konfidenzmaß sehen, welches

---

[4]Eigentlich sind es keine Fragen, sondern Antworten, und die Spieler müssen die zugehörigen Fragen finden.

das System benutzt, um zu beurteilen, ob die Antwort gut genug ist. Dabei kommt es durchaus vor, dass Watson einen richtigen Antwortkandidaten hat, ihn aber nicht nennt, weil er sich nicht völlig sicher ist. Dieses Konfidenzmaß setzt sich aus sehr vielen verschiedenen Komponenten, die bei der Suche nach den Antwortkandidaten eine Rolle gespielt haben, zusammen. In einem anderen natürlichsprachlichen System, das Fragen auf der Basis der Wikipedia beantwortet, wird das Konfidenzmaß mithilfe verschiedener syntaktischer, aber auch semantischer Kriterien gebildet [14]. Dabei wird keine vordefinierte Funktion für die Berechnung verwendet, vielmehr wird das Maß durch maschinelle Lernverfahren gelernt, sodass sich das Selbsteinschätzungsverfahren im Laufe der Zeit auch verändern und verbessern kann.

Eine solche Eigenschaft kann sicher nicht schon Bewusstsein genannt werden, aber es scheint mir ein deutlicher Schritt in die von Metzinger geforderte Richtung zu sein. Metzinger würde allerdings zwischen Selbst-Modellen mit und ohne Bewusstsein unterscheiden [15] und Watson vermutlich nur ein bewusstloses Selbst-Modell zubilligen.

Warum aber ist es überhaupt für ein KI-System wichtig, Bewusstsein zu haben? In der Motivation und Einführung des Theatermodells führt Baars an, dass das Bewusstsein unserem Gehirn die Möglichkeit gibt, mit den ungeheuren Mengen von Wissen und Informationen umgehen zu können. Bei Bedarf werden durch den Scheinwerfer die entsprechenden Teile des Gedächtnisses aktiviert und in die Aufmerksamkeit der Bühne gebracht. Der oben beschriebene Priming Effekt belegt dies in beeindruckender Weise. Nun könnte ein solcher Mechanismus in KI-Systemen hilfreich zu sein. Wir hatten argumentiert, dass bei Frage-Antwortsystemen große Mengen von Wissen notwendig sind. Die Speicherung des Wissens ist dabei kein wesentliches Problem, mittlerweile gibt es preiswerte und schnelle Techniken, Wissen zu verwalten. Viele Wissensquellen sind auch öffentlich und über Cloud-Dienste zugänglich. Dies sind riesige Sammlungen natürlichsprachlicher Texte und Bilder, aber auch strukturiertes Wissen ist in großen Mengen vorhanden und kann von den Reasoning-Mechanismen der KI-Systeme genutzt werden. Das Problem ist dabei aber das Auffinden der geeigneten Teile des Wissens; genau dabei kann eine Modellierung des Bewusstseins hoffentlich helfen.

11.5 Zusammenfassung

Ausgehend von einer Beschreibung des Begriffs Qualia haben wir gezeigt, dass in der Philosophie die Phänomenologen, insbesondere Merleau-Ponty, wichtige Beiträge zur Natur des Bewusstseins lieferten. Bezüglich einer

Modellierung von Bewusstsein konnten wir auf das Theatermodell des Psychologen Baars zurückgreifen, und wir haben diskutiert, dass diese Metapher auch bei der Entwicklung von KI-Systemen wertvoll sein kann. Baars' Motivation für die Entwicklung seines Modells war die Beherrschung der immensen Menge an Erinnerungen, Wissen und Erfahrungen, über die wir ständig äußerst effizient verfügen. Wir haben diskutiert, dass dies besonders für KI-Systeme, die große Wissensmengen beherrschen müssen, ebenfalls nützlich sein kann. Darüber hinaus ist auf der Basis eines solchen Verständnisses von Bewusstsein auch durchaus von Bewusstsein in künstlichen Systemen zu sprechen.

Literatur

1. Joyce J (1996) Ulysses. Suhrkamp, Berlin
2. Bergson H (2001) Materie und Gedächtnis. Eine Abhandlung über die Beziehung zwischen Körper und Geist. Verlag Felix Meiner, Berlin
3. Merleau-Ponty M (1966) Phänomenologie der Wahrnehmung. De Gruyter, Berlin
4. Danzer G (2003) Merleau-Ponty. Ein Philosoph auf der Suche nach Sinn. Kulturverlag Kadmos, Berlin
5. Merleau-Ponty M (1973) Vorlesungen I. De Gruyter, Berlin
6. Bermes C (2012) Maurice Merleau-Ponty zur Einführung. Junius Verlag, Hamburg
7. Merleau-Ponty M (1976) Die Struktur des Verhaltens. De Gruyter, Berlin
8. Merleau-Ponty M (2004) Das Sichtbare und das Unsichtbare. Fink, München
9. Danzer G (2011) Wer sind wir? Springer, Berlin
10. Baars BJ (1997) In the theatre of consciousness. Global workspace theory, a rigorous scientific theory of consciousness. J Conscious Stud 4(4):292–309
11. Furbach U, Schon C (2016) Commonsense reasoning meets theorem proving. In: Klusch M, Unland R, Shehory O, Pokahr A, Ahrndt S (Hrsg) Multiagent System Technologies - 14th German Conference, MATES 2016, Klagenfurt, Österreich, September 27-30, 2016. Proceedings, volume 9872 of Lecture Notes in Computer Science, S 3–17. Springer
12. Furbach U, Schon C (2018) Reasoning and consciousness. Teaching a theorem prover to let its Mind Wander. In The Third Conference on Artificial Intelligence and Theorem Proving, AITP2018. http://aitp-conference.org/2018/aitp18-proceedings.pdf
13. Metzinger T (2001) Postbiotisches Bewußtsein: Wie man ein künstliches Subjekt baut und warum wir es nicht tun sollten. Computer. Gehirn. Was kann der Mensch? Was können die Computer?
14. Furbach U, Glöckner I, Pelzer B (2010) An application of automated reasoning in natural language question answering. AI Commun 23(2–3):241–265
15. Metzinger T (2007) Self models. Scholarpedia 2(10):4174

12

Sprache

Zusammenfassung Die Behandlung von Sprache spielt eine zentrale Rolle in der KI. Sprache ist eines der Ausdrucksmittel, das den Menschen in besonderem Maße auszeichnet. Die historische Sprachbetrachtung wird abgelöst von der modernen Linguistik. Sie untersucht insbesondere Sprache als Zeichensystem, Sprachvermögen (Kompetenz) und Sprechen (Performanz). Sämtliche Teilgebiete finden sich in unterschiedlicher Ausprägung in der Informatik bzw. der KI wieder.

„Cäcilia" steht auf dem von der Morgensonne angeleuchteten Touristenschiff, das den Rhein entlangfährt und Sehenswürdigkeiten anfährt. Jedes Schiff hat einen Namen, mit dem man es identifiziert. Er verweist vielleicht auf eine Affinität des Besitzers mit einer Person, die diesen Namen trägt, oder Wünsche für das Schiff (Esperanza). Ich denke bei „Cäcilia" sofort an Schwester Cäcilie, die mich in der dritten Grundschulklasse unterrichtete. Der Name der Patronin der Kirchenmusik passte zu ihr, denn sie konnte selbst gut singen und Klavier spielen. Sie erzählte uns Kindern, dass sie mit Jesus verheiratet sei, was mich damals sehr befremdete. Ich wusste zu der Zeit auch nicht, dass die heilige Cäcilia passionierte Jungfrau war, sich der Überlieferung nach Jesus Christus versprochen hatte und mit dem ihr angetrauten Mann eine Josefsehe führte. Während ich über ihren Namen sinniere, ist „Cäcilia" schon ein ganzes Stück weitergefahren.

Nicht jeder Name, nicht jedes Wort versetzt mich ins Grübeln. Meist verständigen wir uns, als wären uns die Begriffe und Wendungen in gleichem Maße geläufig. Wo käme man hin, würde man jeden Ausdruck bezüglich seiner Konnotationen — seien sie biografischer Art oder kognitiver Art — abklopfen? Auch die grammatische Verwendung der Wörter gelingt im Allgemeinen ohne linguistische

U. Barthelmeß und U. Furbach, *Künstliche Intelligenz aus ungewohnten Perspektiven,* Die blaue Stunde der Informatik, https://doi.org/10.1007/978-3-658-24570-2_12

Vorüberlegungen. Kleinkinder verwenden Einzahl und Mehrzahl, beugen Verben, setzen die Wörter in die richtige Reihenfolge, ohne dass sie wissen, was Satzglieder oder Wortarten sind. Mit der Grammatik und deren Fachsprache machen sie später in der Schule Bekanntschaft und nutzen sie, um Fremdsprachen zu lernen. Beim Erwerb der Muttersprache machen sie Sprechmuster erfahrener Sprecher nach, erfassen intuitiv die Baugesetze und überlassen dem korrigierenden Eingreifen kompetenter Sprecher die Feinarbeit. Es gibt auch Erwachsene, die sich mit Sprachregeln nicht sonderlich auskennen und doch in der Lage sind, sie umzusetzen. Oft hilft die Sprechsituation dabei: Die vom Sender (also dem Sprecher) bezeichnete Welt ist in greifbarer Nähe, es gibt Vorkenntnisse bezüglich des Sachverhalts, die Antennen des Empfängers sind auf Verständnisbereitschaft eingestellt; auch er kennt den Kontext, erfasst die Mitteilung und eventuell auch die unterschwellige Botschaft des Senders, seiner Gefühle, Einstellungen, Erwartungen usw. Das funktioniert – meist!

Leider gibt es Ausnahmen, wie wir wissen: Missverständnisse, Streit, unterschiedliche Auslegung von Sätzen. Begriffen, falsche oder unscharfe Übersetzungen. Man denke nur an so manche Gebrauchsanleitungen, die mehr Rätsel aufgeben als helfen. In der Werbung und politischen Propaganda werden Bedeutungen von Begriffen verdreht, um die Adressaten zu manipulieren. Umstritten sind auch Wortneuschöpfungen, Verfremdungen von Wörtern in der Jugendsprache, die sich von der Erwachsenensprache distanzieren will. Die Liste ließe sich beliebig fortsetzen, denn sprachliche Systeme sind extrem komplex, bieten eine unendliche Vielfalt an Ausdrucksmöglichkeiten, aber auch einige Baustellen.

Die Linguistik liefert immer wieder neue Ansätze, diese Systeme zu beschreiben. Viele davon sind hilfreich und einleuchtend, erfassen aber meist nur einen Teilbereich des Phänomens Sprache.

Mir kommt – wer weiß warum – der Satz „Cäcilia treibt ab!" in den Sinn. Der Satz hat eine Oberfläche mit zwei unterschiedlichen Auslegungsmöglichkeiten: Der Kapitän würde ihn auf sein Schiff beziehen, ich denke an Schwester Cäcilia und finde Gefallen an dem etwas despektierlichen Wortspiel. Um es zu verstehen, muss man die Bedeutung der Wörter kennen, vor allem die Doppeldeutigkeit des Verbs „abtreiben", die Struktur der Sätze und eventuell auch den Hintergrund des Sprechers beziehungsweise seine Sprechabsicht.

Wir werden im Folgenden zunächst die Bedeutung von Sprache in der KI ansprechen und im Anschluss daran Bezüge zu linguistischen bzw. sprachphilosophischen Konzepten herstellen.

12.1 Sprache in der KI

Maschinelles Übersetzen von natürlicher Sprache stand bereits als Forschungsprogramm seit der Gründung des Gebietes KI auf der Agenda. Sehr schnell hat sich in den 1950er- und 1960er-Jahren das Gebiet der „Computational Linguistics" etabliert. Allerdings hat sich dann im Verlauf der kommenden Jahrzehnte gezeigt, dass die Aufgabe, Texte in gesprochener oder geschriebener Form zu verstehen und anschließend zu übersetzen, doch schwieriger ist als ursprünglich angenommen. Mittlerweile hat die Entwicklung jedoch immense Fortschritte gemacht: Wir sind es gewohnt, mit dem Smartphone mithilfe der gesprochenen Sprache zu kommunizieren und auch im Wohnzimmer regeln wir die Beleuchtung, die Stereoanlage oder den Fernseher per Sprache. Wir werden im Folgenden diese Entwicklung erläutern.

Aber nicht nur in der KI, auch in der Informatik spielen Sprachen eine wichtige Rolle. In der Informatik stellt sich schließlich das zentrale Problem, wie man einem Computer mitteilt, welche Aufgaben und auf welche Weise er sie zur erledigen hat – man benötigt eine Sprache für diese Kommunikation. Sehr früh schon wurde die Rolle von solchen „Programmiersprachen" erkannt. In der KI hatte man natürlich ähnliche Probleme, da ja auch hier Computer programmiert wurden.

Syntax

Zunächst wenden wir uns der Informatik und den Programmiersprachen zu. Digitale Computer verarbeiten Folgen von Nullen und Einsen – dargestellt durch „Strom aus" und „Strom an". Durch solche Folgen können Zahlen oder Buchstaben dargestellt werden. So kann z. B. die Folge 1000001 die Zahl 65 oder auch den Buchstaben *A* bezeichnen. Auf dieser Grundlage kann ein Computer rechnen oder auch Texte verarbeiten. Aber auch die Anweisungen für diese Verarbeitung müssen in gleicher Weise codiert werden. So kann die Folge 0000 0001 1101 0000 die Anweisung darstellen, die Zahlen in zwei bestimmten Speicherplätzen eines Computers zu addieren. Nun wäre es äußerst mühsam, komplexe Rechenvorschriften, also „Programme", in solch einer Maschinensprache zu erstellen. Stattdessen hat man schon in der Frühzeit der Informatik begonnen, Sprachen zur Programmierung zu verwenden, die von Menschen leichter genutzt werden können – sogenannte höhere Programmiersprachen. Allerdings müssen dann solche Programme in die Maschinensprache aus Nullen und Einsen übersetzt werden.

Die Erforschung und Konstruktion solcher „Übersetzer" oder „Compiler" war bis in die 1980er-Jahre ein wichtiges Forschungsgebiet in der Informatik. Ein äußerst mächtiges Werkzeug dafür lieferte schon in den 1950ern der Linguistik Noam Chomsky. Bekannt wurde Chomsky durch seine maßgeblichen

Beiträge zur strukturellen Linguistik und die Einführung von formalen und generativen Grammatiken.

Am 07. 12. 1928 wird Noam Chomsky in Philadelphia, Pennsylvania, USA, als Sohn jüdischer Eltern geboren. Er wächst als älterer von zwei Brüdern in einer mittelständischen Einwandererfamilie in einem Arbeiterviertel Philadelphias auf. Seine aus Weißrussland stammende, politisch engagierte Mutter legt den Grundstein für sozialkritische Haltung. Sein ukrainischer Vater, Professor für Hebraistik, fördert sein sprachwissenschaftliches Interesse. Im Umfeld der Arbeiterklasse, die unmittelbar von der Depression der 30er-Jahre betroffen ist und die staatliche Repression zu spüren bekommt, wird seine Wahrnehmung gesellschaftlicher Ungerechtigkeiten geschärft. Durch den Aufstieg des Nationalsozialismus wird er Opfer antisemitischer Diskriminierung. Schon mit 16 Jahren beginnt er an der Universität in Pennsylvania zu studieren und begeistert sich vor allem für strukturelle Linguistik. Die Beschäftigung mit Sprache ist für ihn dabei nicht Selbstzweck, es geht ihm auch darum, den Geist des Menschen tiefer ergründen zu können. Nach dem Abschluss seiner Bachelor- und Masterprüfungen bekommt er 1951 ein Stipendium, um an der Harvard Universität zu studieren, was ihm uneingeschränkte wissenschaftliche Arbeitsmöglichkeiten bietet.

Dort promoviert er 1955 in Linguistik mit einer Dissertation, die bereits die Ideen für sein bahnbrechendes Werk „Syntactic Structures" (1957) enthält, mit dem er Weltruhm erlangt. Es ist der Entwurf einer Sprachlehre, der sogenannten Generativen Transformationsgrammatik. Chomsky postuliert, man könne an den Gleichungen der Transformationsgrammatik einen Hinweis auf die angeborenen Bauprinzipien des menschlichen Hirns erkennen, und leitet daraus die These einer Universalgrammatik ab. Im Gegensatz zu den Behavioristen, denen zufolge der Mensch durch äußere Stimuli mehr oder weniger programmiert wird, ist Chomskys Menschenbild geprägt von einem freien und kreativen Geist. Daraus leitet er auch ab, dass niemand das Recht hat, andere zu dominieren und zu unterdrücken, und sieht sich in seinem politischen Agieren bestätigt.

Ab 1961 lehrt er als ordentlicher Professor am Massachusetts Institut of Technology (MIT). In dieser Zeit beginnt Chomsky, sich in der Öffentlichkeit deutlicher politisch zu äußern. Seit 1964 protestiert er gegen das Eingreifen der USA in Vietnam. 1969 veröffentlicht er „Amerika und die neuen Mandarine", eine Sammlung von Aufsätzen über den Vietnamkrieg [1]. Ebenso deutlich bezieht Chomsky Stellung gegen die US-amerikanische Politik in Kuba, Haiti, Ost-Timor, Nicaragua, im Palästinakonflikt und gegenüber den sogenannten Schurkenstaaten sowie zum Golf- und Kosovokrieg, zur Frage der Menschenrechte, zu Globalisierung und neoliberaler Weltordnung.

Heute ist er neben seiner weiter unbestrittenen Bedeutung für die Linguistik zu einem der bedeutendsten Kritiker der US-Außenpolitik, der politischen Weltordnung und der Macht der Massenmedien geworden.

Zurück zu Chomskys Grammatiken: Solche Grammatiken bestehen aus einer Menge von Regeln, die es erlauben, syntaktisch korrekte Sätze in natürlicher Sprache herzuleiten. Eine sehr vereinfachte Regelmenge könnte z. B. sein:

$$S \rightarrow NP\ VP$$
$$VP \rightarrow V\ NP$$
$$NP \rightarrow D\ N$$
$$N \rightarrow \textit{John}$$
$$N \rightarrow \textit{ball}$$
$$V \rightarrow \textit{hit}$$
$$D \rightarrow \textit{the}$$

Wir haben hier eine kleine formale Beispielgrammatik, die wir weiter unten als kontextfreie oder Chomsky-2-Grammatik klassifizieren werden. Die erste Regel kann man lesen als „ein Satz S besteht aus einer Nominalphrase NP, gefolgt von einer Verbalphrase VP". Die zweite Regel drückt aus, dass eine Verbalphrase VP ein Verb V, gefolgt von einer weiteren Nominalphrase NP, sein kann. Selbstverständlich gibt es für eine natürliche Sprache sehr viel mehr Regeln, und auch ähnliche Regeln wie die für die Erzeugung von *John* oder für *ball* aus einem Nomen N gibt es dann natürlich sehr viel mehr. Unser Beispiel soll lediglich zeigen, wie mit solch einer Grammatik ein Satz durch wiederholtes Anwenden der Regeln konstruiert werden kann:

$S \rightarrow N\ VP \rightarrow \textit{John}\ VP \rightarrow \textit{John}\ V\ NP \rightarrow \textit{John hit}\ NP$
$\rightarrow \textit{John hit}\ D\ N \rightarrow \textit{John hit the}\ N \rightarrow \textit{John hit the ball}$

Man sieht, dass ein Satz S konstruiert bzw. erzeugt wird, indem schrittweise Regeln angewendet werden, bis der Satz nur noch aus sogenannten Terminalen, also den kursiv gedruckten Symbolen, besteht.

Eine solche formale Grammatik kann aber nicht nur zur Erzeugung von syntaktisch korrekten Sätzen benutzt werden, sie kann auch umgekehrt zur Überprüfung eines Satzes dienen. Ist ein vorgelegter Satz korrekt, und wie ist seine syntaktische Struktur? Dies sind Fragen, die auch im Zusammenhang mit Programmiersprachen wichtig sind. Ein Programmierer erstellt ein Programm in einer Programmiersprache, wie z. B. in der heute sehr gebräuchlichen Sprache Java. Um dieses Programm in eine für den Computer verständliche Sprache zu übersetzen, wird in einem ersten Schritt eine formale Grammatik für Java benutzt, um die syntaktische Struktur, also den Aufbau des Programmes, zu erzeugen – man nennt diesen Schritt „parsen". Diese Struktur kann dann in weiteren Schritten für die Übersetzung in die Maschinensprache des Computers benutzt werden.

So sieht z. B. die Grammatikregel für ein Schleifenkonstrukt in der Sprache Java wie folgt aus:

WhileStatement $\rightarrow$ *while*(Expression) Statement

Zusammen mit anderen Regeln für Expression und Statement kann dann folgendes kleine Java-Programmteil erzeugt werden:

```
while(i<10){
        System.out.println(i);
        i++;}
```

Hierbei ist die Expression $i < 10$, und aus Statement wurden mit einer weiteren, hier nicht angegebenen Regel die beiden Statements `System.out.println(i);` und `i++;` erzeugt.

Dieses Programmstück muss nun übersetzt werden in eine Sprache, welche die Maschine abarbeiten kann, also letztlich Folgen von Nullen und Einsen, wie wir es eingangs besprochen hatten.

Bemerkenswerterweise spielen die formalen Grammatiken von Chomsky auch in der theoretischen Informatik eine zentrale Rolle. So lässt sich eine Hierarchie von Grammatiken angeben, die sich lediglich im Aufbau ihrer Regeln unterscheiden. Die einfachsten Grammatiken sind die sogenannten Chomsky-3-Grammatiken oder auch regulären Grammatiken. Obiges Beispiel ist eine sogenannte Chomsky-2-Grammatik oder auch kontextfreie Grammatik. Hier sind die linken Seiten jeder Regel so, dass sie nur eine syntaktische Variable, wie S, N oder VP, enthält. Die rechten Seiten einer Regel dürfen hier beliebige Form haben. Die Erforschung solcher Grammatiken und insbesondere der Entwurf von Verfahren, die für eine gegebene Grammatik und einen beliebigen Satz bzw. ein Programm in einer Programmiersprache entscheiden, ob der Satz syntaktisch korrekt ist und wie der syntaktische Aufbau aussieht, sind ein wichtiger Teil in der theoretischen Informatik. Jeder dieser Hierarchiestufen lässt sich ein bestimmtes Verfahren zur syntaktischen Überprüfung eines Satzes zuordnen. So ist das Verfahren für Chomsky-3-Grammatiken ein sogenannter endlicher Automat, der sehr effizient programmiert werden kann. Dafür ist aber die Sprachklasse, die durch solche Grammatiken definiert wird, recht eingeschränkt. In Chomsky-1-Grammatiken kann man erzwingen, dass Regeln nur dann anwendbar sind, wenn ein bestimmter Kontext gegeben ist. So könnte z. B. eine Regel aaSb $\leftarrow$ aacb nur dann angewendet werden, wenn links von S mindestens zwei a's und rechts davon mindestens ein b stehen.

Wir können also in solch einer Chomsky-1-Grammatikregel Kontexte als Anwendungsbedingungen formulieren. Bei den Regeln der Chomsky-0-Grammatiken gibt es keinerlei Bedingungen für das Aussehen der Regeln — links und rechts vom Pfeil können beliebige Zeichenfolgen stehen. Um solche Grammatiken zu verarbeiten, benötigt man Turingmaschinen, die die allgemeinste Form der Programmierung ermöglichen. Solche Maschinen hatten wir bereits als ein universelles theoretischen Modell für einen Computer kennengelernt (vgl. Kap. 3). In der Linguistik wird auch heute noch durchaus diskutiert, welche Grammatikmodelle aus der Chomsky-Hierarchie geeignet sind, um natürliche Sprachen zu beschreiben. So weiß man sicher, dass Chomsky-3-Grammatiken zu schwach sind. Für viele Sprachen gibt es auch Beweise, dass sie auch mit kontextfreien Chomsky-2-Grammatiken nicht formalisierbar sind.

Semantik künstlicher Sprachen

Die Formalisierung der Grammatik, also der Syntax, hat auch dazu geführt, die Semantik von Sprachen auf der Basis der syntaktischen Struktur zu definieren. Bei künstlichen Sprachen, also Programmiersprachen, war dies ein wichtiger Schritt für den Bau von Übersetzern für Programmiersprachen. Nehmen wir an, Sie schreiben ein Programm in einer Programmiersprache; dieses wollen Sie auf Ihrem Computer ausführen lassen. Wie schon eingangs erwähnt, muss dazu das Programm in eine Folge von Maschinenbefehlen, also Folgen von Nullen und Einsen übersetzt werden. Dieses Maschinenprogramm kann dann ausgeführt werden, um die Aufgabe, die Sie programmiert hatten, zu erledigen. Nun würden Sie bestimmt erwarten, dass dasselbe Programm, wenn Sie es auf einem anderen Computer übersetzen und ausführen lassen, sich genau gleich verhält und das gleiche Ergebnis liefert. Damit aber jeder Übersetzer das Programm in der gleichen Weise „versteht" und übersetzt, muss die Bedeutung der Konstrukte der Programmiersprache eindeutig und klar sein. Dazu kann man auf verschiedene Weisen die Semantik solcher Sprachen mithilfe anderer formaler Sprachen beschreiben; dies können andere einfachere Computersprachen oder auch die Sprache der Mathematik sein. Damit ist dann sichergestellt, dass Programme genau in der Art und Weise, die der Programmierer beabsichtigt hat, abgearbeitet werden.[1]

Wir haben gesehen, dass die Grundlagen für diese formale Behandlung von Programmiersprachen ihren Ursprung in der strukturellen Linguistik nach Chomsky haben. Und natürlich sind auch Computerlinguisten diesem Ansatz

---

[1]Vorausgesetzt natürlich, der Programmierer selbst kennt die Semantik der Programmiersprache.

gefolgt: Verstehen von natürlicher Sprache durch syntaktische Analyse mittels Chomsky-Grammatiken und anschließender semantischer Analyse mit Übersetzung in eine Meta-Sprache, welche die Bedeutung beschreibt. Als Meta-Sprache können dabei verschiedene Logiken dienen. Schon in der Antike war ja eine Zielsetzung von Logikern, den Diskurs und die Argumentation von Menschen zu formalisieren. Auch in der Phase der Entwicklung der formalen symbolischen Logik, wie wir sie heute benutzen, hat die Erfassung der Semantik von Äußerungen in natürlicher Sprache eine wichtige Rolle gespielt. So geht z. B. schon auf Gottlob Frege (1848–1925, einer der Begründer der modernen Logik) die Unterscheidung von extensionaler und intensionaler Semantik zurück. Betrachtet man die Semantik einer Aussage, wie z. B. *Morgenstern = Abendstern*, so würde man unter einer extensionalen Semantik den beiden verschiedenen Symbolen *Morgenstern* und *Abendstern* das gleiche Objekt, nämlich die Venus, zuordnen und damit hätte die Gleichung den Wahrheitswert *wahr*. Beachtet man jedoch die Intention hinter der Gleichung, so erkennt man, dass hier zwei verschiedene Konzepte gemeint sind, der helle Planet am Morgenhimmel und der helle Planet am Abendhimmel. Unter solch einer Lesart wäre die obige Gleichung also *falsch*.

Semantik natürlicher Sprachen

Logik als Meta-Sprache für die Semantik von natürlichen Sprachen hat also durchaus eine lange Tradition in der Linguistik. So gibt es auch zahlreiche Vorschläge für bestimmte Logiken, die den Besonderheiten der natürlichen Sprache Rechnung tragen sollen. Wenn wir nun unseren kleinen Beispielsatz von oben, *John hit the ball.* nicht nur syntaktisch, sondern semantisch analysieren wollen und ihn dazu in ein System eingeben, das von dem niederländischen Computerlinguisten Johan Bos [2], entwickelt wurde, erhalten wir die folgende prädikatenlogische Formel:

$$some(A, some(B, and(and(balln(A), hitv(B)),$$
$$some(C, and(r1CoC45Theme(C, A), and(r1Theme(C, B), v1hit(C)))))))$$

Die Formel soll hier lediglich verdeutlichen, dass es selbst für diesen einfachen Beispielsatz schon einer recht komplexen Formel bedarf, um den semantischen Sachverhalt zu beschreiben. Wir sehen in der Formel drei Quantoren *some*, die Prädikate *balln*, *hitv* und zwei Prädikate mit der Endung *Theme*, welche Themen bzw. Ereignisse beschreiben. Nun haben Sie beim Lesen des Satzes *John hit the ball.* sicherlich noch sehr viel mehr assoziiert – Sie wissen, dass John eine männliche Person bezeichnet, dass ein Ball rund ist und dass John vermutlich irgendeine Form von Schläger benutzt hat. All dies ist nicht explizit erwähnt, Sie haben jedoch die Bedeutung dieses Satzes sofort mit Ihrem Allgemeinwissen über die Welt verknüpft und können so viele Facetten dieser einfachen Aussage verstehen. Das Allgemeinwissen über die Welt haben Sie sich im Laufe Ihres Lebens erworben. Wie wir es nutzen, wie wir die richtigen relevanten Teile aktivieren, wenn wir einen Satz verstehen wollen, ist ein wichtiges Forschungsthema in der Psychologie, den Neurowissenschaften und natürlich auch in der KI. Wie dieses Wissen dargestellt werden kann, haben wir bereits ausführlich in Kap. 5 diskutiert, wie es verwendet und aktiviert werden kann, wurde auch in Kap. 9 diskutiert.

In der Computerlinguistik und in der KI hat lange Zeit das hier grob skizzierte Vorgehen, die Semantik von natürlichsprachlichen Aussagen durch Übersetzung in eine formale Metasprache zu beschreiben, dominiert. Mit dieser Metasprache kann nun entweder der Text analysiert oder auch in eine andere natürliche Sprache übersetzt werden.

In jüngster Zeit existieren äußerst mächtige Übersetzungsprogramme für natürliche Sprachen, die auch über eine Web-Schnittstelle verwendet werden können (z. B. von Microsoft, Google oder DeepL). Diese Systeme verwenden jedoch keine formale Semantik für die Übersetzung; vielmehr lernen sie die Übersetzung aus zweisprachigen Texten. Verwendet werden heute zumeist konvolutorische neuronale Netze, so wie wir sie im Kontext der Bildverarbeitung in Kap. 7 erläutert haben. Man trainiert diese Netze auf sehr großen Korpora von mehrsprachigen Texten, sodass das System die korrekte Übersetzung ohne die explizite Kenntnis von Regeln oder Grammatik lernt.

Eine Übersetzung des vorausgegangenen Abschnittes ins Englische mit dem Programm Deepl[2] ist:

> Recently, extremely powerful translation programs have been developed that can be used via a web interface (e.g. from Microsoft, Google or DeepL) at no cost. However, these systems do not use formal semantics for translation; rather, they learn translation from bilingual texts. Today mostly convolutional neural networks are used, as we have explained them in the context of image processing in chapter 7. These networks are trained on very large corpora of multilingual texts, so that the system learns the correct translation without explicit knowledge of rules or grammar.

Die Qualität der Übersetzung ist sehr eindrucksvoll und der immense Vorteil dieser Methode ist, dass relativ leicht neue Sprachen für die Übersetzung hinzugefügt werden können. Für eine neue Sprache muss das System

---

[2] www.deepl.com abgerufen am 13.08.2018, lediglich die Referenz auf Kap. 7 musste nachgearbeitet werden.

lediglich auf einem neuen zweisprachigen Korpus trainiert werden, – das System lernt die neue Sprache „von selbst". Nun könnte man argumentieren, dass durch solches Vorgehen keinerlei Sprachverstehen möglich ist, dass lediglich gelernte „Übersetzungsschemata" zur Generierung der Übersetzung angewendet werden. Allerdings gibt es auch in der Linguistik verwandte Verfahren, um die Semantik einer Sprache zu erfassen. So hat schon 1957 der Linguist John Rupert Firth die Grundlagen für eine „verteilte Semantik" gelegt, indem er nämlich argumentiert hat:

You shall know a word by the company it keeps [3]

Die Semantik von Worten oder Begriffen wird durch ihre Nähe zu anderen Worten festgelegt. Diese Nähe wird durch das Zählen von Vorkommen von Wortpaaren (word embeddings) in großen Textkorpera festgelegt. Zu jedem Wort oder Begriff wird ein Vektor gespeichert, welcher die Beziehung zu anderen Worten oder Begriffen festlegt. Diese Vektoren können durch ganz verschiedene statistische Verfahren erzeugt werden oder aber, wie oben angesprochen, durch Neuronale Netze gelernt werden. Wir werden jetzt einen Blick auf die Theorien der Sprachwissenschaftler werfen und einige Analogien entdecken.

12.2 Sprachtheorien in der Sprachwissenschaft

Mit dem „Cours de linguistique générale" [4] von Ferdinand de Saussure aus dem Jahre 1916 setzt die moderne Sprachwissenschaft ein und löst die historisch-vergleichende Sprachwissenschaft ab: Für Humboldt, den prominentesten Vertreter dieser Disziplin, sind die Gegenstände unserer Wahrnehmung nicht die Dinge an sich, sondern immer nur Erscheinungen (siehe Kant). Wahrnehmung erfolgt demnach über Begriffe und macht so erst das Denken möglich. Wirklichkeit wird durch Sprache geschaffen. Sprache und Denken sind für ihn eins und, da die Sprachen verschieden sind, ist auch das Denken der Völker verschieden. Humboldt versucht das Wesen der Sprachen aufgrund ihrer Strukturen zu erfassen und erstellt in aufwendigen Untersuchungen eine Sprachtypologie, die Sprachen je nach ihren Strukturmustern als analytische und synthetische klassifiziert. Analytische Sprachen regeln syntaktische Aufgaben vorwiegend durch Stellungsregeln und ungebundene Funktionswörter (zum Beispiel Präpositionen), während synthetische Sprachen dazu eher Endungen (Affixe) verwenden. Das Deutsche ist beispielsweise eine Mischform, die sich aktuell von der synthetischen Struktur in die analytische bewegt. Ein Beispiel sei der schwindende Genitiv: Statt „des

Vaters" hört man immer häufiger „von dem Vater" (man zieht dem Genitiv des Nomens die als einfacher empfundene Verwendung von Präposition und Dativ vor). – Viele Sprachen sind Mischformen, aber manche sind auch rein analytisch oder synthetisch. Humboldt entdeckte, dass die meisten indogermanischen Sprachen die Tendenz haben zu flektieren, also synthetische Sprachen sind. Da er Sprache mit der Weltsicht in Verbindung brachte und annahm, dass flektierende Sprachen für eine Aufwärtsentwicklung des menschlichen Geistes zeugen, geriet die Sprachtypologie des 19. Jahrhunderts wegen der subjektiven Bewertung der Sprachen als unwissenschaftlich in Verruf.

Ein neues Wissenschaftsideal, der an die Naturwissenschaften angelehnte Positivismus, setzt sich durch und fordert, dass nur das unmittelbar Wahrgenommene – Tatsachen oder Sinneswahrnehmungen – sichere Grundlage der Erkenntnis ist. Es herrscht das naturwissenschaftliche Objektivitäts- und Exaktheitsideal. In der Psychologie führt dies zur Entstehung des Behaviorismus (von etwa 1910–1960), der die Erforschung der Seele beziehungsweise des Geistes durch die Erforschung des beobachtbaren menschlichen Verhaltens ersetzt.

De Saussure befasst sich daher mit Sprache als etwas Konkretem und Realem und untersucht das Material der vorhandenen, beobachtbaren Laut- und Schriftbilder. Im „Cours de linguistique générale" formuliert er grundlegende linguistische Prinzipien und unterscheidet dabei die folgenden drei Aspekte: Den Sprechakt des Einzelnen, der an seine individuellen Voraussetzungen gebunden und faktisch beobachtbar ist, nennt er „parole". Es ist die persönlich geprägte Umsetzung des Sprachsystems, der „langue", das einem Kollektiv zur Verfügung steht. Dieses basiert auf sprachlichen Konventionen, die vom Sprachgebrauch festgelegt werden. Dabei handelt es sich zum Beispiel um Einzelsprachen wie Englisch oder Deutsch, aber auch um Laut- oder Gebärdensprache. Langue und parole stehen in einem Verhältnis wechselseitiger Bedingtheit, da sie sich gegenseitig beeinflussen. Auf die Fähigkeit des Menschen, überhaupt zu sprechen, bezieht er sich mit dem Begriff „langage".

In den weiteren Abschnitten gehen wir auf diese drei Aspekte ein.

La langue – Sprache als Zeichensystem

La langue als Zeichensystem ist für Saussure der Hauptgegenstand der Linguistik. Er formuliert die fundamentalen Eigenschaften sprachlicher Systeme. Hier seien die wichtigsten genannt:

Signifikant und Signifikat sind die zwei Seiten eines sprachlichen Zeichens. Der Signifikant ist der Ausdruck oder die Lautseite, zum Beispiel „Hund" (hunt). Das Signifikat ist das entsprechende Tier, das man sich vorstellt.

Die Arbitrarität der Zeichen besagt, dass es keine innere Korrelation zwischen Ausdruck und Inhalt gibt. Eine Ausnahme bilden Lautmalereien, zum Beispiel hängt das Wort Kuckuck mit dem Laut, den der Vogel von sich gibt, zusammen. Der Signifikant hat im Gegensatz zum Signifikat eine *lineare Struktur,* also eine Laut- bzw. Buchstabenfolge.

Syntagmatische und paradigmatische Beziehungen bestehen zwischen den Einheiten eines Sprachsystems:

> Syntagma: Der Bäcker + backt + das Brot.
> Paradigma: backt/schneidet/verkauft;

Es gibt eine *synchrone und diachrone* Sprachbetrachtung. Erstere befasst sich mit einem statischen Sprachzustand, letztere mit dem Sprachwandel.

Mit diesen fundamentalen Aussagen begründet de Saussure den Strukturalismus der Linguistik. Es gibt eine Vielzahl von Abwandlungen davon, verschiedene Ausrichtungen und Schwerpunkte, auf die wir im Einzelnen nicht eingehen.

Le langage – das Sprachvermögen

De Saussure hatte vor allem die langue im Visier, das System einer bestimmten Sprache aus Zeichen, das Sprecher dieser Sprache dazu befähigt, sich zu verständigen.

Chomsky dagegen geht der Frage nach, wie es kommt, dass alle Menschen auf der Welt überhaupt sprechen und kommunizieren können. Es geht ihm nicht um eine einzelne bestimmte Sprache, die Sprachen der Welt sind für ihn nur „Variationen über ein einziges Thema" [5].

Er befasst sich vor allem mit dem Sprachvermögen, das bei de Saussure langage genannt wird. Sprache sei ein Phänomen des Lebens und somit eine mentale Eigenschaft des Menschen, die ihn befähigt, mithilfe der endlichen Mittel, die das Sprachsystem bilden, unendlich viele Gedanken auszudrücken. Diese Befähigung nennt er grammatische Kompetenz, die der Spezies Mensch trotz der unterschiedlichen Sprachen und der unterschiedlichen Kulturen gleichermaßen zu eigen ist.

Alle Menschen verfügen – auf einer tiefer liegenden Ebene – also über etwas Gemeinsames. Auf dieser Annahme basiert die Theorie der Universalgrammatik. Damit sind zwei Annahmen verbunden, nämlich dass alle Sprachen denselben grammatischen Prinzipien folgen und dass diese Fähigkeit, eben diese Prinzipien zu erkennen und zu benutzen, genetisch verankert ist.

Diese Prinzipien erklären, wie das Kombinieren einer begrenzten Anzahl von Wörtern und Regeln eine unbegrenzte Menge von Sätzen erzeugen kann.

Die endlose Anzahl möglicher Sätze beruht auf dem Einbetten einer Phrase in eine andere Phrase desselben Typs – dies ist das Strukturprinzip der Rekursion. Man kann dabei Phrasen aneinanderhängen (Er weiß, dass sie denkt, dass …) oder verschachteln (Das ist der Hammer, mit dem er den Nagel einschlug, an den das Bild aufgehängt wurde, das …).

Der Begriff Kompetenz verweist auf die allgemein menschliche Fähigkeit, unendlich viel sprachliche Ausdrücke zu generieren und zu verstehen und diesen Ausdrücken eine Struktur zuzuordnen. Die individuelle Umsetzung der Kompetenz, die der einzelne Sprecher leistet und die fehlerhaft oder unvollständig sein kann, wird Performanz genannt.

Eine weitere Unterscheidung ist von Bedeutung: Sprache im Sinne der strukturerzeugenden grammatischen Kompetenz wird I-Sprache (I von „internalized") genannt, sie ist im Individuum als Komponente des menschlichen Geistes repräsentiert. Die E-Sprache (E von „externalized"), das externe beobachtbare Sprachverhalten, stellt die Totalität der Äußerungen dar, die in einer Sprachgemeinschaft gemacht werden können.

Dieser Einteilung entsprechend gibt es eine E-Sprachen- und eine I-Sprachen-Linguistik. Der E-Sprachen-Linguist sammelt umfangreiche Sprachproben, sogenannte Corpora, und beschreibt dann deren Eigenschaften. Aufgrund der Regularitäten dieser Sprachproben erstellt er eine Grammatik.

Der I-Sprachen-Linguist hingegen betrachtet Sprache als eine interne Eigenschaft des menschlichen Geistes und nicht als etwas Externes. Sprache wird als ein System aufgefasst, das im Geist, also im Gehirn eines einzelnen Individuums repräsentiert ist. Seine Grammatik beschreibt das intuitive Sprachwissen und nicht die Sätze, die auf dessen Grundlage hervorgebracht worden sind. Die theoretischen Ansätze Chomskys gehören in die Tradition der I-Sprachen-Forschung.

Im Sprachunterricht gibt es ebenfalls zwei Tendenzen: Die Lehrer, die E-Sprachen-Methoden bevorzugen und auf Kommunikation und Verhalten Wert legen, und solche, die I-Sprachen-Methoden favorisieren und Sprachwissen (z. B. Grammatikregeln) in den Vordergrund rücken.

Computer-Linguisten können ebenfalls grob in zwei Lager eingeteilt werden: diejenigen, die riesige Mengen von Sprachdaten analysieren (Corpuslinguisten), und diejenigen, die Regeln schreiben. Im vorangegangenen Abschnitt zur Semantik natürlicher Sprachen wurde eben diese Unterscheidung auch vorgenommen: Die Semantik wird in einer Meta-Sprache definiert – zum Beispiel Logik – indem man sich an den Grammatikregeln orientiert, oder aber man ignoriert diese Regeln und analysiert riesige Corpora von Texten. Die Analyse kann dabei mit statistischen Mitteln oder auch mit lernfähigen neuronalen Netzen erfolgen.

Strittig ist der Begriff der Universalgrammatik. Ihre Existenz wird immer wieder – insbesondere von Behavioristen – angefochten, die Spracherwerb ausschließlich als Ergebnis eines Lernprozesses betrachten.

Unterstützung für die Theorie der Universalgrammatik gibt es seit Jüngstem in der kognitiven Hirnforschung: Die Neuropsychologin Angela Friederici hat 2018 erste empirische Beweise vorgelegt, die auf das Vorhandensein eines Organs hindeuten, das für die Universalgrammatik zuständig ist. Dabei handle es sich um ein Faserbündel im Gehirn zwischen dem Broca-Areal und dem Wernicke-Areal [6]. Das Broca-Areal ist für Grammatik, das Wernicke-Areal für Wörter zuständig. Ein bestimmtes Nervenfaserbündel, das die beiden Areale verbindet, ist für die Regeln zuständig, die die Wörter kombinieren. Bei Affen ist diese Verbindung sehr schwach ausgeprägt und bei neugeborenen Kindern noch nicht voll funktionstüchtig. Weitere empirische Studien stehen noch aus.

La parole – das Sprechen

Die bisher angesprochenen Theorien klammern einen Faktor der Sprachen mehr oder weniger aus: den sprechenden, im Leben stehenden Menschen. Bei de Saussure wird er zwar auf der Ebene der parole und bei Chomsky auf der Ebene der Performanz erfasst, doch eher stiefmütterlich behandelt. Dabei gibt es Sprache, weil Menschen sprechen, und nicht als Selbstzweck. Der Mensch als lebendiges Wesen, das in der Welt zurechtkommen muss, kommuniziert über Sprache.

Paul Valéry (1871–1945), ein renommierter französischer Lyriker, Philosoph und Essayist schreibt: „Jedes philosophische System, in dem der Körper des Menschen nicht eine grundlegende Rolle spielt, ist dumm und unbrauchbar. Die Erkenntnis hat den Körper des Menschen zur Grenze" [7].

In diesem Sinne wenden wir uns einer Sichtweise auf Sprache zu, die den Menschen als leibliches Wesen in den Mittelpunkt stellt. Wir werden zunächst Überlegungen berücksichtigen, die sich an Merleau Pontys Leib-Theorie orientieren und Aspekte der „Sprache als leibliche(r) Gebärde" – so der Titel der gut zu lesenden und aufschlussreichen Dissertation von Lilianne Grams [8] – präsentieren, auf die wir uns zunächst beziehen. Im Anschluss sprechen wir Sprachmodelle an, die den Menschen als sprechendes Subjekt in den Vordergrund stellen.

Wie bereits oben im Kapitel zum Bewusstsein erläutert, nimmt der Leib des Menschen eine zentrale Bedeutung in der phänomenologischen Denkweise ein. Als existenzieller Kern unseres Lebens verleiht er diesem Bedeutung und ist Ausdruck der Intentionalität des Sprechers. Er ist das Medium unserer Ausdrucksweisen und gibt ihnen Sinn, unter anderem durch die Sprache.

Sprache ist Höhepunkt und Grenze des Ausdrucksvermögens des Leibes, der sich auf verschiedene Weisen artikuliert. Gesten, extralinguistische Phänomene wie Lachen und Weinen, paralinguistische Phänomene wie Stimmhöhe, Rhythmus, Schweigen, Stockungen haben einen wichtigen kommunikativen Wert, da sie zeigen, wie das sprechende Subjekt empfindet. Die Synchronie von Geste bzw. den entsprechenden paralinguistischen Phänomenen und Sprache beim Sprechakt verweist auf den Sinnbezug zwischen Geste und Rede, die Kooperation der leiblichen Bewegungen mit dem Gesagten unterstreicht die Aussage und Intention des Sprechers.

Verbale Äußerung und Gestik finden ihr Pendant im habituellen und aktuellen Leib: Der habituelle Leib ist die Gesamtheit der Erfahrungen des Menschen in seiner autobiografischen Geschichte, seiner erblichen Dispositionen, seiner Konstitution, seines Temperaments und Charakters. Der aktuelle Leib aktualisiert den habituellen, sodass dieser nie statisch ist und wächst.

Dementsprechend gibt es zwei Erscheinungsformen bei der verbalen Äußerung, nämlich die gesprochene und die sprechende Sprache. Die gesprochene Sprache (instituierte Sprache/Sprache als Vergangenes, vergleichbar mit der langue) entspricht dem habituellen Leib, sie stellt objektiviertes Wissen zur Verfügung, sodass der begriffliche Sinn immer klar vorgegeben zu sein scheint. Die sprechende Sprache (analog zur parole), das Pendant zum aktuellen Leib, also die gegenwärtige, im Entstehen begriffene Sprache dagegen generiert Sinn erst durch Sprache, sie enthält ein dynamisches Moment. Eine klare Trennung zwischen gesprochener Sprache und sprechender Sprache ist daher nicht möglich, da beide sich bedingen. Auch erworbene Bedeutungen müssen einmal neue Bedeutungen gewesen sein.

Auch bei der Geste sind zwei Erscheinungsformen zu unterscheiden: die instituierte Gestik und die ursprüngliche spontane Geste. Erstere hat – wie die gesprochene Sprache – als Zeichenfunktion Allgemeingültigkeit erlangt. Sie vermittelt kognitive Inhalte, zum Beispiel Nicken als Bejahung, Hochheben der Hand bei Versteigerungen usw. Die spontane Geste ist dabei als unmittelbare Realisierung eines seelischen Inhalts zu sehen. Im Vollzug der Geste erlebt das Subjekt seine gefühlsmäßigen Intentionen. Die Geste ist nicht Hülle der Empfindungen, sondern realisiert diese. Nehmen wir als Beispiel Wut: Wir ballen die Fäuste, schlagen auf den Tisch, stampfen mit dem Fuß auf. Wenn wir sprechen, sind wir laut, sprechen schneller und höher. All diese extra- und paralinguistischen Ausdrucksformen sind die Realisierung von Wut.[3] Der psychische Gehalt ist von der physischen Form nicht zu trennen,

---

[3]Die beliebte, manchmal schon inflationäre Verwendung von Emojis in der digitalen Kommunikation entspringt möglicherweise dem Drang, den Leib sprechen zu lassen.

sie sind Pole einer Einheit. Sprache und Gestik befinden sich also im Leib. Wie kommen sie da hinein?

Das Bewusstsein des Subjekts befindet sich in einer faktischen Situation. Es erlebt zunächst unterschwellige Intentionen, die in formulierbare Bedeutungen umgesetzt werden, und drückt dies durch Geste oder verbalen Ausdruck aus. Der Leib transzendiert sich selbst mittels der Sprache beziehungsweise Gestik. Nach dem Spracherwerb sind Sprache oder Gestik im Sprecher Teil seiner leiblichen Ausrüstung. Dies erklärt die oben angesprochene Synchronie von Sprache und Gestik im Sprechakt. Auch sind Sprache und Gestik in gleicher Weise unmittelbar und spontan, aber nicht willkürlich, da der Sprecher von Intentionen geleitet wird. Es gibt ein ursprüngliches Schweigen (unausgesprochene Gedanken, existenzieller Auslöser, Überschuss an Sinn), das von Geste und Wort durchbrochen wird. Sprache muss durch einen Aneignungsprozess vom Sprecher integriert, im wahrsten Sinn des Wortes einverleibt werden. Nach dem Spracherwerb ist die Sprache im Sprecher. Sie ist Teil seines Leibes. Ein Beispiel diesbezüglich ist gut nachvollziehbar: Hat man ein Wort vergessen, so nützt weder die umschreibende Bedeutung noch die konkrete Vorstellung des Gegenstandes, man versucht, sich ihm in seinem Klang- und Artikulationswesen anzunähern: Man kann zum Beispiel das Alphabet abrufen und prüfen, ob bestimmte Laute die verschüttete Präsenz eines Worts oder Namens signalisieren. Häufig stellt sich das Wort oder der Name wie ein gerufener Geist dem Gedächtnis. Vielleicht werden auf diese Weise verschiedene Regionen im Gehirn durch Synchronisation ihrer Oszillation in Verbindung gebracht (siehe Kap. 9) – das wäre eine anschauliche Bestätigung der These, dass die Sprache zum Leib des Sprechers gehört.

Im Unterschied zur Geste, die das Subjekt im Normalfall nicht sieht, wird jede verbale Äußerung gehört und dadurch die Reflexion eingeschaltet. Beim Sprechakt wird sowohl das denkende als auch das sprechende Subjekt tätig. Eine schöpferische Leistung des Sprechers besteht darin, dass er einen „wilden" un-formulierten Gedanken verwirklicht, indem er aufgrund der verfügbaren Wortbedeutungen eine adäquate Ausdrucksweise wählt. Die Strukturen der gesprochenen Sprache sind also offen, das sprechende Subjekt prägt und verwandelt sie bei ihrem Gebrauch. So bleibt Sprache in Bewegung. Das sprechende Subjekt ist die Sprache, die es spricht. Das Wort bekommt seine klare Bedeutung erst, wenn es gesprochen wird.

So wie die Geste mehr aussagt als das, was sie darstellt – Handschlag als Berührung von Fleisch und Knochen bedeutet Zuwendung zum Anderen, dem Begrüßten –, lässt Sprache ihre tatsächliche Erscheinung (phonetische Laute, Syntax) hinter sich und verweist auf die Aussage.

Die Überlegungen zur gestischen Bedeutung der sprechenden Sprache führen unmittelbar zur Sprechakt- bzw. Sprechhandlungstheorie, deren Genese und wichtigste Aussagen wir hier kurz streifen wollen [9].

Der Begriff Sprechhandlung wird zum ersten Mal von Karl Bühler (1879–1963) verwendet, er fasst die Sprache als ein Werkzeug (Organon) auf, das bestimmte Ziele bei der Kommunikation erreichen soll. Den Gebrauch von Sprache in einer konkreten Situation nennt er Sprechhandlung, nicht nur als Aktualisierung von Sprache (siehe Performanz bei Chomsky), sondern auch im Sinn einer sozialen Handlung. Ludwig Wittgenstein (1889–1951) führt in seinen „Philosophischen Untersuchungen" [10] aus, dass man, um die Bedeutung eines Wortes zu verstehen, auf dessen Gebrauch achten muss, also darauf, was jemand tut, wenn er ein bestimmtes Wort benutzt. Mit dem Begriff „Sprachspiele" meint er Verwendungsformen der Sprache: „Das Wort ‚Sprachspiel' soll hier hervorheben, daß das Sprechen der Sprache ein Teil ist einer Tätigkeit, oder einer Lebensform. (…) Befehlen, und nach Befehlen handeln; – Beschreiben eines Gegenstands nach dem Ansehen, oder nach Messungen; Herstellen eines Gegenstands nach einer Beschreibung (Zeichnung); Berichten eines Hergangs; (…)." Diese Art Verben, die als Sprachspiele bezeichnet werden, sind für die beiden wichtigsten Vertreter der Sprechakttheorie, die amerikanischen Sprachphilosophen Austin und dessen Schüler Searle, von zentraler Bedeutung.[4]

Zwei Überlegungen stehen dabei im Vordergrund: Die Bedeutung sprachlicher Zeichen erschließt sich aus ihrem Gebrauch, und Sprechen ist Handeln. Folgende Ebenen lassen sich bei einem Sprechakt unterscheiden: Auf der ersten Ebene befindet sich der Äußerungsakt, das heißt, ein Sprecher äußert sich nach den Regeln der Phonologie und Grammatik. Auf der nächsten Ebene wird sein Bezug auf bestimmte Objekte in der Welt erfasst (propositionaler Akt). Eine dritte Ebene ist das Handeln durch Sprechen, also zum Beispiel fragen, befehlen (illokutionärer Akt). Die letzte Ebene betrifft den Einfluss, den ein Sprecher auf den Empfänger nimmt (perlokutionärer Akt). Akte der niederen Ebenen kann man nicht für sich ausführen, sondern sind nur Komponenten oder Aspekte eines Aktes der jeweils höheren Ebene.

Es versteht sich, dass vor allem Ebene drei für Sprechakttheoretiker von Interesse ist. Die Intentionen des realen Sprechers, die konkreten kommunikativen Handlungsabsichten, stehen im Vordergrund und sind für ihn von vitalem Interesse.

---

[4]Der Einfachheit halber präsentieren wir die Theorie von Searle, die sich nicht wesentlich von der Austins unterscheidet.

Sprechakttheorie und KI

Nun ist die Sprechakttheorie nicht nur für Linguisten relevant, auch in der KI gibt es vielfältige Anwendungsmöglichkeiten. Nehmen wir zum Beispiel Umgebungen, in denen Roboter mit Menschen kooperieren. Als gängiges Beispiel könnte man sich eine Küche vorstellen, in der ein Mensch und ein Roboter zusammenarbeiten. Hier wird sicherlich die Ebene zwei, der Bezug auf bestimmte Objekte in der Küche, eine wichtige Rolle spielen. Aber nur wenn alle vier Ebenen gleichermaßen berücksichtigt werden, kann eine gute und effiziente Kommunikation und Kooperation erfolgen. Auch wenn wir Roboter alleine betrachten und annehmen, dass mehrere Roboter kooperieren sollen, bietet die Sprechakttheorie wichtige Ansätze. Bei solchen „Multi-Agenten Systemen" muss natürlich ebenso kommuniziert und kooperiert werden. In der Tat hat sich dort der sogenannte BDI-Ansatz etabliert, der maßgeblich durch die Sprechakttheorie beeinflusst wurde. BDI steht hierbei als Abkürzung für „belief, desire and intention", wo ganz deutlich Aspekte von Ebenen zwei und vier angesprochen werden. Solche BDI-Architekturen werden in verschiedensten Multi-Agenten-Systemen verwendet, so zum Beispiel auch im Roboter-Fußball, wo eben auch autonome Roboter kooperieren sollen, ohne vorher genaue Pläne verhandelt zu haben. Fußball muss schnell, situationsabhängig und trotzdem kooperativ gespielt werden. Dazu Bedarf es der Kommunikation, wo allerdings dem Äußerungsakt gemäß Ebene eins weniger Bedeutung zukommt.

12.3 Zusammenfassung

Wir haben nur einige wenige Teilgebiete der Sprachwissenschaft hier thematisieren können und sehen, dass es viele Facetten gibt, die auch in der KI relevant sind. Insbesondere ist in beiden Gebieten die Unterscheidung von corpus- und regelbasierten Ansätzen zu finden. Corpusbasierte Ansätze werden auch oft als statistische Methoden bezeichnet und sehr oft zusammen mit lernenden neuronalen Netzen eingesetzt. In der Sprachtheorie wird auch der im Leben stehende sprechende Mensch berücksichtigt, und genau diese Ansätze können auch bei der Behandlung von autonomen intelligenten Agenten wichtig sein, wie wir am Beispiel der BDI-Architekturen gesehen haben.

Literatur

1. Chomsky N (1969) Amerika und die neuen Mandarine: politische und zeitgeschichtliche Essays. Suhrkamp, Frankfurt

2. Bos J (2008) Wide-coverage semantic analysis with boxer. In: Proceedings of the 2008 conference on semantics in text processing, STEP '08, S 277–286. Association for Computational Linguistics, Stroudsburg, PA, USA

3. Firth JR (1991) Papers in linguistics 1934–1951: Rep. Oxford University Press, Oxford

4. de Saussure F (1916) Cours de linguistique générale. Edition critique préparée par Tullio de Mauro, Payot

5. Chomsky N (2000) New horizons in the study of language and mind. Cambridge University Press, New York

6. Friederici A, Kara S (2018) Ich denke, dass er denkt, dass … https://www.zeit.de/2018/18/universalgrammatik-sprache-kinder-gehirn-neuropsychologie. Zugegriffen: 4. Nov. 2018

7. Valéry P (2011) Ich grase meine Gehirnwiese ab. Paul Valéry und seine verborgenen Cahiers. Eichborn, Frankfurt a. M

8. Grams L (1978) Sprache als leibliche Gebärde. PhD thesis, LMU

9. Wikipedia (2018) Sprechakttheorie – Wikipedia, Die freie Enzyklopädiei [Online; Stand 7. November 2018]

10. Wittgenstein L (2001) Philosophische Untersuchungen. Kritisch-genetische Edition. Wissenschaftliche Buchgesellschaft, Darmstadt

13

Nachwort

Zusammenfassung In diesem abschließenden Kapitel wird ein kritischer Blick zurück auf die Themen dieses Buches geworfen. Insbesondere wird die Notwendigkeit einer erklärbaren KI postuliert.

Im Laufe unserer Arbeit ist uns eine Parabel in den Sinn gekommen, die anschaulich vor Augen führt, wie schwierig, wenn nicht gar aussichtslos unser Unterfangen ist, dem natürlichen und künstlichen Gedächtnis, seinen Funktions- und Artikulationsweisen auf die Spur zu kommen. Wo anfangen, welche Schwerpunkte setzen, was auslassen? Es gibt so viele Aspekte, Ansätze und Erkenntnisse! Hier eine der vielen Versionen der Geschichte, die mindestens 3000 Jahre alt sein soll:

Die Blinden und der Elefant Ein König hat fünf blinde Gelehrte auf eine Reise geschickt. Sie sollten herausfinden, was ein Elefant ist. Als sie zurückkamen, sollten sie ihm Bericht erstatten. Der erste Gelehrte hatte den Rüssel des Elefanten betastet und sprach: „Ein Elefant ist wie eine Schlange." Der zweite, der den Stoßzahn berührt hatte, entgegnete: „Ein Elefant ist wie ein Speer." Der dritte hatte das Ohr ertastet und sagte: „Ein Elefant ist wie ein Fächer." Der vierte sprach: „Aber nein, ein Elefant ist wie eine Säule." Er hatte ein Bein des Elefanten berührt. Der letzte, der den Elefanten am Schwanz gepackt hatte, sprach: „Ein Elefant ist wie ein Seil." Sie konnten sich nicht einigen und stritten erbittert miteinander.

Wir sind meilenweit davon entfernt, den Elefanten zu beschreiben, wenn es denn überhaupt möglich ist. Allerdings haben wir festgestellt, dass die Teile,

© Springer Fachmedien Wiesbaden GmbH, ein Teil von Springer Nature 2019
U. Barthelmeß und U. Furbach, *Künstliche Intelligenz aus ungewohnten Perspektiven,*
Die blaue Stunde der Informatik, https://doi.org/10.1007/978-3-658-24570-2_13

die wir angesprochen haben, beim natürlichen wie beim künstlichen Elefanten oft gar nicht so unähnlich sind. Das mag wohl auch daran liegen, dass das natürliche Wesen, der Mensch, das künstliche, die KI, fertigt und sich am eigenen Bild orientiert, was ja eigentlich naheliegend ist. Kann er überhaupt anders?

In der KI wird diesem Aspekt oft durch die Unterteilung in starke und schwache KI Rechnung getragen. Wir hatten bereits in Kap. 2 beschrieben, dass starke KI den Menschen als Vorbild nimmt und versucht, sein Vorgehen und seine Fähigkeit, möglichst gut im künstlichen System zu modellieren. Schwache KI dagegen ist eher als ingenieurmäßiges Vorgehen zu verstehen – Hauptsache, das System verfügt über die Funktion, wie sie zustande kommt, spielt keine Rolle.

In verschiedenen Kontexten haben wir gesehen, dass Techniken des maschinellen Lernens, insbesondere solche, die auf künstlichen neuronalen Netzen basieren, sehr erfolgreich eingesetzt werden. Nun könnte man glauben, dass es sich dabei um Methoden der starken KI handelt, da ja schließlich das neuronale Netz des Menschen modelliert wird und sogar das Lernen in solchen künstlichen Netzen dem natürlichen Vorbild nachempfunden ist. Nehmen wir als Beispiel das Sehen, wir haben diskutiert, dass KI-Systeme in der Lage sind, Objekte in Bildern mindestens so gut wie Menschen zu klassifizieren. Fragt man allerdings ein solches System, warum es zum Beispiel eine Katze in einem Bild als Katze erkannt und klassifiziert hat, kann man derzeit noch keine Aussage bekommen. Ein Mensch würde vermutlich argumentieren, dass das Fell, die Ohren, die Augen und die Größe auf eine Katze hinweisen, aber genau das kann das KI-System nicht. Im neuronalen Netz gibt es eine große Anzahl von Zahlen, die als Ergebnis des Lernvorganges an den Kanten des Netzes stehen – aber warum diese für eine Katze stehen oder eben was das Typische an einem Katzenbild ist, kann daraus nicht abgeleitet werden. Ähnliches gilt für viele weitere Anwendungen von maschinellen Lernverfahren. Die Erfolge sind bezüglich einiger Anwendungen sehr beeindruckend, und sie haben ihren Weg in den Alltag bzw. auf den Markt gefunden. Je weiter diese Techniken unseren Alltag mitbestimmen oder mit beeinflussen, umso stärker wird aber auch die Forderung nach erklärbarer KI. KI-Systeme sollten demnach ihre Entscheidungen begründen können, und zwar so, dass wir Menschen dies verstehen können. Dies ist besonders wichtig in Bereichen, in denen Menschen und KI-Systeme kooperieren; hier könnte erklärbare KI zu einer vertrauensvollen Kooperation führen. Nun könnte man anführen, dass Menschen oft erst im Nachhinein Gründe für ihre Entscheidungen konstruieren; das Erkennen einer Katze auf einem Bild geschieht recht spontan, erst danach befragt, konstruieren wir uns die essenziellen Eigenschaften eines Katzenbildes. Aber auch solch eine retrospektive Erklärung könnte für ein KI-System wünschenswert sein, wenn nämlich z. B. ein autonomes Fahrzeug in einen Unfall verwickelt wird, kann es durchaus für die Rechtssprechung oder für die Untersuchung eines Versicherungsfalls wichtig sein, Gründe für die Entscheidungen des autonomen Fahrzeuges zu erfahren.

Wir haben versucht, einen kleinen Schritt in die Richtung erklärbare KI aufzuzeigen, indem wir anhand verschiedener Beispiele Parallelen zwischen KI-Methoden und anderen geistes- und naturwissenschaftlichen Disziplinen aufgezeigt haben. Diese Ähnlichkeiten müssen sicherlich weiter untersucht und ausgebaut werden; wir glauben, dass es lohnend für alle Seiten sein könnte.